四川省猕猴桃产业竞争力分析及可持续发展路径研究

郭耀辉 刘强 李晓 林正雨 王永志 著

中国农业科学技术出版社

图书在版编目(CIP)数据

四川省猕猴桃产业竞争力分析及可持续发展路径研究 / 郭耀辉等著. —北京：中国农业科学技术出版社，2020.5
ISBN 978-7-5116-4711-5

Ⅰ.①四… Ⅱ.①郭… Ⅲ.猕猴桃-产业发展-竞争力-研究-四川②猕猴桃-产业发展-可持续性发展-研究-四川 Ⅳ.①F326.13

中国版本图书馆 CIP 数据核字(2020)第 069914 号

责任编辑　李　雪　徐定娜
责任校对　李向荣

出 版 者	中国农业科学技术出版社 北京市中关村南大街 12 号　邮编：100081
电　　话	(010) 82105169（编辑室）　(010) 82109702（发行部） (010) 82109709（读者服务部）
传　　真	(010) 82106650
网　　址	http://www.castp.cn
经 销 者	各地新华书店
印 刷 者	北京建宏印刷有限公司
开　　本	787 mm×1 092 mm　1/16
印　　张	12.25
字　　数	306 千字
版　　次	2020 年 5 月第 1 版　2020 年 5 月第 1 次印刷
定　　价	68.00 元

◀◀◀ 版权所有·翻印必究 ▶▶▶

序 言

猕猴桃原产于中国，产业化始于新西兰，是当今世界上最富营养价值的水果之一，四川是全球最早商业化种植红肉猕猴桃的地区，猕猴桃作为"川果"的重要组成，对脱贫攻坚和乡村振兴意义重大。十余年来，课题组深入秦巴山区、龙门山区、成都周边等猕猴桃主产区，从理论上寻突破、从应用上思对策、从实践上找路径，针对四川猕猴桃产业布局不合理、发展路径不清晰、国际合作不深入、竞争力不强等问题，多学科、多维度开展研究，汇总多年研究成果形成《四川省猕猴桃产业竞争力分析及可持续发展路径研究》一书，以期对猕猴桃产业可持续发展提供理论依据和智力支撑，全书分为3部分，16个章节。

第一部分（1~5章）形势研判。基于对国内外猕猴桃产业生产、消费、贸易的系统调查分析，明确了国内外猕猴桃产业发展前景和趋势，对标分析了猕猴桃主产国的优劣势；从市场占有率、竞争指数、比较优势指数3个维度分析了中国猕猴桃产业国际贸易竞争力；基于GM模型预测了未来两年我国猕猴桃价格趋势。

第二部分（6~11章）问题解构。综合应用AHP—SWOT分析法、综合优势比较法，从产业链角度分析四川猕猴桃产业竞争力，明确当前四川猕猴桃在国内外的地位和迫切需要解决的问题。采用"常规气象因子+关键致灾因子"评价指标体系开展了生态适宜性和精细化布局研究，采用动态演化博弈论开展了猕猴桃产业国际科技协同创新机制研究。总结凝练了贫困地区猕猴桃产业带动农民增收的利益联结模式。

第三部分（12~16章）路径实践。提出了融合现代"信息化技术"，涵盖产业链上、中、下游的四川猕猴桃产业可持续发展路径，绘制了包括技术集成创新、技术成果转化、人才团队培育三个维度的全产业链技术路线图；精选十余年来承担的都江堰市、蒲江县、绵竹县、苍溪县、广元市昭化区等猕猴桃产业规划、可研报告、实施方案等。

在书稿完成之际，感谢中国农学会农业监测预警分会、四川省科技厅、四川省农科院的立项资助。同时，感谢四川省农业科学院农业信息与农村经济研究所所长何鹏及各位同事的帮助和支持，感谢四川省自然资源科学院猕猴桃课题组与四川比尔农业科技咨询中心提供的部分基础资料和案例。此外，本书参阅了同行们的大量著作、论文和数据资料，不能一一列出，特此说明，并对他们表示衷心的感谢。由于笔者研究能力有限，书中难免存在疏漏和不足之处，敬请各位专家和读者提出宝贵意见。

作 者

2020 年 3 月于成都

目 录

第一部分 形势研判

1 绪 论 (3)
  1.1 研究背景 (3)
  1.2 研究意义 (3)
  1.3 主要内容和创新点 (5)
  1.4 技术路线 (7)

2 世界猕猴桃产业概况及竞争力分析 (9)
  2.1 世界猕猴桃生产 (9)
  2.2 世界猕猴桃市场消费 (11)
  2.3 猕猴桃主产国竞争力分析 (15)
  2.4 世界猕猴桃产业发展趋势 (23)

3 中国猕猴桃产业现状、问题及对策建议 (24)
  3.1 猕猴桃产业发展现状 (24)
  3.2 存在的问题与挑战 (29)
  3.3 对策建议 (30)
  3.4 结 语 (31)

4 中国猕猴桃国际贸易竞争力分析 (32)
  4.1 中国猕猴桃国际贸易竞争力分析 (32)
  4.2 国内猕猴桃产业贸易的问题与挑战 (36)
  4.3 对策建议 (37)
  4.4 讨 论 (38)

5　基于 GM（1，1）模型的猕猴桃价格预测 ……………………………………（39）
5.1　模型构建 …………………………………………………………（39）
5.2　实证分析 …………………………………………………………（40）
5.3　结论及建议 ………………………………………………………（45）

第二部分　问题解构

6　四川省猕猴桃产业现状、存在的问题 ……………………………………（49）
6.1　四川省猕猴桃产业现状 …………………………………………（49）
6.2　四川省猕猴桃产业存在的问题 …………………………………（54）

7　四川省猕猴桃生态气候适宜性分析及精细区划研究 ……………………（56）
7.1　研究方法与数据 …………………………………………………（56）
7.2　产区气候条件分析 ………………………………………………（57）
7.3　评价指标选择与分析 ……………………………………………（59）
7.4　分区评述 …………………………………………………………（62）

8　基于演化博弈论的中新猕猴桃产业科技协同创新研究 …………………（64）
8.1　理论基础与研究方法 ……………………………………………（64）
8.2　结果分析 …………………………………………………………（67）
8.3　结　论 ……………………………………………………………（70）
8.4　对策建议 …………………………………………………………（70）

9　基于综合比较优势指数法的四川省猕猴桃生产优势分析 ………………（73）
9.1　研究方法 …………………………………………………………（73）
9.2　研究结果 …………………………………………………………（74）
9.3　结论与讨论 ………………………………………………………（76）
9.4　对策建议 …………………………………………………………（77）

10　基于 AHP—SWOT 的四川猕猴桃产业可持续发展战略 ………………（79）
10.1　研究步骤与方法 …………………………………………………（79）
10.2　研究结果 …………………………………………………………（81）

10.3　结论与讨论 ……………………………………………………………… (85)
　10.4　对策建议 ……………………………………………………………… (85)

11　贫困地区猕猴桃产业利益联结机制研究 ………………………………… (87)
　11.1　我国贫困地区猕猴桃产业概况 ………………………………………… (87)
　11.2　产业扶贫存在的主要问题 ……………………………………………… (88)
　11.3　猕猴桃产业利益联结典型模式 ………………………………………… (88)
　11.4　优化产业扶贫利益联结机制的建议 …………………………………… (93)

第三部分　路径实践

12　四川猕猴桃产业技术创新路线图 ………………………………………… (97)
　12.1　猕猴桃种质资源收集及评价体系 ……………………………………… (97)
　12.2　优质猕猴桃新品种选育体系 …………………………………………… (97)
　12.3　高效安全生产技术体系 ………………………………………………… (99)
　12.4　深加工与采后商品化处理体系 ………………………………………… (102)
　12.5　"互联网+"信息化开发平台体系 ……………………………………… (103)

13　四川猕猴桃产业可持续发展路径 ………………………………………… (105)
　13.1　新西兰猕猴桃发展路径借鉴 …………………………………………… (105)
　13.2　陕西省猕猴桃发展路径借鉴 …………………………………………… (106)
　13.3　四川猕猴桃产业可持续发展路径 ……………………………………… (111)

14　龙门山区猕猴桃产业可持续发展战略实践 ……………………………… (116)
　14.1　绵竹市猕猴桃产业可持续发展战略规划 ……………………………… (116)
　14.2　龙门山猕猴桃成都区域农业合作产业化实施方案 …………………… (123)
　14.3　都江堰猕猴桃良种繁育产业化实施方案 ……………………………… (130)
　14.4　彭州市2万亩优质猕猴桃基地建设方案 ……………………………… (132)

15　成都平原及周边猕猴桃产业可持续发展战略实践 ……………………… (135)
　15.1　五面山10万亩猕猴桃产村相融发展路径 …………………………… (135)
　15.2　德阳市国家猕猴桃种质资源圃实施方案 ……………………………… (137)

15.3 成都猕猴桃资源基因库与科研示范基地建设 …………………（140）

16 秦巴山区猕猴桃产业可持续发展战略实践 ………………（154）
16.1 苍溪县猕猴桃产业可持续发展路径 ……………………（154）
16.2 野生猕猴桃原生境保护区发展 …………………………（164）
16.3 广元市元坝区猕猴桃产业发展规划实践 ………………（167）

参考文献 …………………………………………………………（181）

第一部分

形势研判

1 绪 论

1.1 研究背景

　　猕猴桃作为四川省优势特色产业"川果"的重要组成，是助力四川省脱贫攻坚和乡村振兴的重要支柱产业，2018年种植面积约70万亩，规模位居全国第二，从业农户15万人以上、专业合作社300多家、企业800余家。四大连片贫困地区的88个贫困县，一半以上发展猕猴桃产业。四川省自主选育的世界首个红肉猕猴桃"红阳"的应用推广，改写了全球以绿肉为主的猕猴桃市场的格局。但是，在国内外猕猴桃产业利润空间压缩、国际贸易竞争激烈的大背景下，四川猕猴桃也必然面临重重挑战。近年来，猕猴桃产业盲目扩张、生产管理有待提高、加工物流基础设施不足、利益联结机制不健全等问题反映普遍。因此，课题组在系统分析国内外猕猴桃产业现状、发展趋势的基础上，以问题为导向先后开展了系列专题研究，以期全面准确把握四川省猕猴桃产业优势和问题，明确未来猕猴桃产业发展思路和战略定位，科学提出未来四川猕猴桃产业可持续发展路径。

1.2 研究意义

1.2.1 有利于完善产业利益联结机制，助推四川省脱贫攻坚和乡村振兴

　　党的十八大提出"到2020年全面建成小康社会"的奋斗目标。《中共中央国务院关于打赢脱贫攻坚战的决定》明确"要发展特色产业扶贫"。《中共四川省委关于集中力量打赢扶贫开发攻坚战　确保同步全面建成小康社会的决定》提出"实施四大片区扶贫攻坚行动和产业扶贫等五大扶贫工程"，启动了产业扶贫、科技扶贫等22个扶贫专项。党的十九大明确提出要大力实施乡村振兴战略，推动产业兴旺发展。《中共中央国务院关于实施乡村振兴战略的意见》提出要"深入推进农业绿色化、优质化、特色化、品牌化，调整优化农业生产力布局，推动农业由增产导向转向提质导向"。产业扶贫则是促进贫困群众脱贫最有效的手段和最长久的依靠。但同时也有不少研究成果指出，产业扶贫存在一些问题和现实困境，存在种植品种单一与农业生物多样性需求、家庭分散经营与生产集约现代化需求、产业扶贫链短与"接二连三"利益链延长需求和

政府单一投资模式与产业扶贫较大资金需求之间的矛盾。因此，本研究总结了近年来猕猴桃产业带动贫困地区脱贫的成功经验和模式，并提出相应的对策建议，有助于在未来一段时间内加强产业有效参与、产业要素集聚、产业体系构建，化解长期深度贫困下的参与能力缺失化困境、助力四川省打赢脱贫攻坚任务，并与乡村振兴实现有效衔接。

1.2.2 有利于完善科技协同创新机制，提升四川猕猴桃的竞争力和影响力

四川省拥有全球最大的红肉猕猴桃种植基地，又拥有全球最多的猕猴桃种质资源，而新西兰代表着全球猕猴桃种植的最高水平，处于猕猴桃产业发展的金字塔顶端。自20世纪90年代以来，四川与新西兰皇家植物与食品研究院开展了合作关系，取得了显著成效，2014年双方签署协议在四川天府新区共建"中国—新西兰猕猴桃联合实验室"，国家主席习近平与新西兰总理约翰·基共同为联合实验室揭牌，要求"很好地利用建立联合实验室的平台，进一步发展与新西兰在猕猴桃方面的合作，做到双赢的效果"。因此，开展猕猴桃国际化合作协同创新机制研究，重点围绕猕猴桃产业创新，研究国际合作双方实质性的合作模式、信息互通、双方互信、产权分配、利益共享等运行机制，打造可借鉴、可复制推广的国际科技合作的新模式，这些研究有利于实现对猕猴桃新品种知识产权的保护、新品种的商业试验、猕猴桃产业的发展、猕猴桃国际贸易和人才交流与培养，有利于提升中国（四川）在国际猕猴桃产业发展和市场上的核心竞争力，促进中国（四川）猕猴桃产业国际化发展。

1.2.3 有利于提升猕猴桃产业竞争力，科学制定产业发展战略和路径

在20世纪70年代前后，我国多个省份开始发展猕猴桃人工栽培，河南、陕西率先启动局部栽培。从2005年开始，四川省猕猴桃种植进入新的时期，猕猴桃种植面积、产量增长速度不断加快。2010年至今，作为我国猕猴桃生长的最佳适宜区和猕猴桃主产区之一，四川省的猕猴桃种植面积和产量均处于全国前列。但是，猕猴桃生产优势是农业自然资源禀赋、社会经济发展、地理区位、科技服务支撑、耕作制度以及目标市场需求等因素耦合的结果，单纯从面积和产量指标并不能全面客观反映猕猴桃产业的发展水平和综合排名，因此，本研究选择综合比较优势指数法对四川省猕猴桃产业竞争力的研究，通过对效率优势指数（EAI）、规模优势指数（SAI）、综合比较优势指数（AAI）进行分析比较，科学把握四川猕猴桃产业发展现状，明确了四川猕猴桃的定位和发展战略，对制定合理政策，确保猕猴桃产业可持续发展，促进产业提升和结构调整，带动农民持续增收，推动全省农业经济水平提高具有重要的现实意义。

1.2.4 有利于优化产业布局和结构，促进四川猕猴桃产业高质量发展

一直以来，四川省猕猴桃产业由于缺乏系统布局研究和规划，区域自发、分散、非适宜区盲目种植现象突出，部分地区果园基础及配套设施落后，抗旱、抗涝等防灾抗灾能力弱；红肉、黄肉、绿肉种植面积比为12∶1∶5，结构不合理。部分猕猴桃园区因选址、改土不科学，有机肥投入不足，实生苗定植当年长势弱、后期嫁接成活率低、苗

木上架慢、投产迟、产量低；部分产区则因溃疡病、根腐病等重大病害频发，管理粗放，树形结构紊乱，长期产量偏低。全省低产低效猕猴桃园面积占 21% 左右，严重制约了四川省猕猴桃产量品质的整体提升。因此，开展四川省猕猴桃生态适宜性及布局研究，结合了四川各地的气象因子和灾害风险因素统筹分析，明确了四川猕猴桃最适宜的生长区、次适宜区及不适宜区的范围，将有助于优化产业布局结构，指导猕猴桃果园科学选址。

1.3 主要内容和创新点

针对理论研究和产业实践的重大需求，课题组深入秦巴山区、龙门山脉、成都平原、乌蒙山区等猕猴桃主产区调研，从理论上寻突破、从应用上思对策、从实践上找路径，应用农业经济学、区域经济学、自然地理学等学科理论，采用 AHP-SWOT 分析法、综合优势比较法、贸易竞争指数模型、ArcGIS 空间分析法等，重点开展四川猕猴桃在国内外的产业竞争力、生态适宜性和精细化布局、国际科技协同创新机制、可持续发展路径与模式等专题研究，本研究的重点内容和创新点如下。

（1）综合应用 AHP-SWOT 分析法、贸易竞争指数模型、综合优势比较法，开展国内外猕猴桃全产业链竞争力分析，揭示了四川猕猴桃产业竞争优势与差距，确立了四川猕猴桃产业"开拓战略区的实力型方位域"的发展定位。

一是揭示了四川猕猴桃产业在资源、品种、规模效益方面的竞争优势。对标分析了中国、新西兰、意大利、希腊、智利等猕猴桃主产国在资源、品种、规模、加工等方面的竞争力。应用综合优势比较模型，分析比较了四川、陕西、贵州、湖南、湖北、河南 6 个猕猴桃主产省的效率优势指数（EAI）、规模优势指数（SAI）、综合比较优势指数（AAI），并结合 AHP-SWOT 模型解析四川猕猴桃产业的优劣势、机遇和挑战，构建了产业发展战略四边形。结果显示，2014—2018 年，四川省猕猴桃 EAI、SAI、AAI 平均指数分别为 0.88、3.32、1.67，并呈上升趋势。

二是找出了中国猕猴桃产业的国际贸易竞争差距。基于贸易竞争指数模型，选择新西兰、意大利、智利、比利时等猕猴桃贸易大国，从国际市场占有率（IMS）、贸易竞争力指数（TCI）、显示性对称比较优势指数（RCA）3 个维度深入分析中国猕猴桃的国际贸易竞争力，得出 IMS 为 0.17%，远低于新西兰的 40.19% 和意大利的 25.33%；TCI 为 -0.81，远低于新西兰的 0.998；RCA 为 0.017，远低于新西兰、意大利和智利 2.5 的平均值。表明中国猕猴桃出口贸易比较优势较弱、国际市场占有率低、属于猕猴桃净进口国。

三是预测了中国猕猴桃的短期价格趋势。基于灰色系统理论，根据全国、北京、河北、河南和山西的猕猴桃月度批发价格，建立了 GM（1，1）预测模型，利用 Matlab 2016b 软件预测了 2020—2021 年猕猴桃价格，预计 2020 年，全国猕猴桃平均价格为 8.96 元/kg，北京、河北、河南和山西的猕猴桃年均价格为 11.18 元/kg、8.13 元/kg、5.21 元/kg 和 8.65 元/kg，2021 年，全国、北京、河北、河南和山西的猕猴桃年均价格为 8.99 元/kg、11.58 元/kg、8.32 元/kg、5.31 元/kg 和 9.05 元/kg，全国和四个地区的猕猴桃价格未来呈现下降趋势。

四是确立了四川猕猴桃产业"开拓战略区的实力型方位域"发展定位。基于 AHP-SWOT 模型解析了四川猕猴桃产业的优劣势、问题和挑战，战略类型方位变量 $\tan\theta = 0.3281$，属于开拓战略区的 $[0, \pi/4]$ 实力型方位域。表明四川猕猴桃产业总体优势大于总体劣势、总体机遇大于总体挑战。由此确立了四川猕猴桃产业"开拓战略区的实力型方位域"的发展定位，并针对性地提出"规划先行、集成创新、优化结构、开拓延伸"的对策建议。

（2）首次引入越冬冻害、芽膨大期冻害和日灼 3 种关键气象致灾因子，构建了"常规气象因子+关键致灾因子"的生态适宜性评价指标体系，提高了猕猴桃生态适宜性区划精度，明确了四川猕猴桃高适宜区、适宜区、次适宜区及高风险区，为优化四川猕猴桃生产布局、避免盲目扩张、实现可持续发展提供了理论依据。

一是识别出四川猕猴桃关键气象灾害风险因子。通过对 1981—2010 年四川省 52 个农业气象站 30 年逐日气象数据的分析，识别出越冬期冻害、芽膨大期冻害、日灼灾害为本地猕猴桃生育期主要气象灾害。根据受灾分布时段、成灾等级及灾损权重，建立了气象灾害风险综合指数模型：$I_j = \sum_{i=1}^{3} D_i \times P_i$。利用 ArcGIS 地理信息平台对站点数据进行空间插值，再以自然间断法将四川省猕猴桃越冬冻害、芽膨大期冻害和日灼的发生风险划分为高、中、低三类区域。其中越冬冻害的高风险区分布位于阿坝、甘孜两州；芽膨大期冻害的高风险区分布位于阿坝州红原县、甘孜州石渠等县；日灼的高风险区分布主要位于四川盆地东部达州市、巴中市、南充市和广安市以及川南的泸州市和宜宾市东南部。

二是创新构建"常规气象因子+关键致灾因子"的生态适宜性评价指标体系。通过对四川、陕西、贵州等猕猴桃主产区的气候条件分析，筛选出热量、水分、光照、其他等 4 类因素和 8 项常规气象因子（年平均气温、年降水量、≥10℃积温、1 月均温、7 月均温、无霜期、相对湿度和日照时数），并确定其阈值。利用 ArcGIS 地理信息平台，通过空间叠加分析法、线性加权法，得到基于常规气象因子的四川猕猴桃生态适宜性区划；再引入越冬冻害、芽膨大期冻害和日灼 3 种猕猴桃生长期内主要气象灾害，构建了"常规气象因子+关键致灾因子"的生态适宜性评价指标体系，明确了四川猕猴桃的高适宜区为四川盆地西部，沿成都平原向北延伸到广元，向南延伸到乐山市中部及乐山、宜宾、凉山三市州交界处的 55 个县（市、区），其面积约为 33 940 km²；适宜区为川中丘陵区、川南部分地区、盆地南北西缘丘陵山区 50 个（市、区），其面积约为 87 340 km²；次适宜区为川东和川北、川南盆周山区 50 个县（市、区）。

（3）基于演化博弈论开展猕猴桃国际合作协同创新机制研究，分析了不同阶段初始成本、突变事件及额外收益对中国和新西兰猕猴桃产业科技创新主体博弈的影响，提出了长效合作互信、人才培养互动、技术联合攻关、优势互补共享、成果利益共联"五位一体"的合作模式。

基于演化博弈论剖析了两国近 30 年的合作历程，根据微分方程的稳定性定理及演化稳定策略（ESS）的性质推演了初始状态与演化博弈方向的关系，回顾了独立创新、合作提速、全面合作3个不同阶段初始成本、突变事件及额外收益对中国和新西兰猕猴桃产业科技创新主体博弈的影响。针对性提出构建长效合作互相信任、人才联合培养交流、核心技术联合攻关、优势互补共享、成果转化利益共享"五位一体"的合作模式。

（4）基于四川猕猴桃全产业链发展，绘制了四川省首份猕猴桃产业技术创新路线图，围绕产业链上中下游提出"重品种、调结构、建园区、育主体、促融合、强品牌、优服务"的可持续发展路径并在实践中广泛应用。

一是绘制了四川猕猴桃产业技术创新路线图。围绕猕猴桃产业关键环节和技术节点，聚集全球创新要素，突出企业主体作用和"产学研用"融合，绘制了涵盖"集成创新+成果转化+团队培育"3个维度的猕猴桃"良种繁育→标准化种植→绿色防控和安全生产→分选→包装→冷藏→精深加工→废弃物综合利用→现代物流与市场营销"技术创新路线图，指导猕猴桃产业创新发展。

二是研究提出四川猕猴桃产业可持续发展路径。产业上游应重视猕猴桃资源收集保护和自主知识产权品种选育（重品种），调整优化产业区域布局和品种搭配（调结构），创建农业产业园、科技示范园（建园区），培育龙头企业、农民合作社、家庭农场等新型经营主体（育主体）；中游应加强采后加工、冷链物流等产业融合发展（促融合）；下游应加强品牌建设与推广（强品牌），推动产业信息化和一体化建设（优服务）。

三是总结提出了猕猴桃科技成果转化及产业化扶贫模式。创新性地提出了以利益共享为核心的"成果独家授权+企业主体经营+技术全程服务"科技成果转化模式，科研单位通过签署授权协议将品种独家转让给种植企业（合作社），实现龙头企业引领、新型经营主体辐射、种植大户跟进、金融保险助力、政府服务保障多元化发展，科研单位为企业推广成果全程提供配套技术支撑。同时，针对贫困地区提炼出"142" "1+5" "1+3"等系列猕猴桃产业扶贫模式。

1.4 技术路线

研究的技术路线主要包括3部分。

第一部分，国内外猕猴桃产业发展概论。主要从国内外猕猴桃产业现状和趋势进行分析，明确产业发展前景和趋势，从产业链角度分析我国猕猴桃产业竞争力和四川猕猴桃产业竞争力，明确当前迫切需要解决的主要问题。

第二部分，聚焦四川猕猴桃产业发展的关键环节和存在的主要问题，以问题为导向开展专题研究。一是对四川猕猴桃生态适宜性和布局进行研究，明确了四川省猕猴桃生态环境的高适宜区、适宜区、次适宜区，为产业布局优化提供了基础依据；二是以中国—新西兰猕猴桃联合实验室为靶向，开展四川猕猴桃产业国际科技协同创新研究，建立了一套符合猕猴桃国际合作协同创新的制度体系；三是利用综合指数比较法、AHP-SWOT分析法对四川猕猴桃产业竞争力、优劣势开展系统研究，明确了四川猕猴桃在国内外地位和竞争力，提出可持续发展对策。

第三部分，通过国内外先进地区的案例分析和发展路径经验研究，围绕产业的关键环节和关键技术开展技术攻关研究，从技术集成创新、科技成果转化、人才团队建设等方面绘制了猕猴桃产业发展技术路线图，提出了四川猕猴桃产业链上、中、下游可持续发展具体路径。

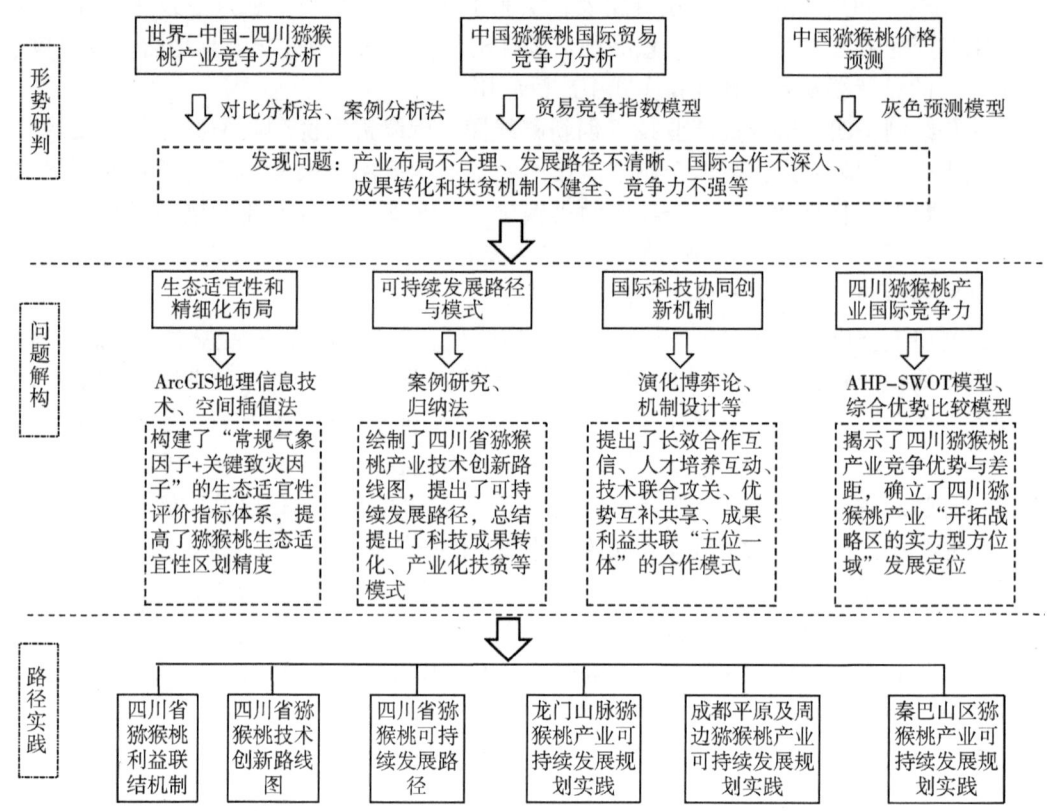

图　研究技术路线

2 世界猕猴桃产业概况及竞争力分析

2.1 世界猕猴桃生产

2.1.1 产业规模

21世纪以来,全球猕猴桃产业得到了持续发展,种植面积持续增加,截至2018年,全球猕猴桃种植面积达到247千hm^2,较2000年种植面积增加近1倍。2013—2015年,由于受到猕猴桃溃疡病(PSA)的影响,世界猕猴桃种植面积出现一定波动,后又继续保持增长态势。2000—2018年,全球猕猴桃产量总体呈逐年上升趋势,2018年总产量达到402.2万t。另外,由于受到PSA的严重影响,2013年大量果园毁园也导致2014年产量下降,2015年以后,PSA得到了有效控制及高产的黄肉猕猴桃达到盛果期,总产量得到回升。2018年,世界猕猴桃平均单位面积产量达到16.3 t/hm^2,猕猴桃单产最高的国家新西兰为35.8 t/hm^2,中国猕猴桃单产仅12.1 t/hm^2,低于全球平均水平。详见图2-1、图2-2。

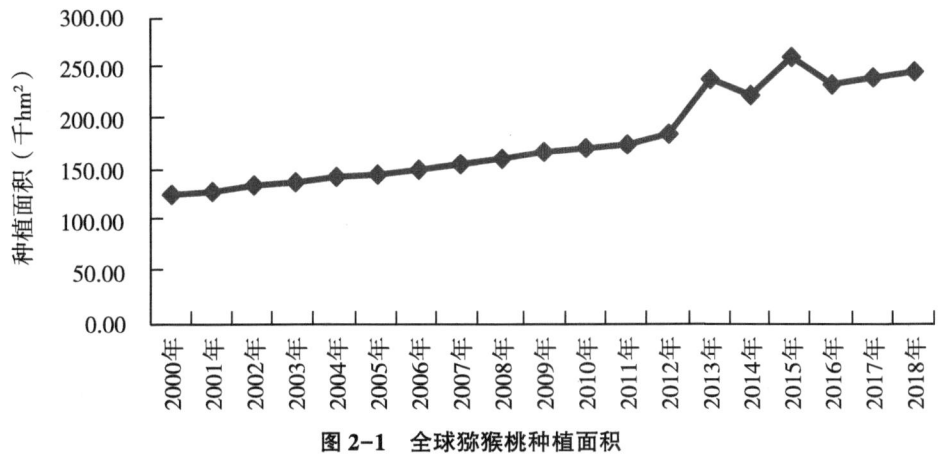

图2-1 全球猕猴桃种植面积

2.1.2 区域布局

世界猕猴桃主要产地在亚欧大陆,少量分布于大洋洲和美洲。目前,世界上种植猕

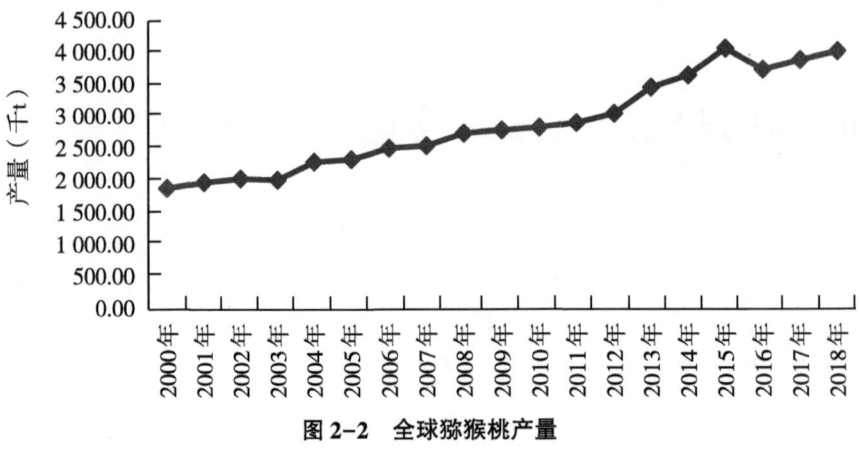

图 2-2　全球猕猴桃产量

猴桃的国家有 20 多个，2018 年，种植面积排名前六位的国家（表 2-1）依次为中国、意大利、新西兰、智利、希腊、伊朗，占世界生产总面积的 93.8%。伊朗、希腊、中国猕猴桃种植面积增速较快，分别较 2000 年增加了 4.1 倍、1.5 倍、1.4 倍。

表 2-1　世界猕猴桃主产国种植面积　　　　　　　　　　（千 hm²）

年份	中国	新西兰	意大利	智利	希腊	伊朗	全球
2000	70.00	12.18	17.73	7.78	3.79	1.78	127.03
2001	75.00	10.10	18.27	7.60	3.68	1.95	129.84
2002	78.00	11.84	19.62	7.70	3.71	2.22	136.13
2003	80.00	12.27	19.51	7.70	3.80	2.72	139.13
2004	83.00	10.93	20.85	9.00	4.18	2.98	144.33
2005	85.00	12.07	21.48	6.60	4.18	3.53	146.54
2006	87.00	12.00	21.35	6.70	4.19	6.18	151.25
2007	90.00	13.08	21.73	8.70	4.33	5.18	156.74
2008	92.00	12.40	22.42	8.70	4.52	8.15	162.04
2009	95.00	13.29	24.63	10.80	4.62	6.39	168.67
2010	98.00	13.05	24.68	10.92	4.91	6.94	172.36
2011	100.00	13.07	24.93	10.92	5.13	8.02	175.83
2012	110.00	12.76	24.33	11.92	5.25	8.13	186.34
2013	161.50	12.47	25.73	11.09	5.50	9.04	239.68
2014	145.00	12.08	24.83	10.63	6.74	10.18	224.10
2015	181.90	11.84	27.31	9.72	7.56	8.44	261.39
2016	157.28	11.87	24.24	8.87	8.08	9.29	234.59
2017	163.09	11.71	24.62	8.72	8.39	9.46	241.39
2018	168.00	11.58	24.86	8.68	9.55	9.13	247.11

数据来源：FAD

2.1.3 品种结构

新鲜猕猴桃的生产和销售品种由单一绿肉猕猴桃"海沃德"发展为绿肉猕猴桃、黄肉猕猴桃、红肉猕猴桃和软枣猕猴桃多种类型。目前，绿肉猕猴桃依然占据主导地位，以"海沃德""秦美"为代表的绿肉品种占世界猕猴桃栽培面积的75%左右，以"Hort16A""Gold 3""金艳"和"金桃"为代表的黄肉品种约占世界猕猴桃栽培面积的15%，以"红阳"为代表的红肉猕猴桃面积约占10%。其中黄肉猕猴桃产量新西兰最多，红肉猕猴桃种植绝大部分在中国。另外，软枣猕猴桃约占栽培面积的0.5%。详见图2-3。

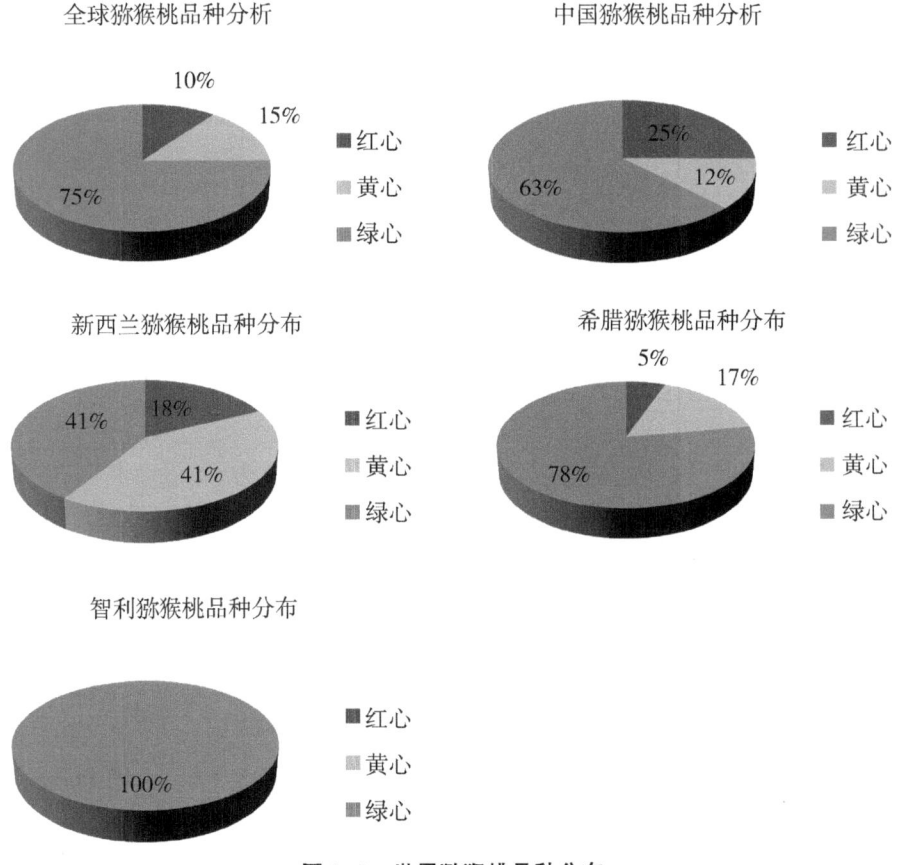

图2-3 世界猕猴桃品种分布

2.2 世界猕猴桃市场消费

2.2.1 进出口分析

2000—2017年，全世界猕猴桃鲜果出口量保持较为稳定的增长，2017年，国际猕猴桃进口量达到 158.85 万 t，是 2000 年的 2.2 倍；猕猴桃出口量达到 151.05 万 t，是 2000 年的 1.97 倍。其中，意大利和新西兰出口量超过 30 万 t，新西兰猕猴桃出口率高达 93%，意大利以 73% 的出口率紧随其后。未来随着猕猴桃鲜果出口量增加带来的压力可能会继续保持强劲，因为主要生产国的国内人口少，国内消费能力弱，所以增加产量通常是针对出口市场，如新西兰、智利、希腊这些国家就属于这一类。详见表 2-2。

表 2-2　世界猕猴桃进出口量　　　　　　　　　　　　　　　　（万 t）

年份	进口量	出口量
2000	73.56	76.61
2001	80.47	77.89
2002	74.62	71.20
2003	80.68	74.52
2004	91.99	85.69
2005	102.49	102.15
2006	103.60	105.89
2007	113.77	114.27
2008	115.30	119.21
2009	124.59	125.48
2010	125.96	135.15
2011	129.07	132.29
2012	137.15	136.52
2013	129.38	127.68
2014	121.81	127.91
2015	142.34	148.71
2016	165.61	171.82
2017	158.85	151.05

新西兰、意大利、智利、比利时、中国是世界进出口贸易最为活跃的 5 个国家，2018 年，世界猕猴桃出口额为 29.71 亿美元，新西兰猕猴桃出口额为 15.22 亿美元、意大利猕猴桃出口额为 5.25 亿美元、智利猕猴桃出口额为 2.05 亿美元、比利时猕猴桃出口额为 2.99 亿美元、中国猕猴桃出口额为 0.1 亿美元，新西兰国际市场占有率为 51.23%、意大利国际市场占有率为 17.66%、比利时国际市场占有率为 10.05%、智利国际市场占有率为 6.91%、中国国际市场占有率为 0.33%。详见表 2-3。

表 2-3　世界猕猴桃出口额　　　　　　　　　　　　　　　　（亿美元）

年份	新西兰	意大利	智利	比利时	中国	全球
2000	2.67	1.76	0.63	0.04	0.00	6.15
2001	2.42	1.94	0.67	0.06	0.00	6.12

(续表)

年份	新西兰	意大利	智利	比利时	中国	全球
2002	2.63	2.60	0.69	0.06	0.00	7.20
2003	2.86	3.08	0.92	0.12	0.01	8.33
2004	5.35	2.89	1.07	0.11	0.03	11.04
2005	4.63	2.89	1.11	2.15	0.04	12.41
2006	4.92	3.60	1.28	2.17	0.03	13.88
2007	5.74	4.05	1.46	2.35	0.03	15.92
2008	6.89	5.41	1.83	3.08	0.02	20.32
2009	6.48	4.64	1.49	2.96	0.02	18.21
2010	6.97	4.47	1.52	2.27	0.03	18.54
2011	10.43	4.79	1.74	2.56	0.03	20.47
2012	8.45	4.20	2.02	2.41	0.02	20.83
2013	6.60	5.12	2.40	2.20	0.03	20.53
2014	8.33	5.89	1.77	2.65	0.05	22.89
2015	10.08	4.72	2.01	2.48	0.04	23.07
2016	11.86	4.75	1.71	2.83	0.13	25.12
2017	11.74	5.28	2.05	3.28	0.07	27.18
2018	15.22	5.25	2.05	2.99	0.10	29.71

全球 2018 年猕猴桃进口额 31.93 亿美元，中国进口额 4.11 亿美元，是世界猕猴桃进口额最大的国家，占世界总进口额的 12.9%。从贸易竞争力分析，显示性比较优势大小依次为新西兰 252.8>意大利 6.3>智利 17.9>比利时 4.2>中国 0.026。5 个国家中，竞争力最强的是新西兰，竞争力最弱的是中国。详见表 2-4。

表 2-4　世界猕猴桃主产国进口额　　　　　　　　　　　(亿美元)

年份	新西兰	意大利	智利	比利时	中国	全球
2000	0.00	0.27	0.00	0.85	0.03	7.24
2001	0.00	0.32	0.00	0.92	0.02	7.26
2002	0.01	0.47	0.00	0.99	0.02	8.49
2003	0.02	0.67	0.00	1.50	0.02	11.17
2004	0.01	0.69	0.00	1.69	0.04	12.80
2005	0.01	0.63	0.00	1.87	0.06	13.37
2006	0.01	0.64	0.00	1.71	0.12	14.31
2007	0.01	0.66	0.00	1.60	0.17	15.82
2008	0.02	0.87	0.00	2.17	0.22	19.50

(续表)

年份	新西兰	意大利	智利	比利时	中国	全球
2009	0.02	0.65	0.00	1.54	0.33	17.30
2010	0.01	0.61	0.00	1.58	0.45	18.03
2011	0.01	0.69	0.00	1.72	0.82	21.26
2012	0.01	0.63	0.00	1.54	1.39	21.41
2013	0.02	0.66	0.00	1.69	1.22	21.59
2014	0.02	0.65	0.00	2.04	1.95	23.51
2015	0.02	0.62	0.00	1.88	2.67	23.87
2016	0.01	0.66	0.00	2.13	3.43	26.13
2017	0.01	1.07	0.01	2.62	3.64	29.65
2018	0.01	0.93	0.01	2.99	4.11	31.93

2.2.2 消费分析

虽然猕猴桃种植面积和产量持续增加，但在世界水果中猕猴桃仍然只占很小的份额。2015年，猕猴桃世界人均消费量不到0.5 kg，占人均水果总消费量比不到0.4%。由于生产猕猴桃的地域是高度集中和倾斜，猕猴桃人均消费也高度倾斜。世界人均消费量显著低于主要生产国，且增速相对缓慢。中国以外的其他生产国的人均可用量一直在上升，但在较低的水平。详见图2-4。

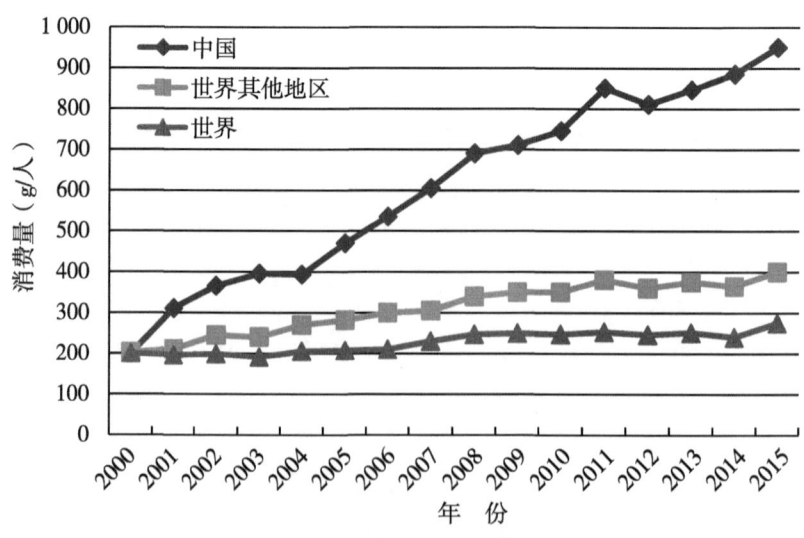

图2-4 2000—2015年国内外猕猴桃消费量

但是，过去20年，就单一类水果来看，猕猴桃人均产量增长最快，达162%。由于猕猴桃产业解决了PSA的问题，且持续集中在大的、财力充足的包装与市场一体化的公司经营，这一增长速率有望在未来十年继续保持。

2.2.3 价格分析

有限的数据可用来比较不同国家的猕猴桃的价格趋势。联合国粮农组织最近更新了一系列在选定国家猕猴桃的年度价格。图 2-5 显示了 4 个主要的生产国——智利、希腊、美国和新西兰在 4 个不同的大洲的价格。从图 2-5 可以看出，除希腊外，猕猴桃价格呈上升趋势，到目前为止，在美国和新西兰的种植者获得了最高的生产者价格，智利最低，希腊居中。2014 年，新西兰猕猴桃达到历史最高的 0.14 万美元/t，在成都，新西兰"黄金果"单个可卖到 8~10 元，而希腊不足 0.04 万美元/t。

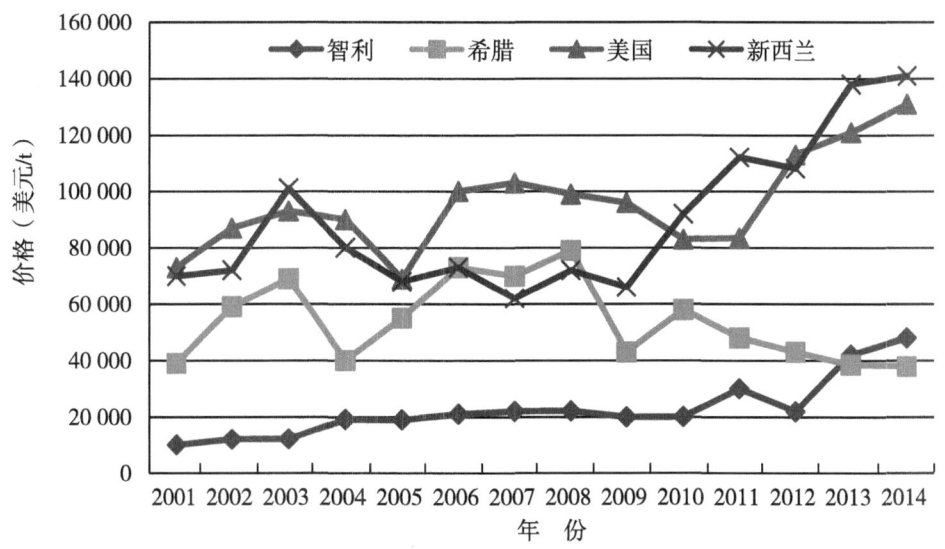

图 2-5　2001—2014 年猕猴桃主要生产国生产者价格情况

不同供应国家，不同的包装类型和不同的果实大小有显著不同的价格。一般，新西兰的产品报价较高，相反，希腊的产品更倾向于大幅折扣卖给法国和意大利。智利和意大利的产品在 2015—2016 年交替价格领先。此外，猕猴桃品种对于价格的影响也很大。一般黄肉品种价格高于绿肉品种。例如，新西兰佳沛阳光金果"G3"价格显著高于佳沛绿果"海沃德"。在中国，红肉猕猴桃也高于绿肉类型。

2.3　猕猴桃主产国竞争力分析

2.3.1　新西兰猕猴桃产业

2.3.1.1　产业生产现状

猕猴桃的主产地普伦提湾属于平原兼浅丘地区，海拔约 500 m，该地区的火山性沙壤土通透性和有机物含量高,十分适合猕猴桃的种植。2013—2016 年,新西兰猕猴桃平均年产量 40 万 t,单位面积产量为 1.43 t/亩(1 亩约等于 667 m²,1 公顷=15 亩。全书同),是世界平均单产的 1.36 倍,也是单产最高的国家。新西兰猕猴桃大部分用于出口,是主要的出口国之一。产量方面,新西兰绿肉猕猴桃产量在 2003 年经过短暂的下滑后,稳定上升,从早年的 500 万盒,发展到 2012 年的 3 200 万盒;有机绿果的产量相对稳定,大体保持在 300 万盒的产量。金果产量的快速增加,保证了新西兰猕猴桃产业总体的高收益。

2.3.1.2 产业鲜果概况

新西兰猕猴桃产业的主推品种经历了绿肉海沃德、黄金果 Hort16A、阳光金果 Gold3 的过渡。长期以来,新西兰选育的绿肉品种"海沃德"占据猕猴桃大部分市场。然而"海沃德"的生产过剩导致了其价格在 80 年代初大跌,新西兰开始意识到过度依赖于单一品种产生的生产和营销方面的行业风险,开始寻找可以替代的新品种。随后,新西兰育种成功开发出黄肉猕猴桃品种"Hort 16A",并被在新西兰处于垄断地位的佳沛公司以 Zespri™ Gold 注册商标逐步谨慎地推向全球市场。与"海沃德"相比,Zespri™ Gold 具有更高的平均产量以及回报率。2010 年,新西兰猕猴桃产业受 PSA 严重暴发影响而中断,包括 Zespri 在内的生产商、包装工、供应商、政府和相关研究机构组成了一个行业联盟,制订和实施有效的恢复计划,设法降低 PSA 在现有果园的影响,并迅速用 Gold3 来取代受损的 Hort16A 种植。目前,新西兰绿果种植面积占总面积的 80%,金果占 15%,有机绿果占 5%。其中绿果和有机猕猴桃种植面积相对稳定,金果面积逐年增加,另有 2 种红心猕猴桃在试销售中。同时,研发也在继续跟进,47 个区试品种,9 万株杂交备选后代,新西兰与中国合作商业化绿果、金果和粉红色果肉新品种都在进行中。

2.3.1.3 产业贸易概况

新西兰是猕猴桃产业出口大国。2012 年,新西兰向 60 多个国家或地区出口 39.4 万 t 优质猕猴桃,出口量超过全球出口量的 30%。新西兰猕猴桃销往国外的主要市场是欧洲、日本、东亚及北美地区。2010—2015 年,新西兰猕猴桃销往地的出口量的占比份额没有发生太大变动,依旧是亚洲和欧洲占比最大。在价格方面,新西兰猕猴桃的单位面积果园创利水平和单位重量盈利水平远高于其他国家,在鲜果总体价格方面,同样不逊色于任何国家价格。新西兰致力于拓展猕猴桃市场,减少不利的价格效应,逐步改变猕猴桃分配系统的竞争策略以适应消费者新的需求。近年来,新西兰在亚洲尤其是日本和韩国的出口量明显增加,而出口至澳大利亚、沙特阿拉伯、中国台湾的猕猴桃量平稳。详见表 2-5。

表 2-5　2010—2015 年新西兰猕猴桃鲜果出口量　　(万 t)

销往地	2010 年	2011 年	2012 年	2013 年	2014 年	2015 年
欧洲地区	175 669	179 436	181 198	163 660	165 779	192 371
北美地区	23 667	25 290	17 116	10 947	14 334	19 945

（续表）

销往地	2010 年	2011 年	2012 年	2013 年	2014 年	2015 年
亚洲地区	147 986	170 670	191 095	163 526	192 705	214 540
其他国家或地区	3 628	4 405	4 394	4 975	5 203	5 342

2.3.1.4 *产业营销概况*

新西兰猕猴桃产业的营销职能以 Zespri 公司（佳沛）形式运行，公司完全由果农投资，为国家唯一的一级出口商，集中经营 Zespri™ 品牌。佳沛实力雄厚，管理能力出色，还凭借着新西兰政府的特别政策，在市场上处于主导地位，公司实行股份制，由专业人士管理，只有拥有果园的果农才有资格加入，成为公司股东，股东按照其果园面积折算相应股票，至 2012 年年底，Zespri 公司有 2 171 个股东。果农成为公司股东，不仅每年可通过出售产品给公司获取收益，还可以按股票得到分红。这种模式，将果农从纯粹生产者转换为生产者兼股东的双重角色，促进了营销商与果农形成统一利益联盟，该模式集中了国家所有猕猴桃生产和销售力量，避免了国内无序恶性竞争，达到了资源整合和提高效益的目的，同时对来自全球市场信息反馈变得更加迅速和准确。新西兰完全遵照市场规律运作，实现了统一生产准、统一产品质量、统一商标、统一包装、统一进销价格、统一贮运、统一调配等目标。除了出口到澳大利亚的产品之外，新西兰出口到其他所有国家的奇异果都可以贴上佳沛的商标进行销售。

2.3.1.5 *产业发展优势*

一是高标准、规范化的生产种植。猕猴桃的培育除了有良好的品种，还需要高标准、规划性的生产。从种植、采摘、分拣、包装到运输和贮藏的整个过程都需要实施极严格的产品质量跟踪检测和现场管理。新西兰的猕猴桃产业分工与合作高效统一。农场都拥有自己的产品基地，加工厂拥有包装生产线、自动机械选果车间，从生产到配售的各个环节都形成了高度统一又运转有效的系统。猕猴桃的生产区都分成棋盘式的小格子，每个小格子均为生产小区。小区四周都建造有防风墙，由单行密植的松树形成。通过机械修剪整形后，防风墙没有散开的树冠，只有主干和茂密的枝叶，既不影响猕猴桃的生长，又能起到防风减灾的作用。

二是重视技术研发与创新。栽培技术不断完善和发展新品种是果业发展的重要基础。新西兰十分重视收集、引进、研究和利用外国的种质资源。猕猴桃原产中国，在中国现有的 60 多种猕猴桃资源中，新西兰就引进了 20 多种。"Zespri"（佳沛）公司成立后，以"市场导向，顾客引领"的原则，每年不惜重金对消费者在口味、大小、品种和成熟度的需求进行市场调研，根据不同市场消费者消费需求及其偏好的差异，开发出不同的品种。果农、政府和公司共同参与投资，在一些商业果园安装了 17 个气象站。果农可用气象数据借助寒冷模型预测萌芽时间、开花质量等信息，还可通过其他模型预测采收时果实大小等实际问题。在产业满足差异化市场需求的驱动下，新西兰猕猴桃领域取得了一系列创新成果，如形成了 Kiwi Green 体系、Taste Zespri 体系等。

三是成立行业委员会，统一全球销售。提高产业集中度，有效遏制恶性价格战。新西兰政府引导成立行业委员会，统一的全球销售，应对"恶性竞争"。行业委员会独立于政府机构之外，代表公众利益。一旦某产业发育到一定阶段，并出现"价格战"现象，行业委员会就开始整合产业组织，促进企业与企业、合作社与合作社进行兼并重组，并不断形成一个大型产业联盟。新西兰成立了垄断市场的营销机构——Zespri。制定严格的标准，从选址、建园、栽培管理、物流、销售等一系列环节进行技术支持及全程把控，通过雄厚的经济实力和国际影响力向海外扩张，管理销售出口市场，并提供有针对性的促销支持。使用品牌来区分不同产品的质量，给不同的市场分配不同的产品、规模和质量。因此，新西兰就能一直为其猕猴桃产品生成价格溢价。

四是开发深加工系列产品。猕猴桃的维生素含量高，极富营养价值，除了食用外，其深加工系列产品具有诱人的市场前景。目前新西兰已开发出的猕猴桃深加工系列产品有：①食用类，包括糖果、巧克力、饼干、酒、果酱、茶、干片等；②化妆品类，包括面霜、护肤油、痱子粉、洗面奶等；③洗涤类，包括肥皂、洗发液、沐浴液等。其产品色泽保持果品原色，气味芬芳，包装精美。借助新西兰的猕猴桃产业出口链销往世界各地，产生新的利润。

2.3.2 意大利猕猴桃产业

2.3.2.1 产业发展概况

意大利地处欧洲南部地中海北岸，国土面积为 30.1 万 km^2，人口 6 千万，是一个高度发达的资本主义国家。意大利北部有阿尔卑斯山脉（Alpi），中部有亚平宁山脉，北部的波河平原土壤肥沃。意大利大部分地区属亚热带地中海型气候。意大利猕猴桃产业创始于 20 世纪 80 年代。目前，意大利是欧洲最大的猕猴桃生产国以及全球最大供应商。意大利猕猴桃产量排名世界第二，种植总面积达 2.7 万 hm^2，年产量在 70 万 t 以上。截至 2015 年，世界其他各国平均产量约为 1.05 t/亩，意大利为 1.23 t/亩，高于国际平均水平。

2.3.2.2 品种及栽培情况

意大利猕猴桃栽培仍以绿肉品种"海沃德"为主，近几年引进和自主培育了一些黄肉、红肉猕猴桃新品种，包括从中国、新西兰等国引进"金桃""金艳""东红""SunGold"等品种，自主培育了"Dori"等品种。意大利著名猕猴桃公司"Jingold"已开始进行红心猕猴桃品种的种植，2015 年，意大利的种植面积已达 60 hm^2，每年也正在慢慢增加，并且计划会把小量的 Jingold "东红"品种运来中国市场进行试吃活动，首批商业化的此品种将运往广州、中国香港地区、上海、中国台湾地区以及新加坡等地。另外，意大利乌迪内和博洛涅大学研发多年选育出黄肉猕猴桃新品种"Dori"（又称"ac1536"）口感极佳，既比绿果要甜，却又带着其他金果没有的一丝绝妙的酸味。目前这一品种在欧洲和智利种植规模不断增多。此外，意大利加强了与新西兰的合作。新西兰的 Zespri 公司给欧洲（2017—2020 年）SunGold 价值 1 800 hm^2 的附加许可证，意大利在 3 年里每年可以种植 600 hm^2 的"SunGold"，到 2020 年欧洲的"SunGold"种植面积将近 4 000 hm^2。意大利猕猴桃的采摘期从 10 月开始到 11 月中旬结束，南部和北部的采摘期往往相隔约一个月，采摘后的猕猴桃会进入冷库，度过两周时间直至完全成熟。由于意大利天然的气候条件，以及果蔬保鲜技术的领先优势，使得意大利的猕猴桃品质极其优异。拉齐奥、皮埃蒙特、艾米利亚罗马涅和威尼托是意大利最优质的猕猴桃产地。意大利猕猴桃的实际销售季是从每年11月到翌年5月，销售季自圣诞节以来达到了高峰。

2.3.2.3 产销与对外贸易情况

意大利的猕猴桃消费量受产量与价格的影响较大，其国内市场价格非常敏感，人均猕猴桃消费量为1.8~2.0 kg，年消费量总计为10.5万t。意大利猕猴桃生产者协会（CIK）调查意大利人基本上是以鲜食猕猴桃为主，其国80%的民众食用猕猴桃。在意大利国内市场上，猕猴桃内销次品果在露天店中便宜销售，仅少量次品果加工成为糕点或速冻果汁。意大利2015/2016市场年度猕猴桃产量为60万t，较2014年增加了18%，这归功于有利的天气，并将有望产出高质量的产品。2015年意大利的注册猕猴桃种植区面积比2014年增长10%，预计几年内将持续增长。

意大利是世界上猕猴桃十大出口国之一，出口总量排名第一，主要出口对象是其他欧洲诸国。依据意大利广州贸易办事处所提供的资料，意大利猕猴桃总产量的55%~60%会出口至世界各地，贸易总额接近4.7亿美元，中国是该国猕猴桃的第三大市场，仅次于欧洲和美国。以2013年为例，世界猕猴桃出口合计约110万t，出口总额16.9亿美元，出口均价每吨1 546美元。意大利出口34.08万t，出口总额51.26亿美元，出口均价1 503.97美元/t。意大利猕猴桃出口率高达73%，仅次于出口率高达93%的新西兰。意大利主要出口到德国、西班牙、法国和美国，这些主要目的市场分别占了出口总额的16.5%、13.3%、8.3%和6.7%。近年来，由于希腊和新西兰出口商的竞争导致意大利市场上的价格呈下降趋势，意大利生产商正在寻求新的出口机会。新的出口市场包括中国台湾、中国、澳大利亚、巴西、美国和加拿大。亚洲和澳大利亚市场的需求量很大。在欧洲，英国、斯堪的纳维亚和德国的需求正在上升。2017年1—11月，中国进口意大利猕猴桃0.8万t。同时，意大利也是世界猕猴桃十大进口国之一，进口总量排名第八，进口世界在每年的5—10月。2013年，全球猕猴桃出口总和约129万t，进口总额21.6亿美元，出口均价每吨1 668.51美元。意大利进口猕猴桃鲜果4.49万t，进口总额6.59亿美元，进口均价1 468.70美元/t。进口价格低于世界平均水平。由于南、北半球在猕猴桃生产上是相互补充的，智利与新西兰已成为意大利的猕猴桃强大出口国。2014/2015年度意大利进口了4.5万t猕猴桃，主要来自智利、新西兰和希腊，分别占进口总额的35%、34%和10%。

2.3.2.4 产业竞争优势

意大利位于北半球，冷藏设施较好，完善冷藏技术能将猕猴桃鲜果延长到三四月；可补充猕猴桃品种周年供应，南北半球相互补给。意大利的气候和土壤条件适合种植猕猴桃。意大利猕猴桃除了产量较高，其品质也较高，出口售价高于国际出口平均价格。意大利既是猕猴桃出口大国，又是猕猴桃进口大国，消费市场十分成熟。意大利的一些知名猕猴桃公司已在智利等国开辟了生产基地，有利于其全年化生产和国际化发展。

2.3.2.5 产业发展劣势

意大利国内市场容量确实有限，销售方面对出口依赖较大。意大利猕猴桃品质虽然较高,但与新西兰相比仍有一定差距,仍有提升空间。意大利猕猴桃受到 PSA 的影响,造成了严重损失。冰雹等恶劣天气时有发生,也影响了猕猴桃的单产量。近年来希腊和新西兰出口商的竞争导致意大利猕猴桃的市场价格呈下降趋势。由于许多欧洲国家的产量较低,意大利出口商对销售持谨慎态度,价格有一定投机性,影响价格的稳定性。相比新西兰,意大利缺少像佳沛这样在世界各地实现商业化推广的资源和能力。新西兰的佳沛公司是世界上最大的猕猴桃种植商,也是意大利猕猴桃种植商在南半球的直接竞争对手,以及在北半球的间接竞争对手。

2.3.3 智利猕猴桃产业

2.3.3.1 生产情况

智利位于南美洲西南部,安第斯山脉西麓,是南美洲较稳定和繁荣的国家。智利西为海拔 300~2 000 m 的海岸山脉,大部分地带沿海岸伸展,向南入海,形成众多的沿海岛屿;中部是由冲积物所填充的陷落谷地,海拔 1 200 m 左右。境内多火山,地震频繁。由于国土横跨 38 个纬度,而且各地区地理条件不一,智利的气候复杂多样,总体可分为北、中、南 3 个明显不同的地段:北段主要是沙漠气候;中段是冬季多雨、夏季干燥的亚热带地中海型气候;南为多雨的温带阔叶林气候。全国大多数地区有 4 个季节。目前,智利是南半球最大的鲜果出口国。智利猕猴桃的种植分布在智利第六大区(O'Higgins,Ⅵ)和马乌莱大区(Maule,Ⅶ)等中部地带。其中,33% 的种植地集中于马乌莱大区的首府库里科(Curicó)省。因为季节反差,智利猕猴桃的上市时间在每年的 3—8 月底。

2.3.3.2 主要品种

① "海沃德":主要栽培和出口品种,该品种由于果子大,口感较好,2016 年出口量甚至占了其产出的 96%,对智利商来说种植它利于出口尤其是欧洲国家。② "夏桃"(Summer Kiwi):黄果,因为下果季节早,可以尽早覆盖一些市场。但果形小,甜度不够,所以一直以来不是最受欢迎的产品。③ "Bruno"(布鲁诺):根据当地有经验的种植农户介绍,这个品种种植起来比较容易,可以适合不同环境的土壤。而且在这个基础上还可以嫁接其他品类的砧木,结出不同种类果子出来。不过,该品种出口到其他的国家的量也不是特别多。④ "Dori":测试品种,是与意大利大学新研发的黄心品种,能否成为智利新一代猕猴桃的佼佼者还有待观察。另外,目前包括"金桃"(Jintao)在内的黄果以及红心猕猴桃的产量也在进一步扩大。

2.3.3.3 贸易情况

智利的猕猴桃产量在世界排名第四,生产的大部分猕猴桃用于出口。1995/1996 年度,智利猕猴桃销售用产量中的 3/4 供出口,达 12.5 万 t,比 1994/1995 年度增长 13%,以后数年保持较高的出口比例。从 1995 年起,智利政府的出口振兴机构每年扶持 1 000 万美元的出口销售促进基金,连续扶持 5 年,并接受官方与民众代表所组成的咨询委员会的监督,利用该基金有计划地扩大猕猴桃出口量。2013 年,智利出口 21.79 万 t,出口总额 24.54 亿美元,出口均价 1 126.24 美元/t,出口价格低于世界平均水平。一直以来,欧洲是智利猕猴桃的主要出口对象;然而,亚洲在近五年已跃升为智利猕猴桃的主导消费市场。2016年，智利猕猴桃在亚洲的出口份额增长了76%。其中，香港和内地市场的增长势头最为迅猛，增长率约215%；与此同时，智利对欧洲的出口下降了16%。1994年，智利与中国签署植物检疫协议，为其苹果和猕猴桃出口中国市场打开大门，智利也因此成为继美国之后第二个获准向中国出口水果的国家。同时，智利政府首次在中国、巴西、阿根廷3国和欧盟设立农业专员，其目的是在巩固传统出口市场的同时，开拓新的领域来发展农产品贸易。目前，中国是智利猕猴桃最大的亚洲市场，市场份额为62%，猕猴桃从智利到中国的平均运送时间长达35天。其他主要亚洲市场还包括韩国（15%，2016年增长率仅1%）、印度（8%，2016年增长率为300%）。从海关统计数据来看，2017年1—11月，中国进口智利猕猴桃1.77万t。

2.3.3.4 产业竞争优势

智利猕猴桃的竞争优势得益于智利中部地区温和的地中海气候。在种植方面，智利种植者始终致力于生产在尺寸、形状、口味和香气等性状稳定的高品质品种。智利得天独厚的地中海气候，让圣地亚哥周边（尤其是南部地区）通常能够种植许多不同种类的水果，以葡萄、猕猴桃和车厘子为主。这一气候最大的优势在于，各大公司可以把鸡蛋放进多个篮子，合理进行产品风险分配，不用将所有资金与精力押在同一个品类上。智利猕猴桃出口商和种植者对品牌和定价具有灵活性，能够充分满足各大进口商的不同需求。智利大型的贸易商基本都有自己的种植基地，大到四五百公顷，小到一两百公顷都有。贸易商从种植端开始做起能够更好地掌控产品的每一个环节，从而最终能够将水果以最好的状态呈现到市场。抓住产业链的两头，是一种非常有效的方式。智利位于南半球，可补充猕猴桃品种周年供应，南北半球相互补给。

2.3.3.5 产业发展劣势

智利国内人口少，国内消费能力弱，对于许多智利贸易商而言，所谓的贸易就是出口，因为智利的国内市场容量确实有限。智利的猕猴桃销量有时会受其他国家的影响。智利的猕猴桃售价低于世界平均水平，其猕猴桃品质与新西兰等国相比，仍有一定差距。2011—2014年，猕猴桃受到PSA、恶劣天气等的影响，世界猕猴桃鲜果出口停滞，智利也受到影响。智利猕猴桃2016年已经有2 498 hm^2 猕猴桃被感染（占种植面积的26.3%）。智利为了应对这一情况专门成立PSA风险描述系统，希望能够缓解这一糟糕的情况。

2.3.4 希腊猕猴桃产业

希腊地处欧洲东南角、巴尔干半岛的南端。希腊属丘陵地区，境内多山，3/4均为山地，沿海有低地平原。希腊南部地区及各岛屿属于地中海型气候，全年气温变化不大，冬季气温在6~13℃，夏季则在23~33℃，夏季较长，阳光强烈。北部和内陆属于大陆性气候，冬温湿，夏干热。从北到南平均气温：1月5~11℃，7月25~27℃。希腊年平均降水量400~1 000 mm。东部地区年降水量400~700 mm，西部地区年降水量约900~1 200 mm。

2.3.4.1 生产情况

希腊猕猴桃以山地种植为主，果肉幼滑细腻，酸甜适中，营养价值高。优越的地理条件，良好的环境，为希腊绿猕猴桃提供了良好的种植环境，是生产优质猕猴桃的关键。如今希腊猕猴桃的品质已提高，特别是猕猴桃个头大小和质量方面，随着甜度的提高，以及新的栽培技术，已得到了大大的改善。

希腊猕猴桃产量排名世界第五，主栽品种以绿果为主，还有一种黄色的品种叫作Soreli，现在的量很少，不过未来产量有望增加。希腊是欧洲重要的猕猴桃产地，年产量约为17万t。

2.3.4.2 贸易情况

2013年，希腊出口猕猴桃9.89万t，出口总额10.38亿美元，出口均价1 049.77美元/t，平均不到1 200美元/t，价格低于世界平均水平。低廉的价格利于出口，但同时说明其果品质量仍有待提高。据了解，希腊猕猴桃的主要出口市场为欧盟市场（占近50%）、东欧国家（15%）、北美洲（10%）以及其他市场（中国、南非、印度以及阿联酋，共5%），而2018年这些市场的份额也将保持不变。该国猕猴桃业也正逐渐转型——将会专注于更多有潜力的新市场——分别为东南亚、越南、日本以及韩国市场。中国是希腊重要出口市场。该国猕猴桃自2008年获准进入中国市场。为保证其品质，出口中国的每一个包装箱上均需标注产地、果园和包装厂的名称用以溯源，果实需来自指定的果园以及包装厂，包装前经过选果，剔除有缺陷的果实，且在运输途中对猕猴桃实施有效的冷处理，以降低有害生物发生的风险。希腊猕猴桃从10月底上市，通过冷藏方式可储存至次年4月。由于市场供过于求的局面，该国在2016/2017年季节的表现不佳，希腊猕猴桃价格下跌约15%，价格在2018年有所反弹。据悉，较大个头的希腊猕猴桃在2016/2017年的离岸价格为每千克1.5欧元（约折合人民币11.97元），小个头的离岸价则为每千克1欧元；2017/2018年，大个头猕猴桃价格为每千克1.7欧元，小个头的则为每千克1.1欧元。希腊当地的猕猴桃种植商们如今也聚集在一起，共同来解决该行业所面临的问题。2017年1—11月，中国进口希腊猕猴桃0.14万t。

2.3.4.3 产业竞争优势

得益于亚热带地中海气候。优越的土壤和气候条件，为希腊猕猴桃生产优质猕猴桃奠定了基础。猕猴桃价格低廉，地理位置临近欧洲各国，是欧洲重要的猕猴桃产地，有利于成为欧洲重要的猕猴桃出口国。猕猴桃每一个包装箱上均需标注产地、果园和包装厂的名称用以溯源，果实需来自指定的果园以及包装厂，包装前经过选果，剔除有缺陷的果实，且在运输途中对猕猴桃实施有效的冷处理，以降低有害生物发生的风险。

2.3.4.4 产业发展劣势

希腊国内人口少，国内消费能力弱，国内市场容量确实有限，出口在贸易中占比较大。其他国家的市场情况对该国猕猴桃价格的影响较大。与新西兰等国相比，希腊猕猴桃品质较低，仍待改善。希腊猕猴桃的大部分经销商，本身也是生产商，但主要还是从当地生产者处购买猕猴桃。其行业组织形式仍须优化。2011—2014年，受到PSA、恶劣天气等的影响，希腊猕猴桃鲜果出口也受到影响。因此病虫害防控亟待加强。希腊猕猴桃品种以绿果为主，但绿果售价低于黄果和红果。黄色的品种目前有"Soreli"，但产量很少，未来应增加黄果产量。

2.4 世界猕猴桃产业发展趋势

2.4.1 全球市场需求持续增长

2018年,猕猴桃世界人均消费约0.59 kg,随着国内外经济持续发展,中产阶级和富裕家庭人口将持续提升,猕猴桃需求量将快速增加。同时,随着科技创新及成果产业化,国内外市场将同步扩大。行业预测,到2025年,世界猕猴桃市场需求将达1 000万t以上。

2.4.2 产品需求多样化特征凸显

绿肉品种是世界猕猴桃生产的主导品种,但近年来红肉、黄肉猕猴桃市场需求急剧上升,蝴蝶状猕猴桃、软枣猕猴桃市场逐步形成。欧盟、北美、东南亚、中国等不同地区不同的消费偏好,促使红、黄、绿肉猕猴桃多样化发展。在绝大部分鲜销的同时,市场对猕猴桃深加工产品,尤其是健康营养的功能性产品需求逐步增加,以功能饮料、休闲食品、营养酵素为代表的中高端产品将快速发展。

2.4.3 产业发展全球化布局加快

猕猴桃是国际化程度较高的特色水果。当前,全球布局猕猴桃产业已成为趋势,世界猕猴桃种植正加速向中国、希腊、智利、日本等国家转移,特别是中国作为红肉猕猴桃商业化栽培的发源地及主栽区,对世界猕猴桃发展具有重大影响。

2.4.4 科技支撑产业链绿色发展

猕猴桃产业是创新驱动产业发展的成功典范。随着水果消费升级和国内外市场需求变化,推动猕猴桃产业科技创新加快向绿色方向深化。重点是培育高抗、优质、丰产、耐贮和风味浓郁的新品种,加快高效、省力、安全栽培技术及投入品研发,以及商品化安全处理、精深加工、冷链物流配送及质量可追溯共性关键技术创新,构建全产业链技术创新体系。

(执笔:王永志、李明章、郭耀辉)

3 中国猕猴桃产业现状、问题及对策建议

当前,我国猕猴桃种植规模与产量均居世界第一位,是全球猕猴桃生产大国。但是,产业快速发展的同时,也面临国际贸易壁垒、产业效益下降等问题和挑战,反映出我国猕猴桃产业在规划引领、科技创新应用、产品市场竞争力等方面的不足。学者对于猕猴桃产业有较为广泛的研究,杨启智等研究了省域范围猕猴桃产业竞争力;郭晓鸣等深度剖析了中新模式的制度内涵及其重要价值。相对而言,围绕猕猴桃生产、消费、加工、进出口、市场、成本收益全产业链开展的研究相对较少。因此,全面剖析我国猕猴桃产业现状,聚焦重点区域、关键环节、不同品种分类施策,对准确把握猕猴桃产业发展方向,促进猕猴桃产业持续健康发展有重要的意义。

3.1 猕猴桃产业发展现状

3.1.1 猕猴桃生产

(1) 产业规模持续增加。自20世纪70年代末以来,我国猕猴桃产业先后经历了起步、快速发展、缓慢增长、高速发展4个阶段,由农户零星小面积栽培逐步发展为标准化、产业化、规模化栽培。从图3-1至图3-3可知,2018年,全国猕猴桃种植面积24万hm^2,挂果面积15.8万hm^2,总产量255万t,占全球猕猴桃总种植面积的72%,占全球猕猴桃总产量的55%,种植面积是意大利的6.8倍、新西兰的13.9倍。随着科技进步与管理水平的提升,2008—2018年,我国猕猴桃单产水平提升近1倍,达到1.1 t/667m^2,猕猴桃大国地位进一步巩固。

(2) 产业优势区逐步形成。2013—2018年,6个猕猴桃主产省的种植面积均有提升,截至2018年年末,猕猴桃种植面积较大的省份依次为陕西7.7万hm^2、四川4.6万hm^2、贵州2.9万hm^2、湖南1.7万hm^2、河南1.5万hm^2、湖北1.3万hm^2。上述6省猕猴桃种植面积占全国猕猴桃总面积的82.1%。根据产业集聚度,将国内猕猴桃划分为五大优势产区:一是陕西秦岭北麓山区;二是四川大巴山南麓山区及龙门山区;三是贵州苗岭乌蒙山区;四是湖南、湖北交界武陵山区;五是河南的伏牛山、桐柏山等大别山区,另外,在江西、福建、浙江、广东等地也有零星小规模分布。详见表3-1。

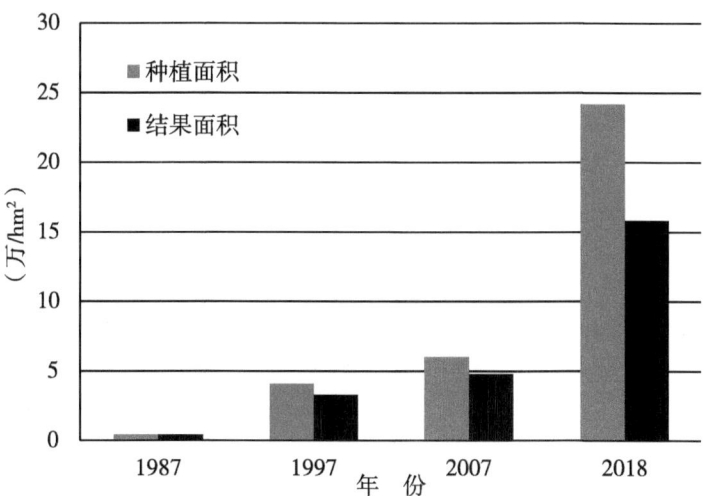

图 3-1　1987—2018 年猕猴桃的种植面积和结果面积

注：数据来源于中国园艺学会猕猴桃分会、农业农村部及调研数据综合整理。

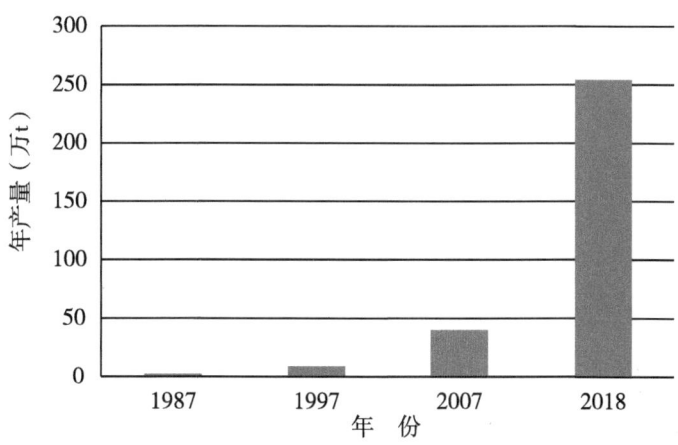

图 3-2　1987—2018 年猕猴桃产量变化

注：数据来源于中国园艺学会猕猴桃分会、农业农村部及调研数据综合整理。

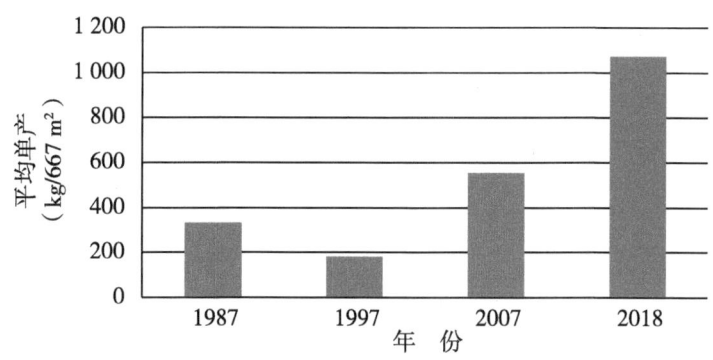

图 3-3　1987—2018 年猕猴桃单产变化

表 3-1　2013—2018 年我国猕猴桃主产省猕猴桃种植面积　（万 hm²）

地区	2013 年	2014 年	2015 年	2016 年	2017 年	2018 年
陕西	6.1	6.2	6.2	6.3	6.7	7.7
四川	3.1	3.5	3.8	4.0	4.3	4.6
湖南	1.3	1.4	1.3	1.4	1.5	1.7
湖北	1.2	0.9	0.8	1.1	1.3	1.3
贵州	1.1	1.5	2.2	2.4	2.7	2.9
河南	1.1	1.1	1.1	1.1	1.3	1.5
合计	14.0	14.6	15.5	16.3	17.7	19.7

注：2013—2016 年数据来自《中国农业统计年鉴》，2017—2019 数据来自第三方调研数据库。

（3）主栽品种多样化。20 世纪 80 年代，从新西兰引进的海沃德品种的栽培面积占我国猕猴桃总面积的 80%~90%。随着猕猴桃育种技术的不断创新，先后选育出金魁、红阳、秦美、贵长等具有自主知识产权的优良品种，尤其是黄肉品种金桃和红肉品种红阳的成功选育和推广，重塑了国际猕猴桃市场格局。目前，我国猕猴桃主栽品种近 20 个，绿肉、红肉和黄肉猕猴桃的占比分别为 75%、11% 和 14%。

3.1.2　猕猴桃消费

消费总量稳步增长。近年来，猕猴桃表观消费量逐年提升，由 2014 年的 209 万 t 增至 2018 年的 266 万 t，居水果销量第 6 位。从图 3-4 可知，中国人均消费量从 20 世纪 90 年代的 80g/人到 2014 年的 1 400g/人，再到 2018 年的 1 900g/人，我国猕猴桃人均消费量快速提升，2018 年国内人均消费量是国际人均消费量的 3.2 倍，接近发达国家消费水平。

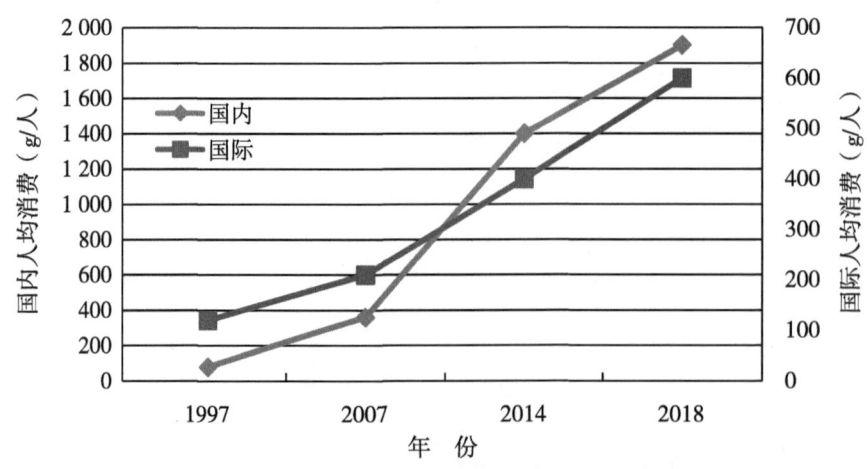

图 3-4　1997—2018 年国内外猕猴桃人均消费量

消费多元化、品牌化、网络化。我国传统消费以传统绿肉猕猴桃为主，近年来，消费者对黄肉、红肉等多元化品种的需求量增加，绿肉猕猴桃销售额占比逐年下降。此外，我国对进口猕猴桃需求也不断增加，2019年进口水果TOP10销售规模中，猕猴桃居第4位。佳沃、悠然、阳光味道、十八洞村、依顿、齐峰等众多国内知名品牌受到消费者的青睐。周至猕猴桃、眉县猕猴桃、都江堰猕猴桃等地标产品的影响力不断提升。网络销售逐渐成为主流趋势，消费者利用京东、淘宝、拼多多等知名电商平台，微信微博等微商平台，抖音、火山小视频等直播平台选购不同种类的猕猴桃。

3.1.3 猕猴桃加工

目前，全国有低温冷库5 000余座，年贮藏能力超100万t，占年产量的40%；随着冷藏库、冷链物流运输车等采后商品化处理基础设施完善，以分选、包装、冷藏为主的鲜果初加工水平不断提升，大幅提高了果品采后保鲜能力。随着猕猴桃产品研发力度的不断加大，我国猕猴桃精深加工量逐年增加，由2014年的4.3万t增加到2018年的11.7万t。开发出猕猴桃果酒、猕猴桃果脯、猕猴桃果糕、果籽饼干、果王素、果酱、果醋、果脯、果干等系列精加工产品，一批大型精深加工项目在猕猴桃主产区落地。

3.1.4 猕猴桃进出口

我国猕猴桃进口量较大，进口区域较集中。图3-5显示，2010—2019年，我国猕猴桃进口量快速增长，进口量、进口额分别年均增长15.7%、28.8%，2019年我国猕猴桃进口总量达12.3万t，进口额达4.36亿美元。从新西兰、智利、意大利、希腊、法国等5个国家进口的猕猴桃总量占我国进口总量的99%以上。

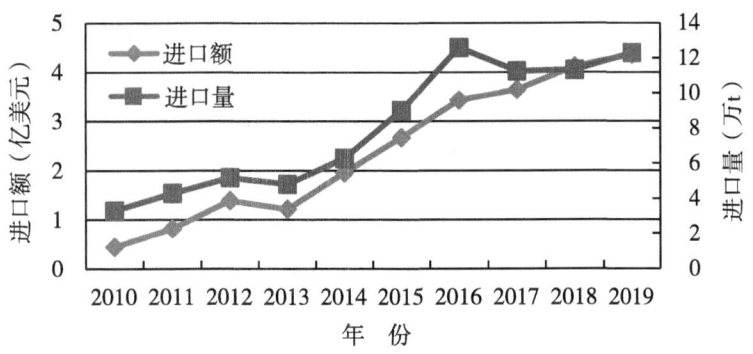

图3-5 2010—2019年我国猕猴桃进口量和进口额

我国猕猴桃出口量较少，国际市场份额低。我国猕猴桃出口量相对较少，但总体上稳步增长，通过中国海关和FAO的数据（图3-6）显示，2010—2019年出口量、出口额年均增分别为17.6%、20.1%；2019年，我国猕猴桃出口量达0.88万t，出口额达0.13亿美元，主要出口国以俄罗斯、印度尼西亚、蒙古、马来西亚等为主，占我国出口总量的84.2%。中国猕猴桃国际市场率由2000年的0.03%升至2018年的0.3%，年均增长0.2%，远低于新西兰的40.2%和意大利的25.3%。

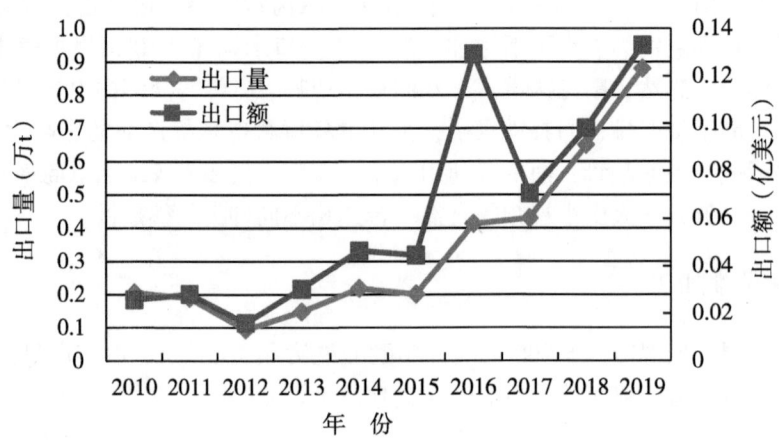

图 3-6 2010—2019 年我国猕猴桃出口量和出口额

3.1.5 猕猴桃市场价格

随着猕猴桃面积快速扩张，产品呈现结构性过剩，主产区猕猴桃收购价格大幅下降（图 3-7）。2014 年国内绿肉、黄肉、红肉猕猴桃田间收购价分别为 5.4 元/kg、8.6 元/kg、12.9 元/kg，2019 年，绿肉、黄肉、红肉猕猴桃田间收购价分别降为 3.2 元/kg、3.8 元/kg、6.4 元/kg，降幅分别为 40.7%、55.6%、50.6%。2014—2019 年 3 种不同类型的猕猴桃田间收购价降幅均较大。同时，我国猕猴桃市场批发价呈波动下滑，2019 年 10 月，全国批发市场猕猴桃批发均价为 7.5 元/kg，较 2018 年、2017 年同期分别下降 8% 和 12%，果商盈利难度增加，降低了收果及入库意愿。

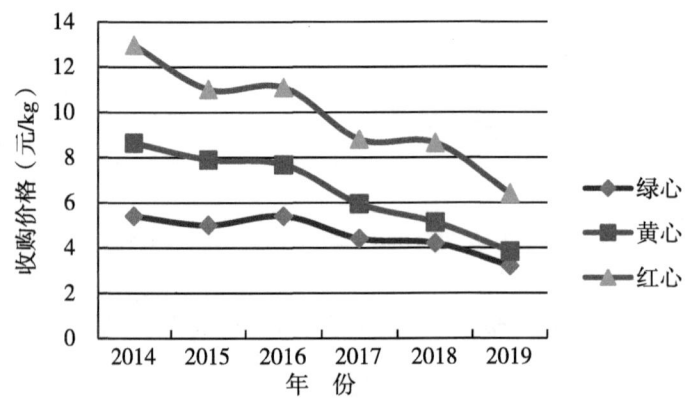

图 3-7 2014—2019 年猕猴桃主产区收购价格

3.1.6 猕猴桃成本收益

种植户面临成本和市场双重挤压，利润不断降低。随着我国人力成本增加，劳动力供应紧张，加之物流、包装成本上涨，猕猴桃生产成本持续上行。2014—2018 年，我国猕猴桃成本收益比由 0.53 增至 1.31。陕西地区徐香猕猴桃生产成本从 7 300 元/667 m² 增至 8 800 元/667m²，收入从 9 720 元/667 m² 降为 6 720 元/667 m²。2019 年绿肉、黄肉、红肉猕猴桃田间收购价分别为 3.2 元/kg、3.8 元/kg、6.4 元/kg，较 2014 年分别下降 40.7%、55.6%、50.6%。在不考虑人工、挂果前摊分及地租成本的前提下，猕猴桃种植利润为 3 500~4 000 元/667 m²，但完全核算成本情况下，猕猴桃种植已出现亏损。

国际其他猕猴桃主产国收益相对稳定。2018-2019 年新西兰佳沛集团猕猴桃绿果平均收益从 1.8 万元/667 m² 增至 1.9 万元/667 m²，SunGold 金果的平均收益从 3.3 万元/667 m² 增至 4 万元/667 m²。2018 年，法国猕猴桃平均收益为 1.6 万元/667 m²；意大利猕猴桃平均收益为 1.5 万元/667 m²。从品种收益看，欧洲国家绿肉、黄肉、红肉品种的平均回报率分别为 5.1 元/kg、11.3 元/kg、15.4 元/kg，有机产品价格可高出 50% 以上。

3.2 存在的问题与挑战

3.2.1 产业盲目扩张

猕猴桃对产地环境要求相对严苛，对早春晚霜冻害、夏季高温灼伤、秋季早霜冻害、冬季冻害等气候条件异常敏感，幼树受到的影响更大。随着我国猕猴桃种植区域的不断扩大，由于缺乏科学合理的生产区划与发展规划，种植户在非优生区盲目种植、对局地种植适宜性的考虑不足，造成建园成活率低、病虫害发生严重、产品质量低等问题。如四川省坡地果园早春的季节性干旱严重，海拔 1 000 m 以上区域主栽的红阳猕猴桃溃疡病和冻害等普遍发生。

3.2.2 科技研发推广与生产脱节

长期以来，我国猕猴桃的科技研发与实际生产的结合程度不紧密，我国自主研发并审定的品种或品系有 120 余个，但实际主栽品种不足 20 个。良种研发推广和生产管理技术的脱节导致我国猕猴桃平均单产水平仅 1 t/667 m²，与新西兰（2.3 t/667 m²）、意大利（1.5 t/667 m²）的单产水平仍有较大差距。

3.2.3 基础配套设施不完善

猕猴桃产业因前期生产基础设施投入较大，给生产者带来较大的压力，加工流通环节技术应用与基础配套更为薄弱，即使主产区冷藏库和商品化处理车间也配套不足，冷鲜技术水平和管理水平低，科技应用落后于种植面积不断扩大和产量不断增加对贮藏冷藏和商品化处理能力的需求，采后和贮藏的损失率大。针对猕猴桃精深加工，国内尚未进行大规模的开发、宣传和推广。

3.2.4 低端产品同质化竞争

我国作为全球最大的猕猴桃产地，产量占全球总产量的 50% 以上，理应具有强大的国际市场竞争力。但实际上，2019 年中国猕猴桃出口仅 0.88 万 t，进口量却高达 12.3 万 t，巨大的贸易逆差表明我国的猕猴桃在对外贸易中处于较为不利的地位。一方面，由于我国猕猴桃高端优质果品比例较小，果品质量整齐度差，与国外 70%~80% 的优质果率相差较远。另一方面，尽管近年来全国涌现出佳沃、悠然、阳光味道等众多猕猴桃品牌，但缺乏有国际影响力的大品牌，较新西兰佳沛品牌影响力相差甚远。

3.3 对策建议

3.3.1 加强规划引领

加强对现有栽培品种和新选育的品种开展系统区域试验及适种区评价，确定最佳适宜区，不盲目扩大生产范围。加快开展猕猴桃产业区域发展规划编制工作，在区分优生区、适生区、次生区的基础上，注重整合和优化配置支持猕猴桃产业发展的科技政策、财政政策、信贷政策、保险政策，引导技术、资本、人才等要素向优势区聚集。

3.3.2 加强科技创新与推广

一是加强开发不易感溃疡病的猕猴桃新品种、超高 ASA 型品育、红肉型品种、两性花型品种、观赏型、多倍体型和矮化型新品种的选育和推广。二是围绕高抗病害或多抗逆性的鲜食品种或砧木品种，建立适宜的栽培管理技术和贮藏加工技术，实现产业化开发。三是加强溃疡病、软腐病、黑斑病等病害防治技术研究与应用，加强采后冰温贮藏、气调贮藏和化学贮藏技术研究与应用。

3.3.3 加强基础设施投入

增加中央和省级及有条件的县市财政奖补资金，加强高效栽培管理技术和贮藏加工技术研发投入，实现产业化开发。加强良繁基地工厂化设施、产地冷库、冷藏车等冷链设施装备投入，支持企业开展有机认证、CGAP/GGAP 认证、出口备案基地建设。完善下乡物流配送车规范化运营机制推动县域配送车资源共享。依托县级电商运营中心和电商园区，搭建县域物流配送信息和车辆资源共享平台，鼓励物流配送企业共享车辆、集中配送。

3.3.4 加强猕猴桃品质监管

随着电商、微商异军突起，不正当使用保鲜剂导致僵尸果等质量和安全问题层出不穷，严重影响区域品牌的信誉度，可率先启动研究实施财政资金支持的猕猴桃标准化项目，鼓励政府联合大型电商平台企业共同推进猕猴桃电子商务标准化进程。支持地方政府联合大型电商平台企业共同打造农产品区域公用品牌。按少数精英网商+多数种养能手的要求，合理配置县域内网商和生产者资源，避免众多同质化网店恶性竞争。

3.3.5 积极拓展国内外市场

结合跨境电商交易平台建设，主动融入"一带一路"，积极拓展新马泰等东南亚市场、俄罗斯及欧洲市场。深化与跨境电商平台合作，完善电商服务及仓储包装物流等配套建设，持续扩大猕猴桃电商交易功能平台建设。支持培育与农户联结紧密的合作经济组织，借鉴新西兰猕猴桃的成功经验，构建公司+科研机构+协会+农户的产业化组织模式，充分利用国内外市场资源和信息，促进产业的国内外衔接。

3.4 结　语

尽管我国猕猴桃产业发展成效显著，但也存在问题与挑战，经分析认为，未来一段时期我国猕猴桃产业呈现以下发展趋势：全国猕猴桃种植面积增速将放缓，随着前期扩张的猕猴桃果园陆续进入丰产期，短期内产量仍将快速增长；猕猴桃消费方式仍以鲜食为主，人们对高端化、多元化的猕猴桃产品需求逐步增加，我国人均消费量将与发达国家基本持平；随着自主研发的猕猴桃新品种在国外注册品种权并授权国外商业化种植，有望打破被新西兰垄断的国际贸易市场格局，猕猴桃出口量将会有大幅提升。

（执笔：郭耀辉、刘强、何鹏）

4 中国猕猴桃国际贸易竞争力分析

相对于猕猴桃产业内部存在的诸多问题,中国猕猴桃在国际贸易竞争力方面面临着更大的挑战,中国猕猴桃进口量远大于出口量、出口猕猴桃品质中等偏低等问题仍然很突出,在"一带一路"背景下,中国猕猴桃出口贸易迎来很大的机遇,也面临更加复杂的国际环境。研究结合可获取的最新猕猴桃贸易数据,综合了市场占有率、竞争指数、比较优势指数3个维度对中国猕猴桃产业国际竞争力进行深入分析,以问题为导向提出对策建议,旨在为提升中国猕猴桃的国际贸易竞争力提供参考。

4.1 中国猕猴桃国际贸易竞争力分析

4.1.1 中国猕猴桃进出口概况

近年来,中国猕猴桃进口量快速增长,2019年进口总量达到12.3万t,进口额达到4.36亿美元,新西兰、智利、意大利、希腊、法国等是主要进口国,占中国进口总量的99%以上(表4-1);国内猕猴桃进口口岸主要分布在华东地区(上海、山东、安徽、浙江)、华南地区(广东、福建)、华北地区(北京、天津)及东北地区(辽宁),进口量排名前两位的为上海和广东,上海的进口量占总进口量的一半以上。

表4-1 中国猕猴桃主要进口国及进口量

主要进口国	进口量(t)	占进口总量比重(%)
新西兰	95 207.9	77.4
智利	21 194.9	17.2
意大利	4 252.2	3.5
希腊	1 929.7	1.6
法国	352.7	0.3

猕猴桃出口量相对较少,但总体上稳步增长,2019年出口量达到8 800 t,出口额达到1 330万美元,出口国以俄罗斯、印度尼西亚、蒙古、马来西亚等为主,占中国出口总量的84.2%(表4-2)。中国猕猴桃出口地区主要分布在华北地区(内蒙古自治区)、华东地区(山东、福建)、西北地区(陕西、新疆维吾尔自治区)、东北地区

（黑龙江、辽宁）、西南地区（四川）。

表4-2 中国猕猴桃主要出口国及出口量

主要出口国	出口量（t）	占出口总量比重（%）
俄罗斯	5 533.7	62.5
印度尼西亚	694.2	7.8
蒙古国	446.0	5.0
马来西亚	402.3	4.5

数据来源：根据联合国粮食及农业组织数据。

随着经济全球化的不断发展，猕猴桃的国际市场竞争日益激烈。中国猕猴桃出口额占全球总出口额比重较低。由表4-3可知，2000—2018年，中国猕猴桃出口额总体呈现上升趋势，2018年比2000年增长了0.096亿美元，2016年出口额达到历史最高值0.129亿美元，此后有小幅下降。猕猴桃进口额总体则呈现快速增长趋势，2000—2018年由0.025亿美元上升至4.113亿美元，年均增长率为32.75%。

表4-3 2000—2018年中国猕猴桃进出口额

年份	进口额（亿美元）	同比增长率（%）	出口额（亿美元）	同比增长率（%）
2000	0.025	—	0.002	—
2001	0.024	-5.65	0.000	-86.70
2002	0.022	-7.62	0.001	124.73
2003	0.022	0.32	0.006	1 000.84
2004	0.043	94.22	0.025	297.66
2005	0.059	37.50	0.036	42.36
2006	0.116	98.84	0.031	-13.46
2007	0.172	47.54	0.027	-14.04
2008	0.223	29.82	0.015	-42.36
2009	0.330	47.78	0.019	23.56
2010	0.447	35.65	0.026	35.32
2011	0.818	83.00	0.028	9.06
2012	1.388	69.61	0.016	-43.22
2013	1.216	-12.38	0.030	90.09
2014	1.955	60.72	0.046	53.52
2015	2.668	36.48	0.045	-3.93
2016	3.431	28.60	0.129	189.74
2017	3.643	6.17	0.071	-45.45
2018	4.113	12.91	0.098	39.03

数据来源：根据UN comtrade整理计算。

4.1.2 国际市场占有率分析

国际市场占有率指一国或地区产品出口额占世界该类产品总出口额的比重，表明一国或地区产品所处的产业的国际竞争力，国际市场占有率的指越高，其竞争力越强。公式见式（4-1）。

$$IMS_{ij} = X_{ij}/X_{iw} \qquad (4-1)$$

其中，X_{ij} 表示 j 国或地区某商品（猕猴桃）出口额；X_{iw} 表示全球该商品（猕猴桃）出口额。

表 4-4 显示，中国猕猴桃国际市场占有率较低，年平均为 0.17%，远低于新西兰和意大利，中国猕猴桃国际市场率由 2000 年的 0.03% 上升至 2018 年的 0.33%，呈现出稳步上升的趋势。意大利和智利则呈现出逐步下降的趋势，2018 年降至 17.66%、6.91%。新西兰的猕猴桃市场占有率呈上升趋势，2018 年上升至 51.23%，出口优势明显。

表 4-4 2000—2018 年猕猴桃出口国国际市场占有率　　　　　　　　　　（%）

年份	国际市场占有率				
	新西兰	意大利	智利	比利时	中国
2000	43.39	28.62	10.23	0.64	0.03
2005	37.32	23.26	8.96	17.32	0.29
2010	37.60	24.09	8.19	12.25	0.14
2015	43.68	20.46	8.73	10.76	0.19
2018	51.23	17.66	6.91	10.05	0.33

数据来源：根据 UN comtrade 整理计算。

4.1.3 贸易竞争指数分析

贸易竞争力指数是指一国或地区某商品进出口贸易差额与该类产品贸易总额的比值，用于测度分析一个国家或地区某商品国际竞争力。公式见式（4-2）。

$$TCI_{ij} = (X_{ij} - M_{ij}) / (X_{ij} + M_{ij}) \qquad (4-2)$$

其中，X_{ij} 表示某国或地区某商品（猕猴桃）出口额，M_{ij} 表示某国或地区某商品（猕猴桃）进口额。

$TCI>0$ 表示该国是该产品的净出口国，反之则为净进口国，TCI 值越大国际竞争力越强。由表 4-5 可知，2000—2018 年中国猕猴桃贸易竞争指数常年都为负数，年平均值为 -0.81，在猕猴桃产品对外贸易呈净进口状态，属于猕猴桃的入超国；新西兰贸易竞争指数在 2000—2018 年保持在 0.998，猕猴桃对外贸易呈净出口状态，具有较强国际竞争力。比利时贸易竞争指数在 2005 年前均小于 0，且保持在 -0.9 左右，是猕猴桃净进口国，2005 年后常年保持在 0.15 左右，年平均指数较小，国际竞争力较弱。

表 4-5　2000—2018 年猕猴桃出口国贸易竞争指数

年份	贸易竞争指数				
	新西兰	意大利	智利	比利时	中国
2000	0.998	0.73	—	-0.91	-0.86
2005	0.995	0.64	—	0.07	-0.24
2010	0.996	0.76	—	0.18	-0.89
2015	0.996	0.77	0.998	0.14	-0.97
2018	0.998	0.70	0.995	-0.001	-0.95

数据来源：根据 UN comtrade 整理计算。

4.1.4　显示性比较优势指数测评

显示性比较优势指数基于比较优势理论，是指一个国家或地区某商品出口额占该国家或地区出口总额的比重与世界该商品出口额在世界出口总额所占比重的比率，是体现一个国家产品竞争力的最具说服力指标。公式见式（4-3）。

$$RCA_{ij} = (X_{ij}/X_{tj}) / (X_{iw}/X_{tw}) \quad (4-3)$$

其中，X_{ij} 表示某国或地区某商品（猕猴桃）出口额，X_{tj} 表明该国或地区的总出口额；X_{iw} 表明全球该商品（猕猴桃）出口额，X_{tw} 表明全球出口总额。$RCA>1$，说明该国该商品具有一定的国际竞争优势；$RCA<1$，说明该国该商品不具有比较优势，国际竞争力相对较弱；$RCA>2.5$，表明该国该产业具有极强的国际竞争优势。$1.25<RCA<2.5$，表明该国该产业具有很强的国际竞争力；$0.8<RCA<1.25$，表明该国该产业具有中度的国际竞争优势；$RCA<0.8$，说明该国该产业的国际竞争力弱。

由表 4-6 可以看出，2000—2018 年，中国猕猴桃的显示性比较优势年度间有小幅波动，且总体水平较低，年平均值为 0.017，猕猴桃产品出口贸易比较优势较弱。比利时猕猴桃的 RCA 值在 2005 年前低于 0.8，此后常年保持在 4.9 左右，具有较强的比较优势。新西兰、意大利和智利在 2000—2018 年间围绕其平均水平波动，其 RCA 平均值均高于 2.5，表明这三国猕猴桃"显示性"优势突出。

表 4-6　2000—2018 年猕猴桃出口国显示性比较优势指数

年份	显示性比较优势				
	新西兰	意大利	智利	比利时	中国
2000	212.083	7.734	34.608	0.221	0.008
2005	181.645	6.593	22.952	5.478	0.040
2010	184.446	8.293	17.734	4.627	0.014
2015	211.543	7.448	23.421	4.512	0.014
2018	252.818	6.334	17.934	4.222	0.026

数据来源：根据 UN comtrade 整理计算。

4.2 国内猕猴桃产业贸易的问题与挑战

4.2.1 中国猕猴桃单产水平较其他主产国偏低

猕猴桃适宜区范围较大，但猕猴桃对产地环境要求相对严苛，对早春晚霜冻害、夏季高温灼伤、秋季早霜冻害、冬季冻害等气候条件异常敏感，幼树受到的影响更大，在叠加气象灾害风险分析后，猕猴桃高适宜区范围有限。随着中国猕猴桃种植区域的不断扩大，由于缺乏科学合理的生产区划与发展规划，种植户在非优生区盲目种植、对局地种植适宜性的考虑不足，造成建园成活率低、病虫害发生严重、产品质量低等问题。目前，国内猕猴桃平均单产为 12 000~15 000 kg/hm^2，而国际平均单产为 15 795 kg/hm^2，新西兰、意大利平均单产分别高达 21 450 kg/hm^2、18 450 kg/hm^2。中国具有国际竞争力的"红阳"猕猴桃，近年来也因溃疡病的影响大幅减产。

4.2.2 劳动力红利逐渐消失下利润空间不断压缩

随着我国劳动力成本的增加，猕猴桃收益也在逐步下降。2012—2018 年，猕猴桃单位收入从 14.58 万元/hm^2 下降到 10.08 万元/hm^2，利润空间压缩了 6.75 万元/hm^2。而国外猕猴桃收益相对较高和稳定，新西兰佳沛集团猕猴桃绿果平均收益为 27 万元/hm^2，而 SunGold 金果的平均收益为 49.5 万元/hm^2，法国猕猴桃平均收益为 24 万元/hm^2；意大利猕猴桃平均收益为 22.5 万元/hm^2。

4.2.3 中国猕猴桃国际贸易品牌竞争力较低

中国作为全球最大的猕猴桃产地，产量占全球总产量的 50% 以上，理应具有强大的国际市场竞争力。但实际上，2019 年中国猕猴桃出口只有 0.88 万 t，进口量却高达 12.3 万 t，巨大的贸易逆差表明国内的猕猴桃在对外贸易中处于较为不利的地位。一方面，国内猕猴桃高端优质果品比例较小，果品质量整齐度差，与国外 70%~80% 的优质果率相差较远，加之冷链物流设施不完善，采后入库保管不当，损失较大，销售终端与消费者最后一公里没有解决好。另一方面，尽管近年来全国涌现出"佳沃""悠然""阳光味道"等众多猕猴桃品牌，但缺乏有国际影响力的大品牌，相比较新西兰"佳沛"品牌影响力相差甚远。同时，线上销售的猕猴桃品牌中，每年排名前十的品牌每年都在变化，消费者对品牌的忠实度不高，影响了国内猕猴桃的国际市场竞争力。

4.3 对策建议

4.3.1 因地制宜有序发展，提升猕猴桃品质

国内猕猴桃种植面积和产量增长较快，供需结构性矛盾突出。应加强对现有栽培品种和新选育的品种开展系统区域试验及适种区评价，确定最佳适宜区，不盲目扩大生产范围。加快开展猕猴桃产业区域发展规划编制工作，在区分优生区、适生区、次生区的基础上，注重整合和优化配置支持猕猴桃产业发展的科技政策、财政政策、信贷政策、保险政策，引导技术、资本、人才等先进要素向优势区聚集，突出地方优势和特色，形成差异化发展路径，避免同质化竞争。支持区域冷链物流体系、产地冷库、冷藏车等冷链设施装备，保障猕猴桃鲜果周年供应。重点支持猕猴桃优势产区和果品集散地标准化基地、良繁基地、冷链物流、批发市场、电商平台等基础设施建设。支持企业开展有机认证、CGAP/GGAP 认证、出口备案基地建设。

4.3.2 加强科技协同创新，提升生产水平

健全科技创新服务平台，提升对从事猕猴桃科研的高等院校、科研院所以及相关企业、专合组织的服务能力。依托中国—新西兰猕猴桃联合实验室建设，整合国内外资源，以产业链延伸为重点，开展抗性优质品种培育、新产品研发，健全产业技术体系。加强开发不易感溃疡病的猕猴桃新品种、红肉型品种、超高 ASA 型品育、多倍体型和矮化型、两性花型新品种的选育和推广。在主产区建立 2~3 个国家级良种繁育基地。注重栽培制度转型的持续性、连贯性和稳定性，围绕多抗逆性的鲜食品种或砧木品种，建立适宜的栽培管理技术和贮藏加工技术。加强溃疡病、软腐病、黑斑病等病害防治技术研究与应用，组织统防统治与绿色防控融合示范、加快高效水肥一体化技术、雌雄配比及授粉技术等配套技术集成示范研究。加强采后冰温贮藏、气调贮藏和化学贮藏技术研究与应用。

4.3.3 加强猕猴桃品质监管，建立国际知名品牌

随着一些老产区、大产区电商、微商异军突起，产品质量和安全问题成为新问题，由于不正当使用保鲜剂导致僵尸果等问题层出不穷，严重影响了区域品牌的信誉度，建议围绕新的销售模式，加强网销猕猴桃标准化及品牌化建设：①猕猴桃作为线上销售占比高的农产品，可率先启动研究实施财政资金支持的"猕猴桃标准化"，联合大型电商平台企业共同推进猕猴桃电子商务标准化进程。②加快研究实施"网销猕猴桃品牌化示范"，积极推进农产品区域公用品牌建设，鼓励采用创办"母子商标"的方式，为规模较小、竞争力较弱的企业提供进入市场的保障。同时，政府对使用区域公共品牌的农产品质量要进行严格监督，明确各社会组织、市场机构的职责，加强对农产品区域公共

品牌的管理和运营。③引导农村网商积极应对不断上升的网销成本。合理配置县域内网商和生产者资源，避免网店同质化竞争。

4.3.4 主动融入"一带一路"，拓展国内外市场

主动融入"一带一路"，借助"蓉欧+"平台，结合跨境电商交易平台建设，积极拓展俄罗斯、东南亚及欧洲市场。深化与京东、阿里、苏宁易购等电商平台合作，完善电商服务及仓储包装物流等配套建设，持续扩大猕猴桃电商交易功能平台建设。完善主产区社会化专业服务体系、数字化监督管理体系、国际化市场营销体系、智能化农业信息体系等建设，鼓励各类新型经营主体开拓国内外市场。支持培育与农户联结紧密的合作经济组织，借鉴新西兰猕猴桃的成功经验，构建"公司+科研机构+协会+农户"的产业化组织模式，鼓励其充分利用国内外市场资源和信息，促进产业的国内外衔接。

4.4 讨 论

笔者在近两年的调研中，时常有从业者反映猕猴桃产品过剩、销售困难等问题，但研究发现，猕猴桃国际市场空间很大，而国内猕猴桃出口量占比很低，尽管中国猕猴桃国际市场率由2000年的0.03%上升至2018年的0.33%，但与新西兰猕猴桃51.23%的国际市场率仍然有较大差距，所谓"饱和"是指国内猕猴桃产品的低端同质化竞争激烈。本研究主要针对猕猴桃的贸易竞争力进行了比较分析，而实际上，产业竞争力还会涉及生产、加工及销售多个环节，围绕产业链进行更为系统的竞争力分析将对猕猴桃产业高质量发展起到更积极的作用。

（执笔：郭耀辉、王森培）

5 基于 GM（1，1）模型的猕猴桃价格预测

随着国内猕猴桃种植面积连续多年持续快速增长，猕猴桃供应已经略显供过于求，主产区猕猴桃田间收购价格近年来持续下降。据不完全统计，2019 年，绿心、黄心、红心猕猴桃田间收购价分别下降为 3.2 元/kg、3.8 元/kg、6.4 元/kg，较 2014 年分别下降 40.7%、55.6%、50.6%。而猕猴桃市场批发价也重心下移，2019 年，全国批发市场猕猴桃批发均价为 7.47 元/kg，较 2018 年、2017 年同期分别下降 8%和 12%。尽管随着猕猴桃产业冷链物流设施的完善，周年供应趋势形成，但是产品结构性过剩、供需结构的弱匹配性问题、市场震荡运行等问题仍然较为突出，与此同时，我国猕猴桃种植面积约 46%分布在贫困地区，是贫困地区农民增收的支柱产业，价格波动和持续下行对于贫困地区果农增收以及猕猴桃市场的平稳影响较大。因此，对猕猴桃未来价格趋势做出有效的预测和风险预警，有助于政府部门采取相应措施和调控手段，使从业者及时规避市场风险，促进脱贫攻坚和农民持续增收。

在农产品价格预测研究方面，国内外学者采取不同的数学模型开展了深入的研究和相关的实例验证。Herry L Moore 通过建立回归模型较为准确地预测了农产品价格及其产量。国内学者刘峰、曹霜、徐雅卿则利用 ARIMA 模型、指数平滑模型对大白菜、胡萝卜价格进行实证分析和预测；张萌等运用 VAR 方法分析了马铃薯价格波动的影响因子。另外，也有大数据智能预测模型被专家学者广泛应用于农产品价格预测，基于 BFGS 前馈方式的 NARX 神经网络方法、KNN 算法预测模型、HGWO-SVR 算法的混合模型近年来均被广泛应用。总体来看，在农产品价格预测方面的研究方法是多样的，而在影响农产品价格因素复杂化、可获取信息不完全化的前提下，灰色预测模型更适宜预测农产品价格的变化趋势。徐明凡通过比较灰色预测模型与神经网络模型的精度，王舒鸿在弱化数据随机因素前提下，均选择灰色模型用于鸡蛋价格预测。本文基于全国、北京、河北、河南和山西各地猕猴桃市场价格，构建灰色预测模型 GM（1，1），预测未来两年猕猴桃价格变化趋势，以期促进猕猴桃产业健康持续发展。

5.1 模型构建

邓聚龙所提出的灰色系统理论是一种研究小样本、贫信息的新方法，基于灰色系统理论构建的灰色预测 GM（1，1）模型主要通过对原始数据的累加生成新序列建立模型来实现数据预测，该预测模型用连续的灰色微分模型克服和弥补了系统信息不完全、不准确的缺陷和不足，从而保证了较高的精确度，进而实现对事物未来趋势变化的预测。

GM（1,1）模型架构步骤如下：

（1）选取一组原始序列为 $x^0 = (x^{(0)}(1), x^{(0)}(2), \cdots, x^{(0)}(n))$，$n$ 为样本个数，对 x^0 做一次累加，得到新序列 $x^{(1)} = (x^{(1)}(1), x^{(1)}(2), \cdots, x^{(1)}(n))$，其中 $x^{(1)}(k) = \sum_{i=1}^{k} x^{(0)}(i)$，$k = 1, 2, \cdots, n$。

（2）生成 $x^{(1)}$ 紧邻均值等权数列 $z^{(1)} = (z^{(1)}(2), z^{(1)}(3), \cdots, z^{(1)}(k))$。其中，$z^{(1)}(k) = \frac{1}{2}(x^{(1)}(k-1) + x^{(1)}(k))$，$k = 2, 3, \cdots, n$。

（3）根据灰色理论对 $x^{(1)}$ 建立关于 t 的白化形式的一阶常微分方程 GM（1,1）：$\frac{dx^{(1)}}{dt} + ax^{(1)} = u$，其中 a，u 分别为发展系数和灰色作用量，由 a，u 构成的矩阵记为灰参数 $\hat{\alpha} = \begin{pmatrix} a \\ u \end{pmatrix}$，用最小二乘法估计方程求灰参数，可得 $\hat{\alpha} = (B^T B)^{-1} B^T Y_n$，将 $\hat{\alpha}$ 代入 $\frac{dx^{(1)}}{dt} + ax^{(1)} = u$ 进行求解，可得：$\hat{x}^{(1)}(k+1) = \left(x^{(0)}(1) - \frac{u}{a}\right)e^{-ak} + \frac{u}{a}$，$k = 1, 2, \cdots, n$。

（4）对上式累加还原，即可得原始序列的预测值：$\hat{x}^{(0)}(k+1) = \hat{x}^{(1)}(k+1) - \hat{x}^{(1)}(k)$，$k = 1, 2, \cdots, n$。

（5）精确性检验（表5-1）。检验灰色 GM（1,1）模型误差，以此来保证模型的可靠性，一般通过残差检验评定，模型预测精度通过平均相对误差值 Q 的大小据此判定，Q 值越小，模型精度越大，所得结论越具解释力。相对误差 Q 计算公式为：$Q = \frac{1}{n}\sum_{k=1}^{n}|x^{(0)}(k) - \hat{x}^{(0)}(k)/x^{(0)}(k)|$，$k = 1, 2, \cdots, n$。

表5-1 精度等级

精度检验等级	平均相对误差 Q
一级	0≤Q≤0.01
二级	0.01<Q≤0.05
三级	0.05<Q≤0.10
四级	0.10<Q≤0.20

5.2 实证分析

本文以中国猕猴桃为例，采用2014—2019年全国平均月度价格数据，省份数据为了保证其完整性，选取北京、河北、河南和山西四地区猕猴桃平均月度价格数据，通过 Matlab 2016b 软件建立 GM（1,1）模型。全国数据如表5-2所示，2014—2019年，我国各地区猕猴桃价格总体呈现下降趋势，并呈现周年波动性，每年7月份达到峰值，而后逐渐下降 10—12 月维持在低谷。

表 5-2　2014—2019 年全国平均月度销售价格　　　　　　　　　（元/kg）

月份	年份					
	2014	2015	2016	2017	2018	2019
1	7.19	6.58	8.19	8.56	8.29	9.31
2	7.37	7.14	9.04	9.01	8.37	9.65
3	8.16	7.26	9.51	9.05	9.33	9.53
4	9.02	7.68	9.26	9.18	8.86	10.11
5	11.23	7.72	11.05	9.72	7.97	10.63
6	11.59	7.81	13.04	10.11	8.56	10.45
7	11.43	9.13	13.10	10.69	10.67	10.05
8	8.22	7.69	11.48	10.61	8.98	9.24
9	8.11	6.95	9.23	9.30	8.09	8.13
10	6.77	6.43	8.51	8.49	8.15	7.47
11	6.26	7.24	7.86	7.49	8.11	7.45
12	6.49	6.89	8.16	7.66	8.58	7.22

数据来源：布瑞克农业数据库。

5.2.1　全国月度价格预测

以 2014 年 1 月至 2019 年 12 月的全国猕猴桃月度平均价格为样本区间，运用 GM（1，1）模型对 2020 年、2021 年猕猴桃价格进行预测，预测结果见表 5-3。

表 5-3　2019—2021 年中国猕猴桃月度价格预测值及误差检验　　　（元/kg）

月份	2019 年实际值	2019 年预测值	2020 年预测值	2021 年预测值	相对误差 Q
1	9.31	9.11	9.52	9.96	0.024 9
2	9.65	9.34	9.69	10.05	0.036 3
3	9.53	9.54	9.79	10.04	0.001 6
4	10.11	9.86	10.38	10.92	0.028 0
5	10.63	9.93	10.46	11.02	0.081 8
6	10.45	9.89	10.07	10.26	0.061 2
7	10.05	10.15	9.85	9.56	0.009 5
8	9.24	8.90	8.27	7.68	0.032 6
9	8.13	7.91	7.37	6.87	0.024 1
10	7.47	7.53	7.07	6.64	0.007 8
11	7.45	7.67	7.65	7.63	0.027 5
12	7.22	7.61	7.41	7.22	0.047 8

数据来源：通过 matlab 2016b 分析预测。

检验结果显示，除 5 月和 6 月的模型相对误差高于 0.05，属于三级指标，其余月份的模型相对误差均小于 0.05，属于二级指标，说明模型预测精度较高，具有较强预测能力。结合表 5-2 和表 5-3 可知，2020 年和 2021 年全国猕猴桃预测年平均月度价格为 8.96 元/kg 和 8.99 元/kg，所预测的未来价格呈波动下降趋势，与实际年份所呈现态势相一致（图 5-1），表明中国猕猴桃市场低迷，将可能打击农民种植意愿。

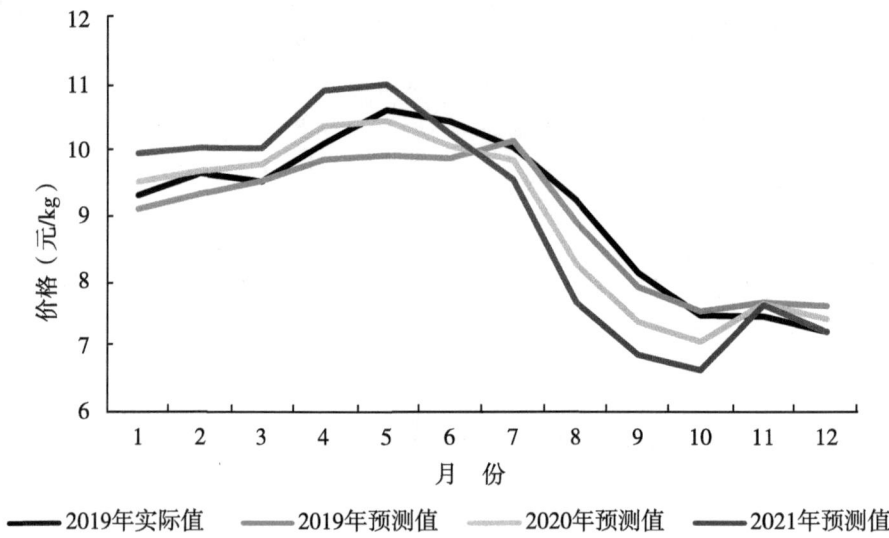

图 5-1　2019—2021 年中国猕猴桃月度价格预测趋势

5.2.2　地区月度价格预测

以 2014 年 1 月至 2019 年 12 月的北京、河北、河南、山西 4 个省市的猕猴桃月度平均价格为样本区间，运用 GM（1，1）模型对其 2020 年、2021 年猕猴桃价格进行预测，预测结果见表 5-4。

表 5-4　2020—2021 年地区猕猴桃月度价格预测值及误差检验　　　（元/kg）

月份	北京			河北			河南			山西		
	2020 年	2021 年	Q	2020 年	2021 年	Q	2020 年	2021 年	Q	2020 年	2021 年	Q
1	15.53	18.06	0.048 8	7.13	7.40	0.044 6	4.21	3.77	0.003 8	8.33	8.75	0.010 8
2	11.69	11.81	0.036 3	12.61	15.46	0.060 1	4.87	4.75	0.045 3	10.31	11.87	0.003 2
3	13.16	14.43	0.035 5	10.50	11.54	0.036 8	4.56	4.22	0.049 1	8.90	9.77	0.028 3
4	12.80	14.02	0.036 3	10.44	11.03	0.043 3	3.81	3.18	0.035 1	8.52	8.53	0.039 1
5	12.40	13.56	0.023 7	9.96	10.89	0.043 5	4.76	4.57	0.007 1	8.80	8.56	0.045 9
6	10.32	10.17	0.028 8	8.83	8.26	0.017 9	6.41	6.89	0.037 7	8.44	7.89	0.05

(续表)

月份	北京			河北			河南			山西		
	2020年	2021年	Q	2020年	2021年	Q	2020年	2021年	Q	2020年	2021年	Q
7	10.70	10.66	0.031 9	7.18	5.80	0.025 3	5.30	5.07	0.02	11.55	12.85	0.049 3
8	10.00	10.04	0.045 4	5.11	4.21	0.036 4	4.87	4.95	0.033 4	9.73	9.86	0.047 3
9	9.08	8.87	0.030 9	8.40	8.88	0.028 6	5.55	6.02	0.030 7	6.64	6.68	0.018 8
10	9.99	9.94	0.044 4	5.08	4.35	0.049 4	5.58	6.03	0.025 4	6.95	7.14	0.029 1
11	9.12	8.69	0.047 2	6.63	6.72	0.018 9	6.66	7.73	0.038 6	7.79	8.34	0.007 1
12	9.32	8.72	0.046 3	5.63	5.32	0.022 8	5.96	6.56	0.032 7	7.88	8.31	0.066 9

数据来源：通过matlab 2016b分析预测。

4个省市的猕猴桃月度均价预测模型整体的相对误差均低于0.05，整体属于二级指标，说明模型预测精度较高。结合表5-4可知，北京2020年和2021年猕猴桃预测年平均月度价格分别为11.18元/kg和11.58元/kg，远高于全国预测平均价格，整体价格为波动下降趋势，这与全国预测年份所呈现态势相一致；河北省2020年和2021年猕猴桃预测年平均月度价格分别为8.12元/kg和8.32元/kg，与全国预测平均价格相差不大，其价格变动趋势可分为1—4月上升阶段和5—12月波动下降阶段；河南省2020年和2021年猕猴桃预测年平均月度价格分别为5.21元/kg和5.31元/kg，低于全国预测平均价格，价格趋势呈徘徊式递增态势；山西省2020年和2021年猕猴桃预测年平均月度价格分别为8.65元/kg和9.04元/kg，略微高于全国预测平均价格，整体价格呈上下波动态势，其中2月和7月为波峰，7月价格为最高点。详见图5-2、图5-3。

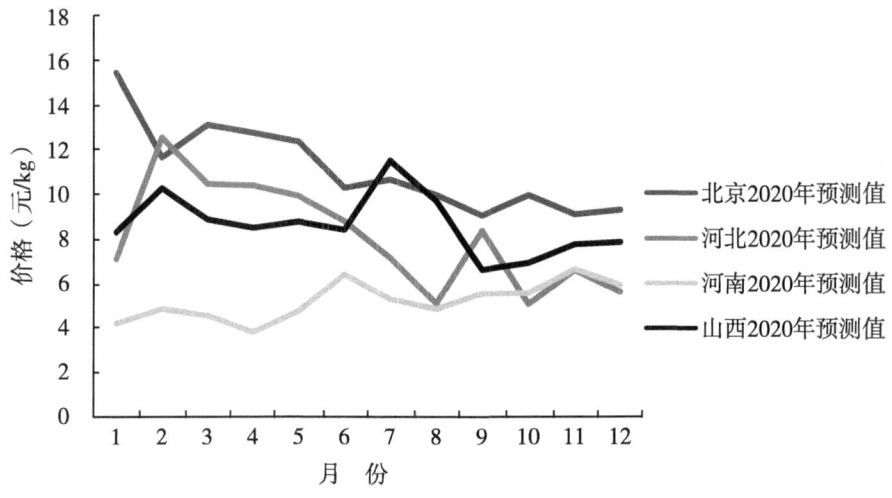

图5-2 2020年地区猕猴桃月度价格预测趋势

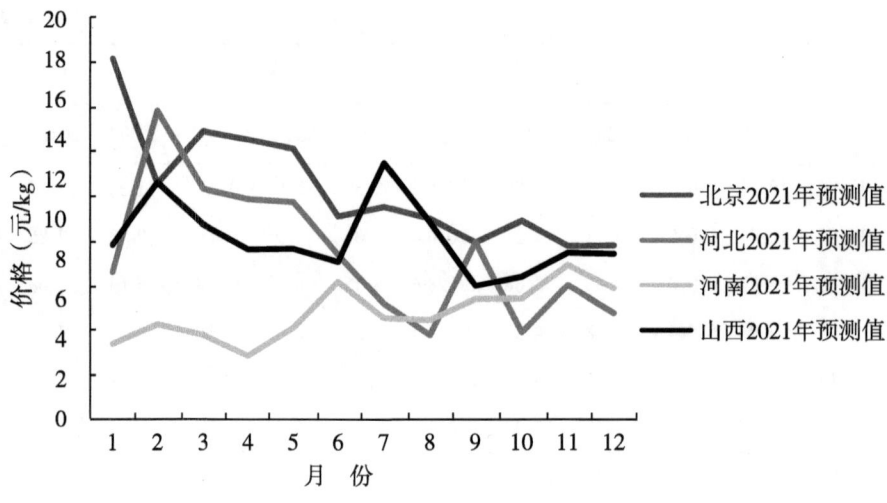

图 5-3 2021 年地区猕猴桃月度价格预测趋势

5.2.3 地区田间收购价预测

以河南省为例，当地主要以绿心猕猴桃种植为主，故采取 2014—2019 年河南省的绿心猕猴桃田间收购价格的调研数据为样本区间，运用 GM（1，1）模型对其 2020 年和 2021 年猕猴桃收购价格进行预测，预测结果见表 5-5。月度价格预测趋势见图 5-4。

表 5-5　2020—2021 年河南省猕猴桃田间收购价预测　　　　　　　　（元/kg）

年份	2014	2015	2016	2017	2018	2019	2020 预测值	2021 预测值
田间收购价	5.4	5	5.4	4.4	4.2	3.2	3.23	2.91
市场批发价	6.17	5.60	7.23	5.24	4.92	5.25	5.21	5.31

数据来源：通过 matlab 2016b 分析预测。

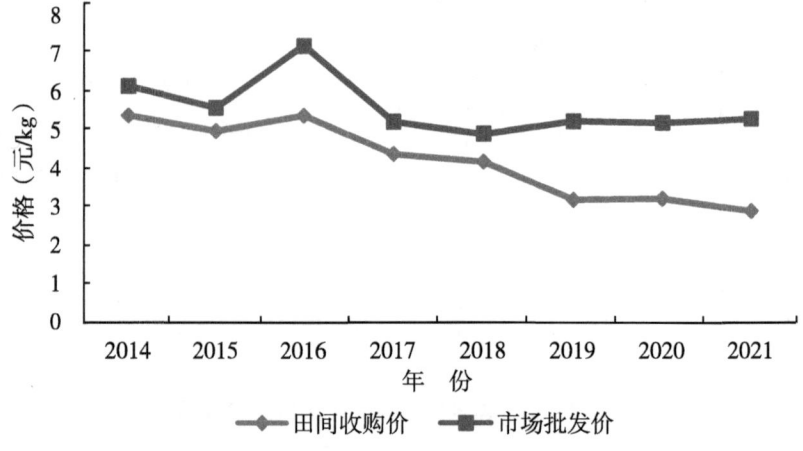

图 5-4　河南省猕猴桃月度价格预测趋势

由检验结果可知,田间收购价预测模型的相对误差 Q 为 0.058 8,P 值为 0.833 3,整体预测精度较高,预测数据有一定的可信度。结合表 5-5 可知,2014—2019 年河南省的猕猴桃市场批发价高于其田间收购价,并均呈现持续下降趋势。从预测数据可得,批发价与收购价之间的差额从 2014 年的 0.77 元/kg 增加至 2021 年的 2.4 元/kg,增加了 211.69%。结果表明,河南省当地农民在猕猴桃交易过程中处于弱势地位,并且猕猴桃收购价和批发价的差距在增加,在猕猴桃产业市场竞争中,中间商通过打压田间收购价获取稳定的利润收益已经成为普遍现象,这种趋势对猕猴桃种植户打击最为严重。

5.3 结论及建议

(1) 2014—2019 年,我国猕猴桃价格整体呈现下降趋势,主要原因是随着猕猴桃面积快速扩张,消费需求的增长滞后于产品供给,产品呈现结构性过剩。但波峰与波谷差值不断缩小,从 2014 年的 5.33 元/kg 下降到 2019 年的 3.41 元/kg,表明周年波动性逐步降低,这主要得益于气调库、冷链物流设施的完善,以及进口猕猴桃的调剂。

(2) 河南省田间收购价和市场批发价的变化趋势反映出两个问题。一方面是由于绿肉猕猴桃产品结构性过剩导致供求关系发生变化;另一方面也反映出农户在市场交易过程中处于弱势地位,在我国猕猴桃产业市场竞争中,中间商通过打压田间收购价获取稳定的利润收益已经成为普遍现象,并且这种趋势正在深化。

(3) 未来两年,预测我国猕猴桃月度平均批发价格呈波动下降趋势,尽管 4 省猕猴桃月度价格不一,但从 2020—2021 年的价格预测趋势来看,北京、河北、河南和山西 4 省的价格预测趋势整体和全国价格态势一致,其价格在向内逐渐收敛,收敛区间为 [5.3,9.4]。此外,中国作为世界猕猴桃生产大国,产量和种植面积均居世界首位,而在猕猴桃国际市场上,2018 年我国猕猴桃进口单价为 3.63 美元/kg,猕猴桃出口单价仅仅达到 1.51 美元/kg,这与中国猕猴桃生产大国地位形成了巨大的反差,猕猴桃出口单价与国内市场批发价相差无几,我国猕猴桃并未赢得应有的国际地位。

综上,提出以下建议。

一是适度开展猕猴桃市场宏观调控。尽管猕猴桃价格主要依赖市场调节,但在价格形成和价格机制发挥过程中,国家的宏观调控、商品进出口以及经济形势等方面也会对价格形成影响,建议进一步从多元化角度开展价格趋势分析,提高农民安排生产猕猴桃和政府制定价格政策的及时性和合理性,基于市场变化趋势因时因地制定适宜的奖补措施,进而保障农户利益,提升农户种植积极性。

二是要建立价格预警平台。提高要素市场的信息、秩序等方面的规范化,保证要素市场的价格稳定性。通过信息平台,定期发布全面性、权威性的猕猴桃市场相关信息,并及时反馈各种相关价格信息,提高交易市场信息对称性,方便猕猴桃种植户对市场信息的了解,避免其利益受损。同时要发布猕猴桃国际市场价格走势,便于龙头企业和种植大户了解国际市场行情,开阔眼界,推动加快其与国际市场接轨步伐。

三是提高种植户市场议价能力。应大力扶持农户加入猕猴桃专业合作社,促进其规模化发展，提高农户话语权和市场议价能力，从而提高整体市场竞争力和市场抗风险能力。并探索建立"龙头企业+合作社+农户"利益联结机制，实现三者深度融合，带动农民增收、不断推动猕猴桃产业转型升级。

四是打造具有相当影响力的猕猴桃品牌。学习新西兰猕猴桃品牌建设成功经验，把握我国猕猴桃资源优势，推动提高猕猴桃产业化水平和生产管理的标准化水平，为其开拓出足够的市场空间，合力打造一个国际认可的猕猴桃绿色品牌，打破各类绿色贸易壁垒，加快与国际猕猴桃市场接轨，提高我国猕猴桃国际竞争力，实现猕猴桃产业发展的飞跃。

（执笔：郭耀辉、王森培）

第二部分
问题解构

6 四川省猕猴桃产业现状、存在的问题

为支撑引领农业供给侧结构性改革,创新驱动四川省特色优势农业发展,调研组先后对成都、广元、德阳,以及苍溪、蒲江、都江堰、什邡、绵竹等猕猴桃种植市县进行了调研,对佳沃、华胜、华朴、果王等重点龙头企业进行了剖析,随机走访了部分专业合作社、专业种植大户及典型种植散户;同时,赴新西兰、意大利考察国外猕猴桃产业发展情况。通过调研考察和研究分析,认为四川省猕猴桃产业发展基础较好、水平较高、创新较强,带动农户增收多;研判出猕猴桃产业趋势是向全球化绿色科学发展,市场需求巨大,四川猕猴桃产业正处于转型升级的关键阶段。

6.1 四川省猕猴桃产业现状

6.1.1 四川省猕猴桃产业生产

6.1.1.1 种植面积、区域、规模情况

四川猕猴桃栽培面积和产量仅次于陕西,位居全国第二位;2015年,全省种植面积69.30万亩,产量29.77万t,产值41.86亿元,分别占全国的27.72%、15%、29.07%(表6-1)。四川猕猴桃91.34%种植面积分布在龙门山区、成都平原、秦巴山区,主要涉及14个市(州)、31个县(市、区)。全省规模化种植(≥200亩)企业数量达123家,其中大于1 000亩的有33家;通过GAP、有机(转换)、绿色、出口基地备案等认证达10万亩以上;12个主产县大户(≥200亩)种植面积比例达23.75%(表6-2、表6-3)。

表6-1 2015年度四川猕猴桃种植面积及产量分析

序	地区	四川	陕西	中国	世界其他国家	世界总量
1	种植面积(万亩)	69.30	93.00	250.00	150.00	400.00
2	占全国面积比例(%)	27.72	37.20	100.00	—	—
3	占世界面积比例(%)	17.33	23.25	62.50	37.50	100.00
4	生产产量(万t)	29.77	120.59	200.00	160.00	360.00
5	占全国产量比例(%)	14.89	60.30	100.00	—	—
6	占世界产量比例(%)	8.27	33.50	55.56	44.44	100.00

表 6-2 四川猕猴桃种植区域分布

区域	市州	种植面积（万亩）	投产面积（万亩）	产量（万 t）	产值（万元）
龙门山区及成都平原	成都市	26.30	18.20	12.52	196 000
	德阳市	1.50	1.10	0.90	10 220
	绵阳市	0.60	0.40	0.19	2 100
	眉山市	0.20	0.10	0.06	500
	雅安市	8.40	5.20	2.52	29 100
	阿坝州	0.30	0.20	0.20	1 400
	小计	37.30	25.20	16.39	239 320
秦巴山区	广元市	24.80	17.36	10.92	151 000
	巴中市	1.20	0.45	0.30	2 500
	小计	26.00	17.81	11.22	153 500
大小凉山地区	凉山州	0.30	0.05	0.03	500
	乐山市	4.30	2.20	1.80	21 000
	小计	4.60	2.25	1.83	21 500
其他地区	南充市	0.80	0.00	0.32	4 100
	达州市	0.10	0.00	0.00	0
	遂宁市	0.30	0.05	0.01	150
	宜宾市	0.20	0.00	0.00	0
	小计	1.40	0.05	0.33	4 250
合计		69.30	45.31	29.77	418 570

表 6-3 四川猕猴桃种植主产市县种植规模分析

序	主产区	不同猕猴桃种植户种植面积占当地总面积比例（%）		
		小户（1~20 亩）	一定规模户（20~200 亩）	大户（大于 200 亩）
1	绵竹市	30	20	50
2	雅安市	30	20	50
3	都江堰市	40	30	30
4	江油市	15	60	25
5	剑阁县	2	75	23
6	兴文县	10	70	20
7	彭州市	30	50	20
8	蒲江县	57	25	18
9	苍溪县	55	30	15
10	什邡市	60	30	10
11	邛崃市	75	15	5
12	北川县	90	8	2
	平均值	42.18	37.55	19.82

6.1.1.2 生产水平情况

四川红肉品种栽培面积占60%、绿肉占25%、黄肉占5%。投产果园平均产量为660 kg/亩，低于世界和全国平均水平，仅36%的高产果园亩产量与世界平均水平接近（表6-4、表6-5）。但四川红肉品种亩均产值达万元，远高于全国亩产5 760元平均水平；种植户每亩年均增收3 000元以上。同时，以猕猴桃为主要原料开发了休闲食品类、发酵类、饮料类、提物类4大系列16种产品，其中果酒、果醋、天然果汁、冻干果粉片实现了规模化生产，年均产值在2亿元以上；VC含片、泡腾片、酵素、籽油等高端产品正在产业化中，提高了果品附加值和残次果利用率（表6-6）。

表6-4 四川猕猴桃单位面积产量与世界主产国比较

序	类别	四川	中国	新西兰	意大利	世界
1	亩均产量（kg/亩）	660	800	1 430	1 230	1 053
2	四川亩产占相应地区亩均产量比例（%）	100	82.5	46.15	53.66	62.68

表6-5 四川猕猴桃不同产量水平园区比例

类型	亩产（kg）	面积（万亩）	占总面积的比例（%）
低产园	<250	3.20	7.06
	250~500	6.31	13.93
中产园	500~1 000	19.50	43.04
高产园	>1 000	16.30	35.97
合计	合计	45.31	100.00

表6-6 2008—2015年四川省猕猴桃精深加工主要产品市场推广情况

产品	主要品牌	主要生产企业	产量（t）	产值（万元）	利税（万元）
果酒	沃林、欣妙、陶兰加、妙伦牌	佳沃鑫荣懋集团、四川农兴源农业开发有限责任公司、四川伊顿依顿农业科技开发有限公司、四川省宜宾市兴文县石海酒业有限公司	850	40 670	8 134
果醋	弥恋、梁公子	四川伊顿农业科技开发有限公司、广元果王食品有限责任公司	11 200	25 000	5 049
天然果汁	蓝剑、沃林、弥恋、梁公子	四川蓝剑饮品集团有限公司、佳沃鑫荣懋集团、四川伊顿农业科技开发有限公司、广元果王食品有限责任公司	32 000	58 000	11 687
冻干果粉片	黄金奇异果酥	四川华胜农业股份有限公司	10	500	200
		合计		124 170	25 070

6.1.2 四川省猕猴桃市场营销

全省涉足猕猴桃产业农户达 15 万余人、专业合作社 300 多家、企业 800 余家,其中,华胜、佳沃、华朴、伊顿等 30 多家企业年产值达千万元以上(表 6-7)。形成了龙门山猕猴桃、苍溪红心猕猴桃、都江堰猕猴桃等 14 个区域品牌,品牌价值超过 100 亿元;形成了柳桃、沃林、TINGO、EDON、猕恋、欣妙、陶兰加、梁公子等商业品牌;获得猕猴桃国家地理标志保护产品 14 个。目前,90% 的猕猴桃以鲜果销售,与国外基本一致。2015 年,全省共销售 23.82 万 t,省内销售 7.35 万 t,省外销售 16.27 t,出口接近 2 000 t,主要销往上海、广东、北京、深圳、重庆、武汉、西安、昆明等大中城市和欧盟、东南亚国家和我国香港、台湾地区,平均售价 20 元/kg,最高售价 40 元/kg。电商、微商模式销售量占到总量的 20%,并以每年 10% 以上速度递增快速抢占市场。另外,从新西兰等国家进口 6.3 t。

表 6-7 四川省从事猕猴桃产业发展相关企业

类别	企业数量	典型企业代表
种植企业	627	四川华胜农业有限公司、佳沃(成都)现代农业有限公司、四川华朴农业有限公司、成都佳惟他农业有限公司、成都欣耀农业有限公司
农技农资配套企业	46	四川国光农化有限公司、四川丰收农业有限公司、四川鑫隆康源农业有限公司、四川新朝阳农资连锁有限责任公司、成都稼兴农化有限公司
贮藏加工企业	34	广元果王食品有限责任公司、四川农兴源农业开发有限责任公司、都江堰古堰红酒业有限公司、四川三甲农业有限公司、四川天王农业有限公司
物流销售企业	78	四川华胜农业有限公司、佳沃(成都)现代农业有限公司、四川顶维彩色猕猴桃合作社、香港日升(农业)发展有限公司四川国际农产品交易中心
合计	785	—

6.1.3 四川省猕猴桃技术创新

四川拥有四川省自然资源科学研究院、四川省农业科学院、四川农业大学、四川大学等优势科研机构 10 家以上,形成了全国一流水平的猕猴桃全产业链协同创新团队。四川猕猴桃资源和遗传育种水平国际领先,选育出中国第一个猕猴桃授权品种,率先在全球开展红肉猕猴桃商业化栽培,拥有审定和授权品种 15 个以上,初步形成了猕猴桃全产业链技术体系。建有习近平总书记亲自揭牌的中国—新西兰猕猴桃联合实验室,以及猕猴桃高技术育种平台、省级重点实验室、产业技术研究院、工程技术研究中心、工程实验室、产业技术创新联盟等创新平台。

6.1.3.1 主要品种及应用情况

四川省在 20 世纪 80 年代初开始进行猕猴桃经济栽培,起初只是引进新西兰"海沃德"品种。后来,四川通过自主选育,先后育成了"川猕系列""红阳""红美"等优良品种，引进了"金魁""徐香""秦美""魁绿""金艳"等优良品种。目前，"红阳"和"海沃德"已成为四川的主要栽培品种，栽培面积占全省栽培面积的以上。最近几年，以联想佳沃公司代表的龙头企业又成功购买了黄肉猕猴桃品种金艳的专属知识产权，以四川华胜农业公司为代表的科技型企业通过产学研的紧密结合，正在不断推广四川省自主育成的"金什号""金什号"等黄肉优质品种，目前黄肉品种栽培面积占全省栽培面积的左右，并有逐渐增加的趋势。

四川省是国内较早开展猕猴桃自主选育的省份之一，依托四川省自然资源科学研究院、四川农业大学等科研单位，成功选育了十多个品种。如以"川猕1号""川猕2号""川猕3号""川猕4号"等为代表绿肉品种和以"红阳""红华""红美"等为代表红肉品种深受老百姓欢迎。其中，四川省自然资源科学研究院自主选育世界上第一个红肉猕猴桃新品种——"红阳"，近年来又以红阳家系为基础选育出红肉猕猴桃新品种——"红什号""红什号"，育成了黄肉猕猴桃新品种—金"金什号""金什号"；育成了软枣猕猴桃新品种—"宝贝星"等。这一系列具有自主知识产权的猕猴桃品种的育成，为四川猕猴桃产业乃至全国猕猴桃产业的健康发展奠定了基础。

除了自身选育，四川省还依托省内龙头企业不断引进国内外先进品种，如联想佳沃公司独家买断了"金艳""东红"两个优新品种均属于全球领先的专利保护品种。四川依顿农业科技开发有限公司购买的"杨氏金红号"品种，并将其商品名定为"伊顿一号"。

6.1.3.2 科技创新平台

（1）四川省自然资源科学研究院猕猴桃研究所。四川省自然资源科学研究院是四川省科技厅直属的科研事业单位。该机构的重要研究领域之一是从事猕猴桃资源调查、收集和保存，资源评价和育种研究，病虫害防治，产业化新技术研究和推广，是中国西南地区唯一专门从事猕猴桃科研和产业化研究的科研单位，收集保存了丰富的野生猕猴桃种质资源，育成了多个猕猴桃新品种，在国内处于领先水平。近年来在四川省猕猴桃产业化中为地方经济发展做出了重要贡献，积累了很多成功经验。该机构首席专家李明章从事猕猴桃资源、育种以及标准化栽培工作，先后培育出红阳猕猴桃等9个新品种，研究制定了《绿色食品猕猴桃生产技术规程》和《绿色食品红阳猕猴桃产品质量标准》四川省农业技术标准，提高了四川猕猴桃产业标准化技术水平和国际竞争力。先后获得四川省科技进步三等奖三项（1990年，1992年，1997年），四川省科技进步一等奖一项（2008年）。2000年、2002年、2004年、2006年、2009年多次到新西兰皇家科学院园艺与食品研究院进行学术交流。

（2）四川省农业科学院园艺研究所。四川省农业科学院园艺研究所组建于1996年底，隶属四川省农业科学院。所内下设行政办公室、党委办公室、计划财务科、科技管理科、产业技术推广科5个职能科室，果树研究中心、蔬菜研究室、园林花卉研究中心3个专业研究中心（室）。全所现有职工90人，其中研究员14人，副研究员31人，助理研究员11人，博士研究生20人，在读博士研究生6人，硕士研究生14人。享受国务院政府特殊津贴专家2人，四川省学术和技术带头人3人，四川省有突出贡献的优秀专家6人，四川省学术和技术带头人后备人选9人。主要从事果树、蔬菜、花卉等园艺作物的应用基础、应用及开发性研究。重点开展园艺作物种质资源收集与创制、新品种引进与选育；果树早结丰产优质高效栽培技术的研究和推广；果树病毒病鉴定与脱毒苗工厂生产技术研究；蔬菜栽培技术尤其是设施栽培技术的研究和推广；瓜类抗逆高产高效栽培技术的研究和推广；生物技术的研究和开发等。

（3）四川农业大学园艺学院。园艺学院成立于2009年3月，有果蔬研究所、园艺系、茶学系、设施农业科学与工程系。在职教职工86人，其中教授15人、副教授23人；博士生导师12人，硕士生导师35人；四川省教学名师2人，教育部新世纪优秀人才支持计划人选1人；四川省学术和技术带头人5人，四川省学术和技术带头人后备人选10人；四川省有突出贡献的优秀专家1人；享受国务院政府特殊津贴专家1人，四川省十大女杰1人，四川省"三八"红旗手3人。有"园艺学"一级学科博士和硕士授予权以及"果树学""蔬菜学"和"茶学"3个二级学科博士和硕士授权点；有"果树学"省级重点学科1个。有园艺、茶学、设施农业科学与工程3个本科专业，其中园艺和茶学为国家级特色专业。自2009年学院成立以来，获省级教学成果奖4项，二等奖3项，三等奖1项。出版教材18部，其中主编（副主编）7部，参编11部。主持科研项目502项，其中国家自然科学基金项目15项，科研总经费6 100余万元；获省部级科研成果9项，其中二等奖4项，三等奖5项；出版专著10部，发表论文590余篇，其中SCI收录论文157篇；审定省级果蔬茶新品种29个；创社会经济效益200多亿元。

6.2 四川省猕猴桃产业存在的问题

6.2.1 盲目扩大规模

产业发展缺乏科学规划，区域自发、分散、非适宜区盲目种植现象突出，散户、小户种植面积占总面积45%以上；部分地区果园基础及配套设施落后，抗旱、抗涝等防灾抗灾能力弱；红肉、黄肉、绿肉种植面积比为12∶1∶5，结构极不合理；缺乏安全高效丰产栽培技术。

6.2.2 低产果园比重大

部分猕猴桃园区因选址、改土不科学，有机肥投入不足，实生苗定植当年长势弱、后期嫁接成活率低、苗木上架慢、投产迟、产量低；部分产区则因溃疡病、根腐病等重大病害频发，管理粗放，树形结构紊乱，长期产量偏低。全省低产低效猕猴桃园（亩产小于500 kg）面积占21%左右，严重制约了四川省猕猴桃产量品质的整体提升。

6.2.3 溃疡病威胁严重

2016年调查显示，溃疡病严重威胁猕猴桃产业发展。秦巴山地区，71.43%的调查地区及果园感染溃疡病，其中发病率大于50%的占39.29%，发病率高达80%以上的占

14.28%。龙门山脉地区,48.23%的调查地区及果园感染溃疡病,其中发病率大于50%的占19.51%,发病率80%以上的占9.76%。川南地区发病率相对较低。主要原因是60%种植面积栽培的是易感溃疡病的品种"红阳"、果园海拔较高、猕猴桃进入易感染期(5~7年)。

6.2.4 加工严重不足

产业链条不长,商品化处理及精深加工弱,全省深加工产值不到猕猴桃鲜销额的5%;深加工企业少且生产能力低,年加工产值千万元以上企业不足10家;规模化生产加工产品大多数是低附加值的果脯、果干、果酒等初级产品,且技术落后、竞争力较弱,缺乏高附加值的深加工产品;加工原料主要是野生猕猴桃,商业化栽培的不足10%,且主要为残次果。

6.2.5 市场营销不强

大企业、有实力企业少,品牌多而小,缺乏统一的全省公共品牌、区域品牌、商业品牌和产品品牌。产品同质化现象严重,竞争力不强,特别是出口专用生产基地建设滞后。种苗等生产物资供应不规范,产品冷链物流及营销体系不健全。品种权等知识产权保护困难,影响了成果的大面积应用。

(执笔人:王永志、郭耀辉)

7 四川省猕猴桃生态气候适宜性分析及精细区划研究

　　猕猴桃是四川省的优势特色水果,已基本形成了以苍溪县、都江堰市、什邡市、彭州市、蒲江县、邛崃市等地为中心,以安县、北川县、汶川县、芦山县等地为辐射区的猕猴桃产业带,主导栽培品种包括海沃德、红阳、金艳等。作为中国猕猴桃生长的最佳适宜区和猕猴桃主产区之一,四川省的猕猴桃种植面积和产量均处于全国前列。许多专家学者对猕猴桃生态气候适宜性及其区划作了大量研究,早期研究仅仅考虑了气温的影响。由于海拔高度对气温分布有影响,也有部分论文对海拔指标和进行了讨论。随着研究的深入和大量气象数据的公开共享,更多的论文构建起了包括气温(含积温)、降水、日照、相对湿度等指标的综合评价体系,对猕猴桃种植区划研究进入了新的阶段。近年来,随着全球气候变暖,极端灾害天气增多,农业气象灾害对农产品生产的影响逐步凸显,部分论文在农作物气候区划中针对性地引入了该类作物所遭受的主要气象灾害风险,也分析了未来气候变化对猕猴桃种植的影响,更加精细地刻画了该类作物种植的最佳适宜区。

7.1 研究方法与数据

7.1.1 研究区域

　　四川省位于中国西南部,东经92°21′~108°12′,北纬26°03′~34°19′,面积约48.6万km²,是典型的青藏高原和长江中下游平原的过渡区。西部为高原和山地区,海拔多在4 000 m以上;东部为盆地、丘陵,海拔多在1 000~3 000 m。四川省气候复杂多样,且地带性和垂直变化十分明显,大致可分为3个气候区。第一个是盆地中亚热带湿润气候区,年均温16~18℃,积温4 000~6 000℃,无霜期230~340 d,年日照时间仅1 000~1 400 h,年降水量1 000~1 200 mm。第二个是川西南山地亚热带半湿润气候区,年均温12~20℃,年日照时间为2 000~2 600 h,全年有7个月为旱季,年降水量900~1 200 mm,受季风影响河谷地区形成典型的干热河谷气候。第三个是川西北高山高原高寒气候区,气候垂直变化明显,总体上以寒温带气候为主,河谷干暖,山地冷湿,年均温4~12℃,年降水量500~900 mm,年日照1 600~2 600 h。根据自然资源和社会经济发展可分为成都平原区、川东北地区、川南地区、攀西地区、川西北地区。

7.1.2 研究方法与数据

利用中国气象数据共享平台提供的基础数据，对四川省猕猴桃生态气候适宜性进行了分析，并构建了常规气象指标加农业气象灾害风险指标的综合评价体系，并以此结果对四川省猕猴桃种植进行了精细气候区划，为合理利用气候资源发展猕猴桃生产，引导优势农产品形成区域化布局，建立优质猕猴桃商品生产基地提供科学依据。

以中国气象数据共享网的四川省 145 个气象站点 1981—2010 年共 30 年的逐旬、逐月、累年气温、降水、相对湿度、日照等数据进行分析，地形数据采用四川省 90 m 的 SRTM 数据。行政区划数据为 1∶10 万的分县数据。把 145 个站点的气象指标与经度、纬度、海拔进行回归分析，结合 DEM 建立格网模型推广到全省，形成 500 m 分辨率的栅格图件。

7.2 产区气候条件分析

近 30 年以来，四川省依托得天独厚的自然条件，培育了苍溪县、都江堰市和蒲江县三大猕猴桃主产区，辐射带动元坝区、汶川县、江油市、绵竹市、什邡市、沐川县、雨城区等周边县（市、区），形成了龙门山脉猕猴桃优势产业带，川南的兴文县、川东的广安区等也有大量种植。详见表 7-1、图 7-1 至图 7-3。

表 7-1 四川省猕猴桃主产区 1981—2010 年主要气象要素平均值

县区名	年均温（℃）	年降水（mm）	≥10℃积温（℃）	1月均温（℃）	7月均温（℃）	无霜期（d）	相对湿度（%）	日照（h）
元坝区	16.4	928.9	5 287	5.4	26.2	271	68	1 272.1
苍溪县	16.6	1 013.6	5 320	5.8	26.3	291	76	1 149.8
剑阁县	15.7	1 010.9	3 950	4.8	25.6	263	77	1 203.9
汶川县	14.1	491.7	3 311	3.9	23.1	241	67	1 260.5
都江堰市	15.5	1 116.9	3 983	5.1	24.8	261	80	842.7
邛崃市	16.5	1 038.6	4 984	6.1	25.6	268	83	945.1
蒲江县	16.2	1 200.9	5 112	5.9	25.2	282	85	939.8
名山区	15.6	1 407.1	3 965	5.6	24.5	272	82	973.6
沐川县	17.3	1 236.7	5 314	7.3	25.9	311	84	969.8
天全县	15.3	1 576.2	4 235	5.3	24.0	249	84	1 017.7
兴文县	17.8	1 129.1	5 278	7.6	27.1	319	81	1 166.2
广安区	17.3	1 095.1	5 269	6.6	27.2	333	83	1 138.3

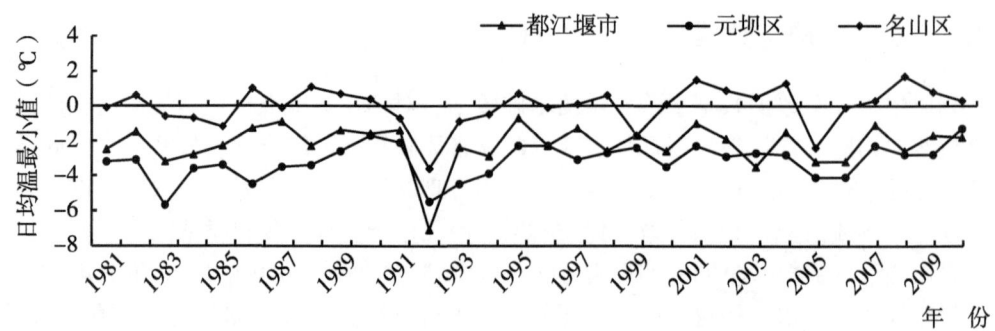

图 7-1 1981—2010 年猕猴桃越冬期（12 月至翌年 1 月）日平均气温最小值变化过程

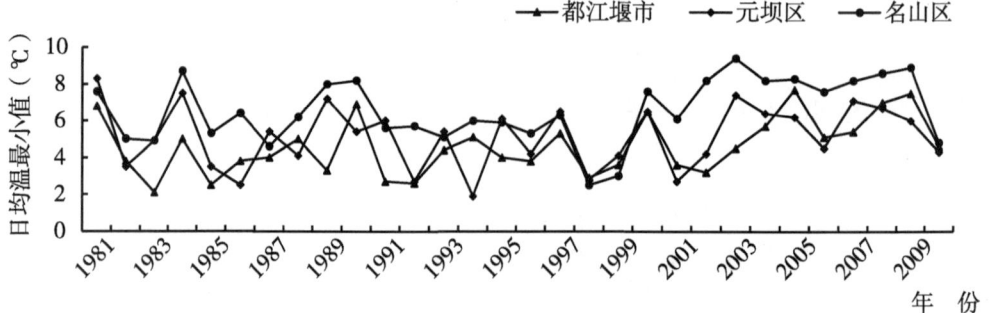

图 7-2 1981—2010 年 3 月下旬至 4 月下旬日平均气温最小值变化过程

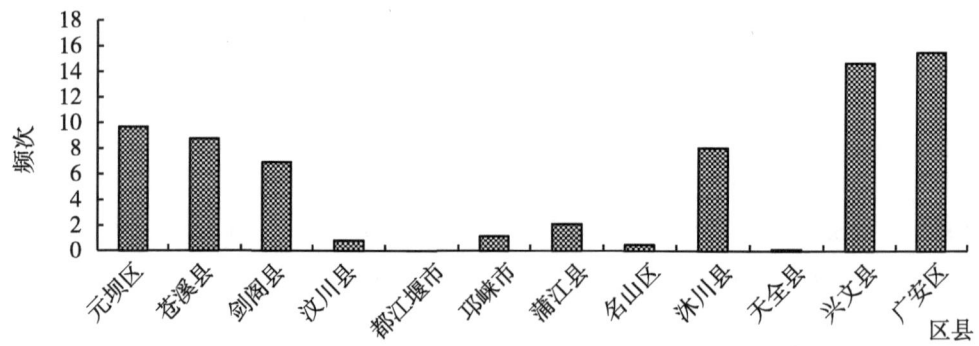

图 7-3 1981—2010 年 6—8 月 35℃ 高温持续 2 天及以上平均出现频次

7.2.1 热 量

猕猴桃适宜在气候冷凉、海拔较高区域种植，最适宜区要求年平均气温 14~16℃，低于 12.5℃ 或高于 19℃ 均会抑制其生理活动。猕猴桃需要通过正常休眠后才能进入各个物候期，落叶是猕猴桃进入休眠期的明显标志，当气温降至 10℃ 以下时开始落叶进入休眠状态。正常休眠需要日均气温低于 7℃ 的低温 500~700 h（20~30 天），否则次年发芽不整齐，花芽有枯死脱落现象，四川省猕猴桃休眠期多为 12 月至翌年 2 月，极端最低气温高于-3℃（80%保证率）才能满足猕猴桃果树安全越冬，当气温低于-5℃时，猕猴桃果树主干容易受冻。3月猕猴桃进入春梢生长期，根据已有文献对新梢生长量和同期气象资料分析的结果显示，温度对春梢生长量影响最大，其下限温度为10℃，适宜温度为10~15℃。四川猕猴桃开花期一般为5月，开花早晚喝开花数多少与温度关系密切，平均气温为12~16℃最适宜，低于10℃会导致果树开花推迟，且低温常与阴雨天气相随，易诱发溃疡病发生；高于16℃则会导致果树开花提前。果实发育和成熟期为6—10月，从结果至成熟一般历时130~160天，需大于10℃的积温2 800~3 000℃，最热月（7月）平均气温应为21~26℃，低于21℃或高于26℃时，果实生长受阻。品质形成期（8月）需要昼夜温差超过8℃，低于5℃则会影响果实干物质积累。

7.2.2 水 分

猕猴桃喜湿润，不耐干旱，也不耐洪涝积水，其生长一般要求年降水量1 000~1 500 mm，空气相对湿度70%~80%，多雨或干旱少雨均不利于生长发育。坐果期（4月）降水要适宜，过多或过少均会影响其结果。果实迅速膨大期（6—8月）需水量较多，最适宜降水量为250~300 mm，当降水量少于150 mm时，会影响果实膨大速度，降水量多于350 mm时，则会引起根部渍涝，诱发溃疡病发生、发展，导致落果。

7.2.3 光 照

猕猴桃耐阴、喜光、怕暴晒。幼苗期喜阴凉，怕强光直射；成年树喜阴湿，又需阳光照射，强光暴晒，会导致叶片焦枯，果实灼伤。所以，猕猴桃宜种植在有光照、较阴凉的山地。春梢生长期日照的影响仅次于温度，开花期（3月）和幼果期（6月）都需充足的光照，如果阴雨天气多，光照不足，则易造成花器官发育不全，坐果率低，果实极易脱落。品质形成期（8月）需要适宜的光照来积累糖分。

7.3 评价指标选择与分析

7.3.1 指标选择

通过对四川省猕猴桃主产区气候条件的分析，从热量、水分、光照等要素进行细分，参考了15篇相关文献，其时间跨度从1993—2017年，地区跨度包括陕西省、四川省、贵州省等长江中上游猕猴桃适生区域，初步筛选出了四大类影响因素。热量条件包括年平均气温、≥0℃积温、≥10℃积温、无霜期，反映了猕猴桃生长期对热量的需求；水分条件包括年降水量、年相对湿度，反映了猕猴桃生长时根系和叶、果实对水的需求，是典型的喜湿果树；日照条件包括日照时数、日照百分率，反映了猕猴桃喜光的生物学特性；其他条件包括了最冷月均温、最热月均温、年大风日数，由于猕猴桃作为一般果树，越冬期对极端低温有限制性要求，并且其叶片和果实都不耐高温，作为藤蔓植物,在挂果及收获季节也应避免大风影响。通过对引用文献的分析和征求园艺专家意见,最终将年平均气温值、年降水量、≥10℃积温、1月均温、7月均温、无霜期、相对湿度和日照这8个气候因子作为划分四川省猕猴桃栽培气候适宜区域的主要指标。详见表7-2。

表7-2 文献中影响猕猴桃种植分布的潜在气候因子

要素分类	主要气候因子
热量条件	年平均温度
	≥10℃积温
	≥0℃积温
	无霜期
水分条件	年降水量
	年相对湿度
日照条件	日照时数
	日照百分率
其他	最冷月均温
	最热月均温
	年大风日数

7.3.2 指标阈值确定

区划指标在参考国内有关研究的基础上,结合四川省猕猴桃主要产区气候特征,将指标阈值确定为4个等级,即高适宜、适宜、次适宜和不适宜,其指标值如下(表7-3)。

表7-3 四川省猕猴桃气候适宜性区划指标

项目	高适宜	适宜	次适宜	不适宜
年均温(℃)	15~18	13~15 或 18~20	10~13 或 20~23	<10 或 >23
年降水量(mm)	1 200~1 400	800~1 200 或 1 400~1 800	600~800 或 >1 800	<600
≥10℃积温(℃)	4 500~5 600	5 600~6 000	3 500~4 500	<3 500 或 >6 000
1月均温(℃)	3~7	-2~3 或 7~10	-5~-2	<-5 或 >10
7月均温(℃)	23~25	20~23 或 25~27	17~20 或 27~29	<17 或 >29
无霜期(d)	>300	260~300	220~260	<220
相对湿度(%)	79~82	75~79 或 82~85	72~75	<72 或 >85
日照时数(h)	1 200~2 000	900~1 200 或 2 000~2 200	<900 或 2 200~2 500	>2 500

利用GIS技术,在实现区划指标空间化的基础上,根据指标阈值,建立单因子评价

栅格图层 Zi；综合评判值 S 则利用 GIS 空间叠加分析功能，采用线性加权法，将各指标评价栅格图进行迭加，得到气候综合评价栅格图 4a，公式如式（7-1）所示。结合园艺专家意见，根据对四川省主要猕猴桃生产的实地调查结果及上述因子对猕猴桃产量、品质影响程度确定各指标因子的权重集，α＝（0.1，0.1，0.1，0.15，0.15，0.1，0.15，0.15）。

$$S = \sum_{i}^{k}(a_i Z_i) \qquad (7\text{-}1)$$

式中，S 为适宜性综合评判值；Z_i 为第 i 个气候指标的得分值；α_i 为相对应的指标权重；$k=8$，是评判指标的个数。

7.3.3 气象灾害风险分析

根据四川省农业气象站历次灾害实地调查及有关文献资料，确定了猕猴桃越冬期冻害、芽膨大期冻害、日灼灾害的受灾分布时段、致灾气候因子、成灾等级指标及灾损权重。详见表 7-4。

表 7-4 四川省猕猴桃主要气象灾害致灾因子等级指标及成灾等级

灾害类型	分布时段	致灾气候因子	成灾等级 等级	成灾等级 指标
越冬冻害	12 月至翌年 1 月	极端最低气温 T_L（℃）	轻	$-10 < T_L \leq -8$
			中	$-15 < T_L \leq -10$
			重	$T_L \leq -15$
芽膨大期冻害	3 月下旬至 4 月下旬	极端最低气温 T_L（℃）	轻	$-1.5 < T_L \leq 0$
			中	$-3 < T_L \leq -1.5$
			重	$T_L \leq -3$
日灼	6—8 月	极端最高气温 T_H（℃）	轻	$35 \leq T_H < 38$（3~4 天）
			中	$35 \leq T_H < 38$（5~8 天）
			重	$35 \leq T_H < 38$（连续 9 天以上）或 $38 \leq T_H$（连续 2 天以上）

根据历史文献和专家意见，构建了四川省猕猴桃越冬冻害、芽膨大期冻害和日灼的气候风险指标，以 52 个气象站点 30 年逐日气象数据分别统计各灾害强度及其发生频率，以灾害气候风险指数 I 作为灾害区划的指标，其表达式如式（7-2）所示。

$$I_j = \sum_{i=1}^{3}(D_i P_i) \qquad (7\text{-}2)$$

式中，i 为灾害强度（$i=1$ 时为轻度灾害，$i=2$ 时为中度灾害，$i=3$ 时为重度灾害）；D_i 为灾害强度指数（$D_1=1$，$D_2=2$，$D_3=3$）；P 为灾害发生频次；j 为灾害类别。

单项气象灾害气候风险指数 =（1 级频次×1/6+2 级频次×
2/6+3 级频次×3/6）×100/年份 　　(7-3)

采用克里格插值法对单项气象灾害气候风险指数进行插值，以自然间断法划分为高风险、中风险、低风险三类区域。

越冬冻害的分布为：高风险区主要位于阿坝、甘孜两州；中风险区主要位于绵阳西北部、阿坝州东南部、雅安西部、甘孜州东南部、乐山市中西部、凉山州东部和西部区域；省内其他区域为低风险区。芽膨大期冻害的分布为：高风险区主要位于阿坝州红原县、甘孜州石渠等县；中风险区主要位于阿坝州中部、甘孜州中部和南部区域；省内其他区域为低风险区。日灼的分布为：高风险区主要位于四川盆地东部达州市、巴中市、南充市和广安市以及川南的泸州市和宜宾市东南部；中风险区主要位于秦巴山区一带以及广元市、绵阳市东南部、德阳市东南部、遂宁市、资阳市东部、自贡市、内江市和乐山市东部边缘，攀枝花市南部；省内其他区域为低风险区。

考虑气象灾害一旦发生导致的作物损失是不可逆的，如果简单地对各项指标进行等权重或不同权重的叠加，会抹杀部分高风险区的分值，所以直接对图层进行叠置分析，气象灾害高风险区域的适宜性评价等级降低2级，中风险区域的适宜性评价等级降低1级，低风险区域的适宜性评价等级不受影响。

7.4 分区评述

四川省猕猴桃生态气候适宜性区划面积分布详见表7-5。

表7-5 四川省猕猴桃生态气候适宜性区划面积分布 （km²）

市州名	高适宜区	适宜区	次适宜区	高适宜区内耕地面积	2015年种植面积
成都市	9 686.34	1 966.01	50.59	5 800.71	204.17
自贡市	0.00	4 436.92	0.00	0.00	0.15
攀枝花市	0.00	1 269.86	490.74	0.00	0.04
泸州市	0.00	3 753.93	7 896.40	0.00	0.71
德阳市	3 570.78	2 047.96	36.43	2 764.01	7.35
绵阳市	3 325.92	11 528.90	2 487.10	1 984.31	17.08
广元市	146.72	8 650.22	7 379.35	71.28	49.53
遂宁市	0.00	3 640.60	1 684.71	0.00	0.16
内江市	842.86	4 556.32	0.00	650.81	0.00
乐山市	3 123.55	5 925.34	2 715.78	2 002.87	33.27
南充市	0.00	2 371.75	10 259.05	0.00	2.73
眉山市	5 584.34	714.36	722.45	4 298.21	2.73
宜宾市	548.42	9 113.64	3 575.84	248.80	4.97
广安市	0.00	0.00	6 268.35	0.00	2.21
达州市	1.01	2 766.37	13 625.44	0.19	1.25
雅安市	2 854.40	4 074.68	3 187.30	1 357.95	38.75
巴中市	0.00	1 338.66	10 478.62	0.00	1.32
资阳市	3 164.02	4 791.06	0.00	2 644.90	0.00
阿坝州	40.47	796.32	2 029.75	10.40	14.76

(续表)

市州名	高适宜区	适宜区	次适宜区	高适宜区内耕地面积	2015年种植面积
甘孜州	0.00	213.50	1 697.87	0.00	0.00
凉山州	1 051.30	13 383.61	10 055.67	322.45	0.00

7.4.1 高适宜区

高适宜区主要分布在四川盆地西部，沿成都平原向北延伸到广元，向南延伸到乐山市中部及乐山、宜宾、凉山三市州交界处。主要包括了广元市、绵阳市、德阳市、成都市、眉山市、乐山市、雅安市和资阳市的约55个县。该区域海拔在500~800 m，气候分区为北亚热带和中亚热带。年均温15~18℃，年降水量800~1 400 mm。

7.4.2 适宜区

适宜区主要分布在川中丘陵区、川南部分地区、盆地南北西缘丘陵山区。主要包括了达州市、巴中市、广元市、绵阳市、南充市、遂宁市、内江市、自贡市、泸州市、宜宾市、雅安市和乐山市的约50个县。该区域大部分海拔低于500 m，在盆周山区和川西南山地区海拔在500~1 500 m，气候分区为中亚热带。年均温15~18℃，部分区域低至13℃，高至20℃，年降水量8 00~1 200 mm。

7.4.3 次适宜区

次适宜区主要分布在川东和川北川南盆周山区。主要包括了达州市、巴中市、广元市、南充市、广安市、遂宁市、泸州市和宜宾市的约50个县。该区域海拔大部分低于600 m，仅秦巴山区和乌蒙山区海拔分布在600~1 500 m，气候分区为中亚热带和部分北亚热带。年均温15~18℃，部分区域低至13℃，年降水量800~1 200 mm，个别区域低于800 mm。

7.4.4 不适宜区

不适宜区主要分布在川西高原和川西南山地区，其余市县有零星分布。包括了阿坝州、甘孜州、凉山州、攀枝花市的约40个县和乐山市、雅安市、绵阳市、巴中市的极少数区域。该区域海拔普遍大于1 800 m，仅干热河谷地区在1 000~1 200 m，气候分区从暖温带、中温带、寒温带、亚寒带到寒带均有分布，还有极少部分南亚热带气候。年均温小于13℃，部分干热河谷地区高于20℃，年降水量从350~1 200 mm均有分布，但主要为600~800 mm。

(执笔：何鹏、林正雨、刘远利)

8 基于演化博弈论的中新猕猴桃产业科技协同创新研究

20世纪70年代以来,在国际政治与经济格局发生深刻而持续变化的局面下,国际社会开始出现双边、多边形式的经济、政治与文化合作。中国作为农业大国,随着国际多极化和经济全球化的发展,农业领域的国际科技合作也越来越广泛。中国和新西兰两国在猕猴桃产业科技协同创新的合作堪称国际农业合作的典范。2014年在中国科技部副部长曹健林和新西兰商务、创新与就业部副部长Paul Stocks见证下签订签署了《中国—新西兰猕猴桃联合实验室协议书》;2014年11月24日,国家主席习近平与新西兰总理约翰·基共同为"中国—新西兰猕猴桃联合实验室"揭牌,该实验室被列为总书记访问新西兰重要外交成果之一。为切实依靠创新驱动猕猴桃产业高质量发展,两国共同开展猕猴桃种质资源评价工作,构建了猕猴桃种质资源数据库,育成世界首个商业化红肉猕猴桃品种"红阳",改写了被"绿肉"垄断的国际市场格局,推动中国—新西兰猕猴桃联合实验室建成运行,搭建了跨国家、跨区域、跨单位、跨行业的创新研发团队和人才队伍,中国猕猴桃规模和产量跃居世界第一,新西兰猕猴桃的国际贸易地位进一步巩固。

研究者围绕农业科技协同创新开展了较为深入的研究,吴孔明、王秀东、杨易和吕立才等通过回顾中国农业科技国际合作历程、粮食安全国际合作发展历程,总结了合作的成果与经验,针对存在的问题提出了相应的政策建议;曹瑞澜和范英杰等通过分析美国农业国际合作和欧盟科技合作经验,认为中国在农业国际化机构设置、农业外交人才培养及国际信息服务系统方面仍存在不足;陈沧桑、王燕等探讨了西部地区农业科技协同创新模式选择与实现路径;俞建飞、徐海俊和温国泉等在"一带一路"视角下深入分析中国和建设沿线国家的农业科技合作机制、方式及主要存在的问题,对中国农业科技国际合作的战略定位和发展路径做出了思考。然而,从博弈论和演化经济学的视角开展农业科技协同创新的研究相对较少。国与国之间科技创新合作本身属于博弈策略的一种选择,而其随着时间的变化而呈现动态调整的特点又符合演化博弈论的研究范畴。本章节通过演化博弈理论模型分析中新两国在猕猴桃产业科技创新方面近30年的合作历程,解释其演变机理,以期提升国际合作水平,完善农业科技协同创新机制。

8.1 理论基础与研究方法

8.1.1 模型假设

传统博弈论研究重点在静态均衡和比较静态均衡上,而演化博弈论是结合博弈理论分析和动态演化过程分析的一种理论,更加强调动态的均衡,目的是理解群体演化的动态过程并解释群体为何将达到这一状态及如何达到。影响群体变化的因素既具有一定的随机性(突变事件),又有选择机制呈现出来的规律性。在猕猴桃产业国际科技合作系统中,博弈参与者为研院所、企业及科技人员等群体,参与者具有自主选择权和非完全理性特征,策略选择具有动态调整的特征,适用于演化博弈模型。假设在猕猴桃产业国际科技合作系统中,我国和国外其他国家只有"合作"与"不合作"两种策略,双方策略合集为{合作,不合作}。合作表示倾向于和对方进行科技创新合作,不合作则表示双方都无意于建立科技创新合作关系。我国猕猴桃产业科技创新主体与国外猕猴桃产业科技创新主体之间博弈双方的支付矩阵见表8-1。

表8-1 国内外猕猴桃产业科技创新主体竞争博弈双方的支付矩阵

		国外其他国家	
		合作	不合作
我国	合作	E_1+V_1, E_2+V_2	E_1-C_1, E_2
	不合作	E_1, E_2-C_2	E_1, E_2

其中,E_1、E_2分别表示我国猕猴桃产业科技创新主体与国外猕猴桃产业科技创新主体相互独立经营时各自所获得的正常收益。V_1、V_2分别表示我国猕猴桃产业科技创新主体与国外猕猴桃产业科技创新主体选择合作时各自所获得的额外收益。C_1、C_2分别表示我国猕猴桃产业科技创新主体与国外猕猴桃产业科技创新主体为科技合作创新所付出的初始成本。假设各数值均大于0。如表8-1显示,合作对博弈双方都有利,因为通过合作双方可以获得额外收益,而双方不合作时各自只能获得独立的正常收益。如果其中一方选择合作策略,而另一方选择不合作策略,选择合作策略的一方需在正常收益基础上减去游说成本,另一方则维持正常收益。

8.1.2 模型运算

假设我国猕猴桃产业科技创新主体选择合作策略的概率为p,则选择不合作策略的概率为$1-p$;同理,假设国外猕猴桃产业科技创新主体选择合作策略的概率为q,则选择不合作策略的概率为$1-q$($0 \leq p \leq 1$,$0 \leq q \leq 1$)。

我国猕猴桃产业科技创新主体选择合作策略时,期望收益为:
$$U_1^c = q(E_1 + V_1) + (1 - q)(E_1 - V_1) = qV_1 + qC_1 + E_1 - C_1$$

我国猕猴桃产业科技创新主体不选择合作策略时,期望收益为:
$$U_1^n = qE_1 + (1 - q)E_1 = qE_1$$

我国猕猴桃产业科技创新主体平均期望收益为:
$$\overline{U_1} = pU_1^c + (1 - p)U_1^n$$

国外猕猴桃产业科技创新主体平均期望收益为:
$$\overline{U_2} = qU_2^c + (1 - q)U_2^n$$

根据演化原理,在我国与国外猕猴桃产业科技创新主体合作演化过程中,博弈双方都会不断调整自身的策略,以求在博弈中利益最大化。假设某一策略利益收获比群体的利益收获高,这一策略就会得以发展并推动合作的深化。该原理可用复制者动态微分方程来表示:

$$\frac{dp}{dt} = p(U_1^c - \overline{U_1}) = p(1-p)(U_1^c - U_1^n) = p(1-p)(qV_1 + qC_1 - C_1) \tag{8-1}$$

$$\frac{dq}{dt} = q(U_2^c - \overline{U_2}) = q(1-q)(U_2^c - U_2^n) = q(1-q)(pV_2 + pC_2 - C_2) \tag{8-2}$$

复制者动态方程反映了博弈主体的学习速度和方向,当复制者动态方程为0时,博弈才达到一个相对稳定的均衡状态。令 $dp/dt=0$, $dq/dt=0$, 即可求得各自可能的稳定状态点: $p=0$, $p=1$; $q=0$, $q=1$。令 $F_p(p)=dp/dt$, $F_q(q)=dq/dt$, 根据微分方程的稳定性定理及演化稳定策略(ESS)的性质,只有满足 $F_p'(p)<0$, $F_q'(q)<0$, p、q 为相应演化博弈复制动态的 ESS。于是,分别求解 $F_p'(p)$ 关于 p, $F_q'(q)$ 关于 q 的一阶导数,得:

$$F_p'(p) = (1-2q)(qV_1 + qC_1 - C_1) \tag{8-3}$$

$$F_q'(q) = (1-2q)(pV_2 + pC_2 - C_2) \tag{8-4}$$

对我国猕猴桃产业科技创新群体的复制动态方程分析可知:

当 $q=q^*=C_1/(V_1+C_1)$, $dp/dt=0$, 即对所有的 p 都是稳定状态;

当 $q>q^*$ 时, $p=1$ 是 ESS; 当 $q<q^*$ 时, $p=0$ 是 ESS。

同理,对国外猕猴桃产业科技创新群体的复制动态方程,可由(8-4)式分析得知。

综上,我国猕猴桃产业与国外猕猴桃产业合作演化动态可由(8-1)、(8-2)式构成的微分方程系统来描述,而 (p, q) 演化均衡点的稳定性可由该系统得到的雅可比(Jacobian)矩阵的局部稳定分析得到。上述系统的雅可比矩阵和对应的行列式(Determinant)及其迹(Trace)分别为:

$$J = \begin{vmatrix} \frac{\partial F_p}{\partial_p} & \frac{\partial F_p}{\partial_q} \\ \frac{\partial F_q}{\partial_p} & \frac{\partial F_q}{\partial_q} \end{vmatrix} \quad Det(J) = \begin{vmatrix} \frac{\partial F_p}{\partial_p} & \frac{\partial F_p}{\partial_q} \\ \frac{\partial F_q}{\partial_p} & \frac{\partial F_q}{\partial_q} \end{vmatrix} \quad Tr(J) = \frac{\partial F_p}{\partial_p} + \frac{\partial F_p}{\partial_p}$$

结合局部稳定分析,结果如表 8-2 所示。

表 8-2 局部稳定分析

均衡点	Det (J)(符号)	Tr (J)(符号)	结果
$p=0$, $q=0$	+	−	ESS
$p=0$, $q=1$	+	+	不稳定

(续表)

均衡点	Det (J) (符号)	Tr (J) (符号)	结果
$p=1, q=0$	+	+	不稳定
$p=1, q=1$	+	−	ESS
$P=C_2/(V_2+C_2)$ $q=C_1/(V_1+C_1)$	−	0	鞍点

由表 8-2 可知，在 5 个局部均衡点中，有两个 ESS 分别为 A、C 点，对应于我国猕猴桃产业与国外猕猴桃产业全部采取合作与不合作两种策略。此外，B 点和 D 点是两个不稳定点，E 是该系统的鞍点。我国与国外猕猴桃产业科技创新主体合作博弈的动态演化过程，如图 8-1 所示。

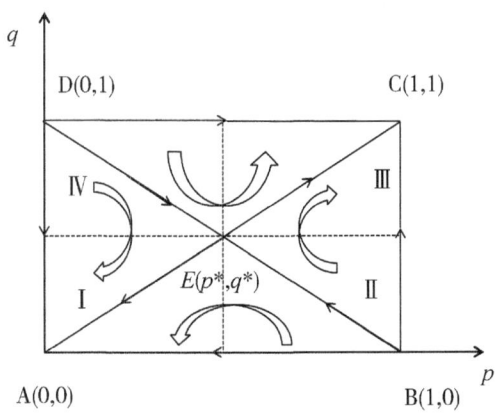

图 8-1 科技协同创新博弈系统动态演化相位

8.2 结果分析

8.2.1 初始状态与博弈演化方向

当 $p < p^* = C_2/(V_2+C_2)$，$q < q^* = C_1/(V_1+C_1)$ 时，我国与国外猕猴桃产业科技创新主体的博弈关系初始状态，我国猕猴桃产业为了使自身已有的优势资源不外流，或出于保守的外交政策，主体倾向于不合作；国外猕猴桃产业科技创新主体出于维护其先进的技术管理和人才优势，也倾向于不合作。双方倾向合作的比例均小于临界值，初始点 (p, q) 落在图 8-1 的区域 I，博弈将收敛于 A（0, 0），即 $p=0$，$q=0$，我国与国外猕猴桃产业科技创新主体均倾向于选择不合作策略，在 20 世纪 70 年代以前，国际猕猴桃产业科技创新主体的博弈基本处于上述初始状态，表明当时我国和国外之间进行猕猴桃产业科技合作的条件尚不成熟。

当 $p > p^* = C_2/(V_2 + C_2)$，$q > q^* = C_1/(V_1 + C_1)$ 时，我国猕猴桃产业和国外猕猴桃产业倾向选择合作的比例均大于临界值，初始点（p, q）落在图 8-1 的区域Ⅲ，博弈收敛于 C（1，1），即 $p=1$，$q=1$，我国与国外猕猴桃产业均倾向于选择合作策略。在这种情况下，我国猕猴桃产业为了提高管理、技术装备水平以及企业竞争力的愿望，倾向合作；而国外猕猴桃产业看重我国巨大的市场潜力和丰富的猕猴桃资源，为了拓展市场和研发新品种，也倾向于合作，结果是双方合作。

当 $p > p^* = C_2/(V_2 + C_2)$，$q < q^* = C_1/(V_1 + C_1)$ 时，我国猕猴桃产业科技创新主体倾向选择合作的比例大于临界值，而国外猕猴桃产业科技创新主体倾向选择合作的比例小于临界值，初始点（p, q）落在图 8-1 的区域Ⅱ，博弈可能收敛于 A（1，1），也可能收敛于 C（1，1），该系统动态演化的路径主要取决于博弈方调整策略的速度。在这种情况下，我国猕猴桃产业处于自身产业化、规模化发展的需要，倾向于合作，如果国外猕猴桃产业在经营过程中发现合作获取的额外收益较高，则倾向于合作，结果是双方合作；如果国外猕猴桃产业在独立经营过程中获得较高的额外收益，则倾向于不合作，结果是双方不合作。

当 $p < p^* = C_2/(V_2 + C_2)$，$q > q^* = C_1/(V_1 + C_1)$ 时，我国猕猴桃产业科技创新主体倾向选择合作的比例小于临界值，而国外猕猴桃产业科技创新主体倾向选择合作的比例大于临界值 初始点（p, q）落在图 1 的区域Ⅳ，博弈可能收敛于 A（1，1），也可能收敛于 C（1，1），在这个区域内，该系统动态演化的路径同样取决于博弈方调整策略的速度。该区域内，国外猕猴桃产业出于巩固自身国际竞争优势的需要，倾向于合作；我国猕猴桃产业在生产过程中，如果发现自身与国外猕猴桃产业的差距，认为合作可以获得较高的支付，则倾向于合作，结果双方合作；如果我国猕猴桃产业主体认为独立发展过程中可获得较高支付，则倾向于不合作，结果是双方不合作。

8.2.2 不同阶段选择与突变对猕猴桃科技协同创新的影响

在猕猴桃产业国际合作博弈过程中，不仅要考虑双方基于成本和得到的额外收益的选择意愿，还要考虑突变事件的影响。突变是指部分个体以随机的方式选择不同于群体的策略，突变既可能是高支付（额外收益）策略，也可能是较低支付策略，而选择是指在较低成本下获得较高支付的策略在以后被更多的参与者采用。选择与突变对中国和新西兰两国的猕猴桃产业协同创新主体之间的交往和演化过程和趋势，可从独立创新、合作提速、全面合作 3 个阶段进行分析。

8.2.2.1 独立创新阶段

在 20 世纪 70 年代以前，我国与国外猕猴桃产业科技创新主体的博弈均倾向于选择不合作策略，主要原因是当时我国还没有实施改革开放战略，国际合作存在多重壁垒，要付出的初始成本较高，而相应的额外收益也具有不确定性和风险性，我国拥有丰富的猕猴桃资源却因技术人才的不足难以充分开发利用，猕猴桃生产方式仍以最为传统的方式进行，难以实现产业化和市场化，而新西兰有着丰富的管理、人才和技术资源，却因猕猴桃自然资源的匮乏而难以选育出多样化的品种，影响新西兰猕猴桃产业可持续发展和国际贸易地位，独立经营的双方各自只能获得支付较低的收益。较高的初始成本和较低预期的额外收益致使初始点（p，q）落在图 8-1 的区域Ⅰ的概率增加，博弈收敛于不合作。

8.2.2.2 合作提速阶段

1978 年以来，我国对外开放政策的深入实施降低了猕猴桃产业国际协同创新的初始成本，随着我国市场需求的释放和科技进步，合作的预期额外收益性也逐步提升。该阶段初始点（p，q）落在图 8-1 的区域Ⅱ概率增加，在博弈既可能收敛于 A（0，0），也可能收敛于 C（1，1）的状态下，新西兰农业与科技部部长吉姆·萨顿于 1993 年对中国的访问这一突变事件引导博弈朝 C（1，1）收敛，新方先行迈出了科技合作的第一步，而中国以联合开展猕猴桃资源收集作为回应，完成长江三峡库区猕猴桃资源抢救性收集及异地保存工作，在四川、湖南、河南、江西等猕猴桃主产省区广泛收集资源，通过合作取得了较高的额外收益，育成世界首个商业化红肉猕猴桃品种"红阳"，改写了被"绿肉"垄断的国际市场格局，对国内外科技创新群体的策略选择起到一定的带动作用。在这一次突变事件获得高额收益的引导下，双方科技创新主体选择支付更高的合作策略的概率不断提升，相继有多个国内外科研院所联合开展猕猴桃种质资源评价工作，保存资源材料近 3 万余份，形成资源评价数据 200 多万条，构建了猕猴桃种质资源数据库。2008 年 4 月，新西兰成为首个与中国签署自由贸易协定的发达国家，新方承诺在 2016 年 1 月 1 日前取消全部自华进口产品关税，中方承诺将在 2019 年 1 月 1 日前取消绝大部分自新西兰进口的产品关税。其中猕猴桃的关税原为 20%，自 2008 年起每年降低 2% 左右，直到 2016 年最终实现零关税。自贸协定的签署为两国企业拓展合作空间、提高竞争力、实现共赢打开了大门。双方的消费者也能以更便宜的价格享受到优质产品和服务。从 1999 年进入中国市场开始，佳沛公司中国区的销量占比已经从当初的 2% 上升到 18%，达到目前的近 8 万 t，佳沛逐渐成为中国中产阶级家庭耳熟能详的一个水果品牌。不断降低的中国关税是促使猕猴桃大面积"海归"的一个重要因素。

8.2.2.3 全面合作阶段

随着产业链全球化的加速和政治互信的加强进一步降低了猕猴桃产业国际协同创新的初始成本，合作的预期的额外收益性也逐步提升，2014 年中国科技部和新西兰商务、创新与就业部签署了《中国—新西兰猕猴桃联合实验室协议书》，国家主席习近平与新西兰总理约翰·基共同为"中国—新西兰猕猴桃联合实验室"揭牌等突变事件又加速了演化进程，此时，$p > p^*$，$q > q^*$，初始点（p，q）落在图 1 的区域Ⅲ概率增加，我国与新西兰猕猴桃产业科技创新主体均倾向于选择合作策略，不断有更多的参与者加入合作，取得了瞩目的额外收益。2016 年 11 月，中新两国启动自贸协定升级版谈判，将在服务贸易、竞争政策、电子商务、农业合作等众多领域进行更高水平的谈判，以进一步推动中新经贸关系发展，提升双边经贸合作水平，中国—新西兰猕猴桃联合实验室建成运行，拓展了猕猴桃全产业链技术合作创新，建立了创新人才联合培养模式，完善了科研合作创新工作联动机制，搭建了跨国家、跨区域、跨单位、跨行业的七大创新研发团队，联合培养战略性、国际化、专业型创新人才队伍。对新西兰而言，其获得的收益不仅在品种的选育方面，更多的是打开了中国的消费市场，猕猴桃产业国际化进程不断深入；对中国而言，额外的收益还包括对贫困地区农民增收的社会效益，加快推动猕猴桃了新品种、新技术、新模式等在四川、贵州、重庆、云南、湖南、河南等贫困地区推广应用，累计推广应用 250 多万亩。

8.3 结 论

本章节运用演化博弈理论对猕猴桃产业科技协同创新不同阶段的演化和推进过程给予了解释，基于对我国猕猴桃产业科技创新主体与国外猕猴桃产业科技创新主体的复制动态及 ESS 分析，求出各自的复制动态及 ESS，通过局部稳定性的分析得出以下结论：

（1）在猕猴桃产业国际科技创新主体的演化博弈中，存在 A（0，0）和 C（1，1）两个 ESS，博弈演化的稳定状态取决于博弈双方的初始状态，有限理性的博弈双方在猕猴桃产业国际合作之初，不一定能够选择最优的策略，只能够在给定有限信息下做出策略选择，体现了博弈初始状态的多样性。改革开放以后，我国与国外通过在猕猴桃产业合作博弈中彼此对自身与对方诉求和合作成本收益的分析，从而不断学习和调整博弈策略，博弈最终逐渐收敛于 ESS 中的 C（1，1），实现了纳什均衡的精练，体现了博弈具有初值依赖性。

（2）科技创新主体中，选择合作策略的比例取决于对方企业群体的合作时所获得的额外收益与付出的初始成本。同时，突变事件的影响也不容忽视，尤其是政策环境的改变和高层领导的互动，对产业科技合作演化轨迹有着至关重要的影响，保持良好的国际合作环境和互动是确保产业协同创新深入推进的基础。我国猕猴桃产业与国外猕猴桃产业的合作，实现资源共享，可以降低成本、提升效率，成为全球价值链中的一环；但同时，也可能会给我国我国猕猴桃产业带来资源或利润的不公平分配等不利的方面。因此，我国猕猴桃产业在谈判乃至合作的过程中要权衡利弊，注意策略的选择，不断提高与国外猕猴桃产业合作的基础。我们期待我国猕猴桃产业在与国外猕猴桃产业的竞争与合作中不断发展壮大，实现由原来的"跟跑"变为"并跑"乃至"领跑"。

8.4 对策建议

8.4.1 长效合作互相信任

建立双方彼此认可和信任机制，以信任为基础减少商谈、谈判的人力、物力初始成本。围绕猕猴桃产业创新，以研究团队为基点，通过老中青传帮带，由松散到紧密，从外围技术到育种攻关、病虫害综合防控、采后贮藏加工等核心关键技术的不断深化合作，推动猕猴桃国际科研合作常态化。加强双方的交流合作，双方可以加强彼此的信息互动，新西兰合作方多前往中国进行技术指导，中国合作方前往新西兰进行考察学习等，频繁地互动有利于加强信息的沟通，密切双方的关系，提升彼此的信任。

8.4.2 人才联合培养交流

突出创新人才第一要素，着力加强人才交流与培养。借助引才引智项目，引进新西兰猕猴桃方专家，建立创新人才中新联合培养模式，搭建跨国家、跨区域、跨单位、跨行业的研发团队，联合培养战略性、国际化、专业型创新人才队伍。以联合实验室为平台引入新西兰猕猴桃技术人员，针对我国不同的猕猴桃产区、不同的猕猴桃品种和猕猴桃种植的不同阶段，进行广泛的田间管理和栽培技术试验，取得不同的区域、品种、生产数据，为猕猴桃的品种选育提供实验基础。相互派员开展短、中、长学习教育。相互之间通过单位人员的交叉任职、专利权属的共同占有、公司股权的相互持有、共建试验示范基地、销售市场的分片划分、一年一次的工作联席会、一事一议补签合作协议等形式，形成你中有我、我中有你的权益共同体。

8.4.3 核心技术联合攻关

共同致力于一些共性需求的重点难点项目的研发，最大化地利用双方资源取长补短相互配合，为一些世界性难题攻坚克难，不断取得新的进展和突破。溃疡病是四川省猕猴桃产业的主要威胁之一，而四川省主打的红肉猕猴桃品种"红阳"属于易感染溃疡病的品种，且发病率相对较高。因此，以"中国—新西兰猕猴桃联合实验室"为平台，重点围绕"猕猴桃溃疡病、猕猴桃冷藏保鲜、猕猴桃精深加工"等关键技术建立联合攻关机制。

8.4.4 优势互补资源共享

以合作共赢为出发点，建立相应的资源共享机制，从人力、物力上的全方位的资源共享，能够为合作双方带来相应的利益，在某一种程度上来说也是资源优化配置的一种形式。深刻把握国家和地方的宏观政策，以乡村振兴战略、农业供给侧结构性改革和促进科技人员创新创业等政策为指导，深挖国际国内的广大市场空间，深度对接世界猕猴桃产业化最发达国家，以由习近平主席亲自揭牌的"中国—新西兰猕猴桃联合实验室"为靶向，加强合作交流，优化资源配置。布局"1+2+N"结构框架（"1"指成都技术创新高端实验室，"2"指什邡科研育种基地、绵竹成果转化示范基地），聚焦三个一流标（一流条件、一流团队、一流水平），目标突出三大优势特色（专业化、开放式、国际性），打造4个创新中心（世界猕猴桃产业技术研发中心、世界猕猴桃创新创业服务中心、世界猕猴桃科技成果转化中心、世界猕猴桃专业人才培养中心），着力实现全球猕猴桃优势创新资源的大合作、大协同、大创新、大发展。

8.4.5 成果转化利益共享

在利益分配中，应该始终保持公开、公正、平等、透明的原则，让双方在一个平等共赢的环境中、一个互信的基础上、一个对等交换的层级中进行合作。利益分配机制应从双方的贡献度出发，明确对方所能提供的具体力度。利益的分配归根结底是合作双方力量的对比，针对不同的贡献值如何建立对等式，如何才能体现分配机制的合理、公正，这都需要双方不断进行一个商讨、斡旋，才能确保符合双方的共同利益。利益分配机制的建立，应该是具有一定的前置性，需要根据双方在合作中交流和达成的目的来进行，在合作过程中，可能还需要根据具体的情况对最初的协议进行不断的补充、调整完善，它能最大程度上解决双方在合作之中的后顾之忧，进行深层次合作。借鉴国外优秀地区经营发展模式，创立具有地方特色的品牌，不仅提高猕猴桃的知名度及影响力，还能在全国范围内进一步提高市场占有率的同时也覆盖到国际市场。政府部门应致力引导龙头企业和果农通过双向入股方式实现利益联结，鼓励专业合作社、基地、种植大户和普通农户以土地、劳务、资金等入股企业，支持企业以资金、技术、品牌等入股专业合作社。采用企业引导、合作社生产的模式，引进科研力量开展田间管理，培养新型职业农民科学种植，建立高端果品生产销售一体化路径。整合优势资源，不断加强从选育品种、果园生产、包装、冷藏、运输、配售及广告促销等环节的配合，集中每个果企、果农的单一力量，加强从生产管理到产品营销一条龙的合作。

（执笔：郭耀辉、王森培、王永志）

9 基于综合比较优势指数法的四川省猕猴桃生产优势分析

四川省是我国人工栽培猕猴桃较早、应用效果较好的地区，拥有全球最大的红肉猕猴桃种植基地，又拥有丰富的猕猴桃种质资源。猕猴桃产业是支撑四川省脱贫攻坚和乡村振兴的优势特色产业之一。近年来，研究者围绕四川省猕猴桃产业发展开展了有成效的研究，针对产业基地标准化程度低、产业配套设施不完善、品种结构单一等问题提出了相应的对策措施，基于都江堰、蒲江、苍溪等猕猴桃主产区的实践，总结了可复制、易推广的产业发展模式及利益联结机制，有力地促进了四川省猕猴桃产业的健康发展。但随着猕猴桃种植面积的持续快速增加，产业又面临盲目扩张、产品结构性过剩、国际贸易壁垒等新的问题和挑战，"中国—新西兰猕猴桃联合实验室"的建成运行，加快了四川猕猴桃产业国际化步伐。研究结合综合比较优势指数模型，双重聚焦四川省猕猴桃产业竞争力分析，旨在为四川省猕猴桃产业的持续健康发展提供参考建议。

9.1 研究方法

本章节选择综合比较优势指数法对四川省猕猴桃产业竞争力的研究。该方法常用于对不同地区之间某种产品或同一地区内不同产品之间的比较优势进行测定和比较。区域农作物的比较优势是农业自然资源禀赋、社会经济发展、地理区位、科技服务支撑、耕作制度以及目标市场需求等因素耦合的结果。常用的度量指标包括效率优势指数（EAI）、规模优势指数（SAI）、综合比较优势指数（AAI）。

效率优势指数（EAI）： $EAI_{ij} = \dfrac{AP_{ij}/AP_i}{AP_j/AP}$

水果单产是在地区自然资源禀赋、劳动物质投入、科技进步等因素共同作用的集中体现，反映了水果生产效率水平。式中：EAI_{ij}为i区j种水果的效率优势指数；AP_{ij}为i区j种水果单产；AP_i为i区全部水果单产；AP_j为全国j种水果平均单产；AP为全国水果平均单产。$EAI_{ij}<1$，表示i区j种水果生产与全国相比生产效率处于劣势；$EAI_{ij}>1$，表示i区j种水果生产效率具有相对优势；EAI_{ij}越大，效率优势越明显。

规模优势指数（SAI）： $SAI_{ij} = \dfrac{GS_{ij}/GS_i}{GS_j/GS}$

该指数以水果种植面积为基础，能综合反映农业生产投入、消费需求、种植模式、政策扶持和自然资源条件的影响。式中，SAI_{ij}为规模优势指数，GS_{ij}为i区j种水果的种植面积，GS_i 为 i 区所有水果面积；GS_j 为全国 j 种水果种植面积；GS 为全国水果面积。SAI_{ij} 越大，规模优势越明显。

综合比较优势指数（AAI）：$AAI_{ij} = \sqrt{EAI_{ij} \times SAI_{ij}}$

综合比较优势指数是效率优势指数和规模优势指数综合体现，能够直观地体现出地区水果生产的优势度。$AAI_{ij}<1$，说明与全国平均水平相比，i 区 j 种水果生产处于劣势，反之亦然。

9.2 研究结果

9.2.1 四川省猕猴桃产业发展趋势和在国内的地位

猕猴桃产业是四川省优势特色产业之一，主要分布在龙门山区、成都平原、秦巴山区，猕猴桃产业对四川省脱贫攻坚和农民增收起到很大作用。近年来，政府先后出台《推进农业供给侧结构性改革加快四川农业创新绿色发展行动方案》和《川果产业振兴工作推进方案》，将猕猴桃纳入六大农业供给侧结构性改革试点产业之一，提出到 2022 年，四川省红心猕猴桃面积、产量、品牌影响力做到全球领先，比肩新西兰。2014—2018 年 5 年间，四川省猕猴桃面积和产量都在稳步增长。2018 年，四川省猕猴桃种植面积和产量分别为 46 千 hm^2、40.5 万 t，种植面积和产量较 2014 年分别增加了 10.7 千 hm^2、23 万 t，年均增长率分别为 6.8%、23.3%。5 年间四川省猕猴桃平均种植面积和产量占全国比重分别为 19.3% 和 11.2%，面积平均位列全国第二，产量平均位列第四。详见表 9-1。

表 9-1　2014—2018 年四川等 6 个猕猴桃主产省猕猴桃种植面积和产量（千 hm^2，万 t）

项目		2014 年	2015 年	2016 年	2017 年	2018 年	平均
河南	面积	10.8	11.0	11.2	13.3	14.7	12.2
	产量	20.0	23.2	25.1	30.6	38.6	27.5
湖北	面积	9.2	8.0	10.7	12.7	13.3	10.8
	产量	11.0	9.6	12.8	17.3	19.8	14.1
湖南	面积	13.7	13.0	13.7	14.7	16.7	14.4
	产量	16.9	16.4	17.7	20.9	24.8	19.3
四川	面积	35.3	38.0	40.0	43.3	46.0	40.5
	产量	17.5	21.7	24.4	30.1	40.5	26.8
贵州	面积	15.1	22.0	24.1	26.7	29.3	23.5
	产量	18.0	26.5	28.8	34.2	39.0	29.3
陕西	面积	62.0	62.0	63.2	66.7	76.7	66.1
	产量	79.1	80.0	90.1	115.0	130.0	98.8

(续表)

项目		2014年	2015年	2016年	2017年	2018年	平均
全国	面积	169.3	182.0	196.0	242.0	263.3	210.5
	产量	202.0	219.0	234.0	254.0	280.0	237.8

数据来源：2014—2016年中国农业统计年鉴，2017—2018年数据来自猕猴桃协会及第三方数据库

9.2.2 猕猴桃生产效率优势指数

表9-2显示，2014—2018年，国内猕猴桃主产省平均效率优势指数依次为贵州省3.36、陕西省1.84、湖南省1.46、湖北省0.98、四川省0.88、河南省0.77。四川省猕猴桃效率优势指数位列主产省第四，并呈稳定上升趋势，由2014年的0.59提升到2018年的1.23，是增速最快的省份，主要原因是四川省猕猴桃种植面积快速持续增长，新建猕猴桃基地较多，随着前期扩张的猕猴桃逐步进入盛产期及生产管理水平的提升，生产效率呈上升趋势。而陕西猕猴桃主栽品种以"秦美""海沃德""西峡"等绿肉为主，其单位产量在37~40 t，四川省猕猴桃品种多以"红阳"为主，该品种每公顷产量9~10 t，因此其猕猴桃生产效率优势明显高于四川。而贵州猕猴桃占贵州省水果产业的比重较大，一定程度上提升了贵州猕猴桃的生产效率优势指数。

表9-2 2014—2018年四川等6个猕猴桃主产省 EAI

EAI	河南	湖北	湖南	四川	贵州	陕西
2014年	0.63	0.84	1.39	0.59	2.44	1.51
2015年	0.72	0.94	1.38	0.74	3.03	1.66
2016年	0.74	0.94	1.40	0.79	3.08	1.85
2017年	0.84	1.08	1.61	1.03	4.02	2.11
2018年	0.93	1.11	1.54	1.23	4.25	2.09
平均	0.77	0.98	1.46	0.88	3.36	1.84

数据来源：《中国农业统计年鉴》（2014—2018年）

9.2.3 猕猴桃规模优势指数

表9-3显示，2014年全国猕猴桃主产区中规模优势最明显的是贵州省4.55，其次是四川省3.95，河南省最低。到2018年，全国猕猴桃主产区中规模优势最明显的是陕西省3.10，其次为四川省2.79，表明四川省猕猴桃产业规模优势较为突出，稳定在第二的水平。从发展趋势来看，陕西、贵州、四川、湖南4个省呈下降趋势，河南、湖北3省的SAI指数比较平稳，6个猕猴桃主产省猕猴桃的规模优势整体在下降。

表 9-3 2014—2018 年四川等 6 个猕猴桃主产省 SAI

SAI	河南	湖北	湖南	四川	贵州	陕西
2014 年	1.56	1.56	1.67	3.95	4.55	3.56
2015 年	1.49	1.19	1.50	3.62	4.51	3.07
2016 年	1.39	1.41	1.42	3.36	4.14	2.78
2017 年	1.39	1.69	1.35	2.87	3.02	2.82
2018 年	1.52	1.64	1.45	2.79	2.28	3.10
平均	1.47	1.50	1.48	3.32	3.70	3.07

数据来源：《中国农业统计年鉴》（2014—2018 年）

9.2.4 综合比较优势指数

表 9-4 显示，2014—2018 年，国内 6 个猕猴桃主产省的平均综合比较优势指数均大于 1，AAI 指数依次为：贵州 3.44、陕西 2.37、四川 1.67、湖南 1.47、湖北 1.21、河南 1.06，四川排名第三位。5 年来，四川、湖北、河南三省 AAI 呈上升趋势，贵州、陕西、湖南地区的 AAI 指数较为稳定，变化波动较小，表明四川猕猴桃产业在国内具有较强的竞争力且竞争力呈现上升趋势。但四川猕猴桃产业与贵州、陕西还有明显差距。贵州、陕西的经验做法：贵州省将猕猴桃产业作为重点发展的精品水果产业之一强力推动，将政策、项目、资金、技术等要素聚焦猕猴桃"万亩片""千亩村"，聚焦产品提质增效，聚焦以猕猴桃产业为主导的水城县国家现代农业产业园，配套完善基础设施，培育经营主体，强化科技服务等，推进产业集聚集群发展；陕西省把猕猴桃产业集中布局到周至、眉县等最适宜生态区，全力推进基地标准化和周年化生产，不断提高猕猴桃综合效益。

表 9-4 2014—2018 年四川等 6 个猕猴桃主产省 AAI

AAI	河南	湖北	湖南	四川	贵州	陕西
2014 年	0.99	1.15	1.53	1.53	3.33	2.32
2015 年	1.03	1.06	1.44	1.63	3.70	2.25
2016 年	1.01	1.15	1.41	1.63	3.57	2.27
2017 年	1.08	1.35	1.47	1.72	3.48	2.44
2018 年	1.19	1.35	1.50	1.85	3.11	2.55
平均	1.06	1.21	1.47	1.67	3.44	2.37

数据来源：《中国农业统计年鉴》（2014—2018 年）

9.3 结论与讨论

综上，四川猕猴桃产业在国内具有较强的竞争力。尽管综合比较优势指数法是农业产业竞争力分析较为常见的一种方法,但该方法着重考虑效率优势指数和规模优势指数,忽略了单位产值的影响,而各猕猴桃主产省红肉、黄肉、绿肉不同类别猕猴桃单位产值差异较大,下一步应探索将单位产值优势指数纳入综合比较优势指数进行综合分析的模型,这样更能客观地反映一个区域农业产业竞争力。

9.4 对策建议

9.4.1 加快猕猴桃标准化建设

为充分发挥产业聚集和示范效应,以园艺作物标准园为载体,进一步提升猕猴桃产业标准化水平,积极发展标准化、现代化、设施化现代农业示范园区。围绕"田、水、路、渠"等配套基础设施,加快猕猴桃标准化基地建设,鼓励绿色、有机基地和食品认证,积极申请"出口基地备案"。制定并推广《四川省猕猴桃生产基地建设标准》《示范园标准化生产技术规程》,推广应用先进的栽培管理技术。在种苗栽植、整形修剪、配方施肥、水分土壤管理、病虫防治、产量调控、果实采收、果品分级包装等各个环节,严格执行技术操作规程,为猕猴桃基地建设提供有效示范。

9.4.2 大力发展猕猴桃精深加工

依托四川省优质猕猴桃产业优势,积极推进猕猴桃产业升级。组建和培育大型龙头企业,充分发挥环境、资源和科研等方面优势,形成在生产种植、仓储保鲜、加工物流、科技创新、品种选育等环节具有明显优势的"全国一流、西部领先"的猕猴桃产业集群。鼓励龙头企业积极引进新西兰、意大利等国外先进猕猴桃加工技术。鼓励龙头企业加大自主技术研发力度,重点开发猕猴桃果汁、果脯、果干、猕猴桃提取物等加工产品,提高猕猴桃附加值。鼓励企业与农户之间建立相对稳定的产销合同和服务契约关系,推进农业规模经营。创新利益机制,实现优势互补,相互依存,共同发展。

9.4.3 抓好猕猴桃市场营销建设

按照"建立大市场,发展大贸易,搞活大流通"的发展战略,逐步形成"猕猴桃集散中心、配套市场、产地集散点"的市场体系,加快配套保鲜库和商品化处理中心,逐步构建猕猴桃区域营销网络建设及品牌营销网络建设,建立结构完整、功能互补、流动顺畅的市场体系。明确责任义务,强化由"政府、协会、企业、农户"等主体参与的猕猴桃区域品牌对外营销。制定有关管理区域品牌的法规,依法建设和提升区域品牌。加强四川猕猴桃区域品牌的管理,防止品牌滥用。猕猴桃协会制定品牌的管理办法,监督企业品牌使用行为,树立统一的区域品牌形象;通过举办或组织各种会展,组织企业联合开展市场营销、公关等活动。充分发挥龙头企业和农户的主体作用,企业应正确地进行产品形象宣传和包装使用。加大产品的开发力度,保证产品的品质和市场声誉，以良好的质量、服务、信誉，来维护区域品牌的形象。鼓励企业优化经营行为，加快自主创新、诚信交易、提升企业整体形象，提高产品内涵和市场覆盖率。引导农户从长远利益出发，支持企业发展，自觉按合同要求安排生产，按质量及时交售猕猴桃产品。

9.4.4 强化农业科技支撑体系

提高农业科技在猕猴桃产业投入中的比重。重点加快品种繁育、疫病防控、资源高效利用的研发，力争在品种良种化、基地规范化、管理科学化、产品优质高产化、农产品加工标准现代化方面取得新突破。建立和完善县乡农技推广体系，深入实施科技入户工程，强化科技指导直接到户、良种良法直接到田、技术要领直接到人的科技推广新机制。

9.4.5 完善农村社会化服务体系

积极发展多种形式的农民专业合作经济组织，建立和完善多层次、多元化的服务体系，鼓励发展农村财务、法律等中介组织，加快农村信用社产权制度改革，继续加快推进农业银行金融服务猕猴桃产业发展划。大力培育由自然人、企业法人或社团法人发起的小额贷款组织，引导农户发展资金互助组织，扩大信贷资金对农业的投入，加快发展多形式、多渠道的猕猴桃保险。

（执笔：郭耀辉、林正雨）

10 基于 AHP—SWOT 的四川猕猴桃产业可持续发展战略

对以往猕猴桃产业发展战略的研究，主要以 SWOT 定性分析为主，存在一定的局限性：没有包含分析决定因素的方法，其可靠性和科学性主要取决于参与者的经验和知识；其分析结果通常会给出 SO、WO、TO、ST 4 种战略方案供选择，不能给出最优的战略建议。胡群等采取模糊综合评判方法对 SWOT 模型进行了改进，将 SWOT 与 AHP 相结合，系统评估决策系统中各元素的优先权，从而增强了 SWOT 分析的能力与可信度，近年来，基于 AHP—SWOT 分析的研究方法已经在农业园区、中小企业发展战略等广泛应用，本章节基于 AHP—SWOT 分析对四川省猕猴桃产业发展进行研究，以期减少产业盲目扩张，为加强顶层设计提供理论依据。

10.1 研究步骤与方法

第一阶段（SWOT 定性分析）：在文献研究、实地调研的基础上确定需要评价的主要因素，对相关企业、产业专家以及学者进行问卷调查，对战略因素进行评价和筛选，在每一个 SWOT 组中选取分值最高的 3 个因素作为影响猕猴桃产业发展战略的关键因素，进行定性分析。

第二阶段（AHP 定量分析）：在针对猕猴桃产业定性分析的基础上，对 SWOT 组中的要素进行两两比较，再对 4 个 SWOT 组进行两两比较，进行层次总排序。在此过程中采用 1~9 标度法，调查者首先判定两端的比较项哪一个较为重要，然后在较为重要的一端标出其重要性标度，得出各个组的判断矩阵。采用方根法计算判断矩阵最大特征根及特征向量，分析判断矩阵的一致性是否可以接受，确定各因素的影响力大小。

第三阶段（战略判定）：根据各因素影响力大小计算总优势、总劣势、总机遇、总挑战，计算公式：

$$总优势\ S = \sum \frac{S_i}{N},\ i = 1, 2, \cdots, N$$

$$总劣势\ W = \sum \frac{W_j}{M},\ j = 1, 2, \cdots, M$$

$$总机会\ O = \sum \frac{O_e}{F},\ e = 1, 2, \cdots, F$$

总挑战 $T = \sum \dfrac{T_x}{D}$, $x = 1, 2, \cdots, D$

以总优势、总劣势、总机会、总挑战强度4个变量各为半轴构成坐标系，不同象限和方位域的战略类型，依次连接4点即得到发展战略四边形，找出四边形的重心，反映了4个因素综合作用的结果，即采取重心坐标所在区间相应的发展战略（表10-1，图10-1）。

表 10-1 产业发展战略类型与方位域

第一象限开拓型战略区		第二象限争取型战略区		第三象限保守型战略区		第四象限抗争性战略区	
类型	方位域	类型	方位域	类型	方位域	类型	方位域
实力型	[0, π/4)	进取型	[π/2, 3π/4)	退却型	[π, 5π/4)	调整型	[3π/2, 7π/4)
机会型	[π/4, π/2)	调整型	[3π/4, π)	回避型	[5π/4, 3π/2)	进取型	[7π/4, 2π)

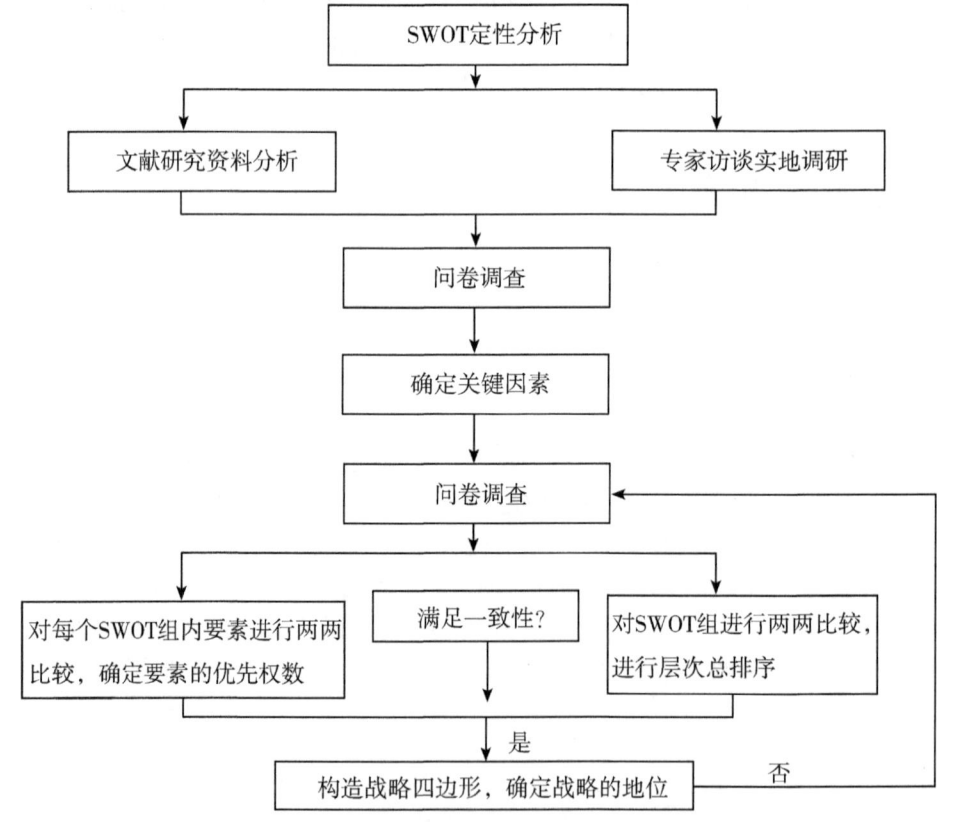

图 10-1 四川猕猴桃产业发展战略研究步骤

10.2 研究结果

10.2.1 发展优势

(1) 产业基础扎实，规模优势突出。当前，四川省猕猴桃种植面积约 4.7 万 hm^2，产量约 35 万 t，分别占全国的 19.2%、10.7%，种植规模仅次于陕西省，位居全国第二。产业集中分布在龙门山区、成都平原、秦巴山区，三大产区种植面积占全省总面积的 91.3%。形成了苍溪红心猕猴桃、龙门山猕猴桃、都江堰猕猴桃等区域品牌，打造了乡慕、桃李村、猕恋、沃林、欣妙、陶兰加、半亩庄园等商业品牌，产品远销国内大中城市和欧盟、东南亚国家和中国香港、台湾地区。

(2) 红肉品种占比高，产业特色鲜明。四川选育的世界首个红肉猕猴桃"红阳"的应用推广，改写了全球以绿肉为主的猕猴桃市场的格局。"红阳"平均单果重 90g，总糖含量普遍在 16%~20%，果肉为金黄色，果心呈放射状红色，口感细腻，香气宜人，自问世以来因其独特风味深受消费者喜爱。目前，四川红肉品种栽培面积占全省猕猴桃总规模的 60%，而全国范围红肉猕猴桃占比仅为 11%，四川红肉品种亩均产值达万元，远高于全国平均水平，种植户年均增收 3 000 元以上。红肉猕猴桃逐步成为四川猕猴桃产业最鲜明的特征。

(3) 研发创新能力强，科技成果丰硕。科技创新是猕猴桃产业快速发展的"动力源"。四川拥有省资源院、省农科院、川农大、川大、省食品院等优势科研机构 10 家以上，形成了全国一流水平的猕猴桃全产业链协同创新团队。四川猕猴桃资源和遗传育种水平国际领先，选育出中国第一个猕猴桃授权品种，率先在全球开展红肉猕猴桃商业化栽培，拥有审定和授权品种 15 个以上，初步形成了猕猴桃全产业链技术体系。建有习近平总书记亲自揭牌的中国—新西兰猕猴桃联合实验室，以及猕猴桃高技术育种平台、省级重点实验室、产业技术研究院、工程技术研究中心、工程实验室、产业技术创新联盟等创新平台。随着水果消费升级和国内外市场需求变化，推动猕猴桃产业科技创新加快向绿色方向深化，通过 GAP、有机（转换）、绿色、出口基地备案等认证达 6 700 公顷以上。

10.2.2 存在的问题

(1) 种植户盲目扩张，中低产果园比重大（表 10-2）。猕猴桃对产地环境要求相对严苛，对早春晚霜冻害、夏季高温灼伤、秋季早霜冻害、冬季冻害等气候条件异常敏感，幼树受到的影响更大。全省涉足猕猴桃产业农户在 15 万人以上，散户、小户种植面积比重高达 45%，果园经营管理水平参差不齐，尽管全省猕猴桃单产水平从 2006 年的 2 800 千克/公顷提升到当前的 9 900 千克/公顷，但仍低于全国平均水平，中低产园占比高达 64.9%。种植户在非优生区盲目种植、对局地种植适宜性的考虑不足，改土不科学，造成实生苗定植当年长势弱、后期嫁接成活率低、苗木上架慢、投产迟等问题。部分平坝区猕猴桃果园秋季涝害严重，而坡地果园早春的季节性干旱严重。同时，溃疡病严重威胁四川省猕猴桃产业发展，60%种植面积栽培的是易感溃疡病的品种"红阳"。

表 10-2 四川猕猴桃不同水平果园比例情况

类型	单产（t/公顷）	占总面积的比例（%）
低产园	<3.75	7.06
	3.75~7.5	13.93
中产园	7.5~15	43.04
高产园	>15	35.97

（2）加工能力有限，品牌与市场营销较弱。商品化处理及精深加工弱，全省深加工产值不到猕猴桃鲜销额的5%；深加工企业少且生产能力低，年加工产值千万元以上企业不足10家；规模化生产加工产品大多数是低附加值的果脯、果干、果酒等初级产品，且技术落后、竞争力较弱，缺乏高附加值的深加工产品；加工原料主要是野生猕猴桃，商业化栽培的不足10%，且主要为残次果。大企业、有实力企业少，品牌多而小，缺乏统一的全省公共品牌、区域品牌、商业品牌和产品品牌。产品同质化现象严重，竞争力不强，特别是出口专用生产基地建设滞后。

（3）溃疡病威胁严重。2016年调查显示，溃疡病严重威胁我省猕猴桃产业发展。秦巴山地区，71.43%的调查地区及果园感染溃疡病，其中发病率大于50%的占39.29%，发病率高达80%以上的占14.28%。龙门山脉地区，48.23%的调查地区及果园感染溃疡病，其中发病率大于50%的占19.51%，发病率80%以上的占9.76%。川南地区发病率相对较低。主要原因是，60%种植面积栽培的是易感溃疡病的品种"红阳"、果园海拔较高、猕猴桃进入易感染期（5~7年）。

10.2.3 发展机遇

（1）国际消费需求仍有较大提升空间。猕猴桃是世界公认的水果之王，消费者最为青睐的水果品种之一。猕猴桃世界人均消费从1997年的0.12千克/人到2018年的0.5千克/人，呈稳步增长趋势。特别是随着我国经济持续发展，全国中产阶级和富裕家庭人口不断攀升，需求量从1997年的0.08千克到2018年的2千克，我国猕猴桃人均消费量已超同期国际平均水平。尽管如此，猕猴桃产量仅占所有苹果产量的1.6%，柑橘类产量的1.4%，葡萄产量的1.2%，香蕉产量的1.1%。行业预测，未来国际猕猴桃消费市场仍有较大提升空间。

（2）产品需求高端化、多元化、网络化趋势明显。随着人们生活水平的提升，不再满足于单一口味的猕猴桃产品，而对高端化、多元化的猕猴桃产品需求逐步增加。从消费模式看，电商发展促进了各地产品的网络销售，电商与传统的批发零售等实现线上线下互补，线上线下结合的猕猴桃立体销售体系将是未来发展趋势。同时，市场对猕猴桃深加工产品，尤其是健康营养的功能性产品需求逐步增加，以功能饮料、休闲食品、营养酵素为代表的中高端产品将快速发展。

（3）四川建设对外开放高地，有利于猕猴桃走出国门。一直以来，受制于西部内陆交通不便、对外贸易平台不完善等因素，四川猕猴桃以内销为主，进口量远大于出口量。在"一带一路"背景下，四川正在深化农业南向、西向开放合作。中国—新西兰猕猴桃联合实验室是由习近平主席亲自揭牌的中国、新西兰政府间科研机构，两年来，借助此平台，四川猕猴桃产业在育种、栽培、溃疡病防控、采后保鲜等方面取得了并将继续取得长足进步。依托中国（成都）国际农产品加工产业园和中国青白江区农业对外开放合作试验区建设国际农业港，借助蓉欧铁路等干线走出国门将是未来四川猕猴桃的主攻方向。

10.2.4 面临挑战

（1）生产成本继续上行，利润空间不断压缩。随着人力成本增加，劳动力供应紧张，加之物流、包装成本上涨，猕猴桃生产成本持续上行，市场竞争进一步加剧，近年来猕猴桃销售价格大幅下降。据不完全统计，2019年绿心、黄心、红心猕猴桃田间收购价分别为3.2元/千克、3.8元/千克、6.4元/千克，较2014年分别下降40.7%、55.6%、50.6%。随着猕猴桃面积快速扩张，消费群体家庭小型化，猎奇消费热情减退，市场需求增长缓慢，猕猴桃利润空间将可能进一步压缩。

（2）出口量远低于进口量，产品竞争力不强。我国作为全球最大的猕猴桃产地，产量占全球总产量的50%以上，理应具有强大的国际市场竞争力。但实际上，2019年中国猕猴桃出口只有0.9万t，进口量却高达12.3万t，四川省出口约0.2万t，巨大的贸易逆差表明我国及四川省猕猴桃在对外贸易中处于不利的地位。究其原因，一方面是我国猕猴桃高端优质果品比例较小，果品质量整齐度差，与国外70%~80%的优质果率相差较远。另一方面，缺乏有国际影响力的大品牌，相比较新西兰佳沛品牌影响力相差甚远。同时，线上销售的猕猴桃品牌中，每年排名前十的品牌每年都在变化，消费者对品牌的忠实度不高，影响了我国猕猴桃的国际市场竞争力。

（3）猕猴桃产能过剩，粗放式发展面临挑战。目前，四川猕猴桃种植面积已突破70万亩。受市场预期与政策利好等因素，各地仍积极扩大产业规模，据专家预测，未来的20年内猕猴桃产业将面临全球性生产过剩，而中国猕猴桃产业依靠扩大果园面积、增加产量的粗放型发展模式也将受到挑战，特别是随着四川现有猕猴桃产地在5~8年内纷纷进入丰产期，很有可能会出现供大于求的市场危机。

10.2.5 综合判定

判断矩阵一致性比例均小于0.1（$C.R.=C.I./R.I<0.1$），认为判断矩阵的一致性可以接受。优势、劣势、机遇、挑战的优先级分别为：$S=0.4871$、$W=0.0836$、$O=0.3022$、$T=0.1271$，表明优势对战略选择的影响程度最大，劣势的影响程度最小。要素总优先级为$S_2>S_1>O_1>O_3>S_3>O_2>T_3>T_1>W_3>T_2>W_1>W_2$，表明各要素对战略选择影响力大小依次为红肉品种优势、产业规模优势、国内外消费空间较大、"中新联合实验室"建设有利于猕猴桃国际化、种质资源丰富、消费多元化与网络化、猕猴桃产能结构性过剩、溃疡病影响范围较大、产品国际竞争力不强、盲目扩张问题突出、加工与品牌营销较弱（表10-3）。

表10-3 要素层次总排序及一致性检验结果

SWOT 组	各组优先级	SWOT 要素	C.R.	各组内要素优先级	要素总优先级
优势	0.487 1	S_1	0.017 6	0.155 7	0.075 8
		S_2		0.272	0.132 5
		S_3		0.059 4	0.028 9
劣势	0.083 6	W_1	0.070 7	0.022 4	0.001 9
		W_2		0.009 8	0.000 8
		W_3		0.051 4	0.004 3
机遇	0.302 2	O_1	0.051 6	0.159 5	0.048 2
		O_2		0.042 2	0.012 8
		O_3		0.100 5	0.030 4
挑战	0.127 1	T_1	0.051 6	0.042 3	0.005 4
		T_2		0.017 7	0.002 2
		T_3		0.067 1	0.008 5

根据计算，总优势、总劣势、总机遇、总挑战强度分别为：$S=0.079\ 1$、$W=0.002\ 3$、$O=0.030\ 4$、$T=0.005\ 4$。以总优势、总劣势、总机会、总挑战强度4个变量各为半轴绘制战略四边形（图10-2），重心P位于第一象限，坐标为：$P(X, Y)=(0.019\ 2, 0.006\ 3)$，$\tan\theta=0.328\ 1$，属于第一象限开拓型战略区的实力型方位域。建议采取以下发展策略：①明确产业适宜范围。加快构建引入关键致灾因子的四川猕猴桃生态适宜性评价指标体系，提高猕猴桃生态适宜性区划精度，明确四川猕猴桃高适宜区、适宜区、次适宜区及高风险区，优化四川猕猴桃生产布局、避免盲目扩张。对现有栽培品种和新选育的品种开展系统区域试验，突出地方优势和特色，形成差异化发展路径，避免同质化竞争。②加强科技协同创新。整合优化现有的创新服务平台，重点依托

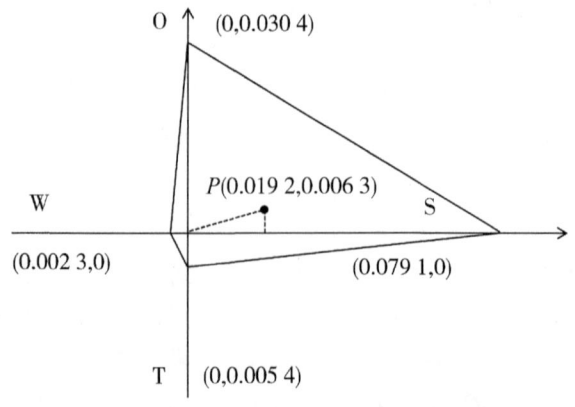

图10-2 四川省猕猴桃产业发展战略四边形及重心 P 坐标

中国—新西兰猕猴桃联合实验室，加快高抗、优质、丰产、耐贮和风味浓郁的新品种，高效、生态栽培技术及投入品研发及商品化安全处理、精深加工、冷链物流配送及质量可追溯共性关键技术创新。③优化品种结构。在溃疡病全球蔓延趋势下，要加快选育抗溃疡病的红肉品种，巩固四川红肉猕猴桃在国内外的竞争优势；加大抗性强、产量高、品质优的黄肉品种推广力度，加快当前溃疡病高发区的品种更新。试点避雨防冻栽培技术，减轻冬季霜冻、春季花期低温阴雨、采前持续强降雨等极端天气的影响；在主产区建设猕猴桃雄花粉厂和溃疡病快速精准检测实验室。④提升国际竞争力。基于四川省自然资源科学研究院与新西兰皇家植物与食品研究院的科技合作实践，推行长效合作互信、人才培养互动、技术联合攻关、优势互补共享、成果利益共联"五位一体"的合作模式，提高猕猴桃国际合作创新水平，推动四川猕猴桃品种在国外注册品种权，逐步打破以新西兰为主的猕猴桃品种权垄断国际市场的核心技术壁垒，实现由原来的"跟跑"变为"并跑"及红肉猕猴桃育种研究的"领跑"。

10.3 结论与讨论

综上，四川猕猴桃产业在国内具有较强的竞争力，应采取"开拓战略区实力型方位域"的发展战略。本研究结合综合比较优势指数模型与SWOT-AHP模型双重优势，聚焦了猕猴桃产业竞争力分析和发展战略研究双重重点，为四川猕猴桃产业可持续发展提供了较为系统的方案。SWOT-AHP分析应用于猕猴桃竞争力影响因素的分析与猕猴桃产业发展战略研判，较好地弥补了综合比较优势指数模型只针对结果进行分析的不足，尤其是该方法运用层次分析法赋予各因素权重，通过构建战略四边形并确定重心将战略方位具体到坐标点，为决策者提供了明确的战略选择。不足和有待改进之处在于：尽管综合比较优势指数法是农业产业竞争力分析较为常见的一种方法，但该方法着重考虑效率优势指数和规模优势指数，忽略了单位产值的影响，而各猕猴桃主产省红肉、黄肉、绿肉不同类别猕猴桃单位产值差异较大，下一步应探索将单位产值优势指数纳入综合比较优势指数进行综合分析的模型，这样更能客观地反映一个区域农业产业竞争力。

10.4 对策建议

10.4.1 坚持规划先行，避免盲目扩张和同质化竞争

四川猕猴桃适宜区范围较大，但叠加气象灾害风险分析后，高适宜区进一步缩小到龙门山脉沿线和成都平原区。因此，新增猕猴桃选址要充分考虑适宜区范围，对现有栽培品种和新选育的品种开展系统区域试验，突出地方优势和特色，形成差异化发展路径，避免同质化竞争。加快开展猕猴桃产业区域发展规划编制工作，在区分优生区、适生区、次生区的基础上，注重整合和优化配置支持猕猴桃产业发展的科技政策、财政政

策、信贷政策、保险政策，引导技术、资本、人才等先进要素向优势区聚集，形成以大户、中户为主的大中小合理搭配的经营体系。

10.4.2 加大科技扶持力度，整合优化创新服务平台

健全科技创新服务平台，优化"四川省猕猴桃工程技术研究中心""四川省猕猴桃产业技术创新联盟"等创新服务平台，提升对全省从事猕猴桃科研的高等院校、科研院所以及相关企业、专合组织的服务能力。大力推进习总书记揭牌的"中国—新西兰猕猴桃联合实验室"建设，整合国内外资源，以产业链延伸和加工为重点，开展抗性优质品种培育、新产品研发，健全产业技术体系。培育壮大一批高新技术企业，建设一批高技术示范园区。加快培育高抗、优质、丰产、耐贮和风味浓郁的新品种，加快高效、省力、安全栽培技术及投入品研发，以及商品化安全处理、精深加工、冷链物流配送及质量可追溯共性关键技术创新，构建全产业链技术创新体系。

10.4.3 优化区域品种结构，改造低产低效果园

一是加快选育转化抗溃疡病的红肉品种，巩固四川红心猕猴桃在国内外的竞争优势；加大"金实"系列等抗性强、产量高、品质优的黄肉品种推广力度，满足当前溃疡病高发区对新品种的需求；加大抗溃疡病高甜型绿肉品种的选育与推广，为高海拔区产业发展和"海沃德"老产区品种换代提供保障。二是支持秦巴山区完善果园蓄排水基础设施建设，推广肥水药一体化管理、沃土培肥、抗旱节水等栽培技术，提高应对冬春季节性干旱的能力；支持龙门山产区开展避雨防冻栽培技术示范，减轻冬季霜冻、春季花期低温阴雨、采前持续强降雨等极端天气的影响；鼓励猕猴桃园兴建防风林带，支持四川猕猴桃产区建设猕猴桃雄花粉厂和溃疡病快速精准检测实验室，研制溃疡病综合有效防控技术体系，将全省优质果率提高到80%以上。

10.4.4 提升精深加工能力，拓展产品销售市场

积极引进新西兰Zespri、湖南老爹等国内外知名企业，扶持壮大联想佳沃、四川华胜、广元果王、四川伊顿等省内龙头企业，选育转化加工专用品种，扩大猕猴桃果酒、果醋、果味饮料、VC含片等精深加工产品产能，开展猕猴桃酵素、FD果粉、籽油胶囊等产品中试，研发猕猴桃护肤品、美容品等，延长产业链条。成立省猕猴桃产业协会，设立产业发展专项基金，打造"天府猕猴桃"公共品牌，做响"龙门山猕猴桃""苍溪红心猕猴桃"等区域品牌，培育"红阳""金实"等产品品牌。支持区域冷链物流体系建设，保障猕猴桃鲜果周年供应。举办产业发展高峰论坛暨产销对接会等系列展销活动，支持电商、微商等新型销售渠道和销售模式发展。借助成都国际农业港和蓉欧铁路干线，加快拓展国际市场。

(执笔：郭耀辉、李晓)

11 贫困地区猕猴桃产业利益联结机制研究

11.1 我国贫困地区猕猴桃产业概况

为了有效推进脱贫攻坚，全国很多地方开展了卓有成效的产业扶贫工作，在众多探索实践中，很多地方将种植历史悠久、全国培育新品种最多的猕猴桃产业作为产业扶贫的支柱产业，对贫困地区脱贫奔康起到积极带动作用。据统计，2017 年全国贫困县（市州）栽培面积达到 167.1 万亩，产值达到 99 亿元，占全国猕猴桃总规模的 46.4%，其中，相对集中、规模在 3 万亩以上的贫困县有四川省苍溪县、昭化区，陕西省周至县、眉县、城固县、江西安远县、湖北长阳县、建始县、贵州水城县等 14 个贫困县（市州），栽培品种多样化，尤其是新产区，红心、黄心猕猴桃比重较大。详见下表。

表 贫困地区猕猴桃产业概况

序号	市州、区县	规模（万亩）	产量（万 t）	产值（亿元）	主栽品种
1	湖南湘西土家族苗族自治州	15.0	15.1	6.8	米良 1 号
2	江西安远县	3.0	0.3	0.4	金艳、红阳
3	湖北长阳县	3.5	0.8	1.0	金魁、三峡 1 号
4	湖北建始县	3.0	0.2	0.2	红阳、金魁、金桃
5	贵州水城县	13.5	2.0	3.0	红阳
6	广西壮族自治区乐业县	3.0	0.4	1.2	红阳、金桃
7	广东和平县	—	—	—	
8	重庆市黔江区	3.0	0.4	0.6	红阳
9	安徽省金寨县	3.0	0.1	0.2	皖金、东红
10	陕西省周至县	42.0	52.0	32.0	海沃德
11	陕西省眉县	30.0	46.0	30.0	徐香、海沃德
12	陕西省城固县	4.6	3.5	3.5	翠香、黄金果
13	四川昭化区	5.0	0.6	0.7	红阳、东红
14	四川省苍溪县	38.5	12.6	20.0	红阳
	合计	167.1	134.0	99.6	—

数据来源：2017 年猕猴桃主产区县报猕猴桃协会资料整理

11.2 产业扶贫存在的主要问题

产业扶贫则是促进贫困群众脱贫最有效的手段和最长久的依靠。虽然许多研究成果表明，推进产业扶贫与促进贫困人口增收致富具有正向关系，但同时也有不少研究成果指出，产业扶贫存在一些问题和现实困境。其中，孙兆霞通过对贵州产业扶贫的调查认为，产业扶贫会导致扶贫目标偏移、拉大贫富差距等后果；莫光辉对产业扶贫文献梳理后认为，产业扶贫主要问题包括政府的行为异化问题、产业扶贫的实效性问题以及产业扶贫的副作用问题等；此外，许汉泽、李小云对华北李村的产业扶贫项目进行考察分析后认为，产业扶贫背后隐藏着扶贫济困的社会道德逻辑与产业发展的市场化逻辑的矛盾；李志萌、张宜红对赣南革命老区产业扶贫进行分析后认为，存在种植品种单一与农业生物多样性需求、家庭分散经营与生产集约现代化需求、产业扶贫链短与"接二连三"利益链延长需求和政府单一投资模式与产业扶贫较大资金需求之间的四大矛盾。郭晓明等认为，尽管各个地区情况有所差异，但主要面临四大共性问题：一是长期深度贫困下的参与能力缺失化困境，二是脱贫压力传导下的产业选择短期化困境，三是精准到村到户下的扶贫资源分散化，四是偏重政府推动作用下的行政化推进困境。因此，未来一段时期内推进产业扶贫工作要把握产业发展选择、产业有效参与、产业要素集聚、产业体系构建四大关键。

11.3 猕猴桃产业利益联结典型模式

在猕猴桃产业发展过程中，如何建立健全产业发展与建档立卡贫困户之间的精准扶贫利益联结机制，通过发展猕猴桃产业带动贫困户增加收入，实现稳定脱贫，事关2020年能否全面打赢脱贫攻坚战。在这一过程中，各地积极探索建立健全猕猴桃产业发展与贫困户之间的利益联结机制，发挥猕猴桃产业带动贫困户增收脱贫的积极作用，做了大量的摸索和尝试，积累了许多成功经验和做法，涌现大量典型案例，为此，从各地陆续收集到猕猴桃产业益联结模式案例近百个，从中精选出特色鲜明、成效明显的模式案例，供各地借鉴推广。

11.3.1 旺苍"贫困户+专合社+基地+公司"扶贫模式

按四川省科技厅统一部署，四川省自然资源研究院对口帮扶广元市旺苍县高阳镇古柏村。近年来，在多方力量的大力支持下，坚持猕猴桃特色产业带头，依靠科技优势，精准施策，倾情帮扶，带动当地脱贫致富。经过4年多的帮扶，该村在2017年顺利完成66户脱贫、整村退出，2018年巩固提升脱贫成效显著，预计2019年实现产业收入50万元。从而形成了一整套科学、实用、高效、可复制、能推广的脱贫帮扶经验。

（1）组织保障有力，派出最强扶贫力量。首先是四川省自然资源研究院党委高度重视，精心组织，成立了以院长秦蓁为组长、党委副书记王锋为副组长，各职能部门和业务处室的主要负责人为成员的驻村帮扶工作领导小组，负责统筹和协调驻村帮扶工作。自2015年12月7日起，选派生物生态所副所长罗晓波同志作为首批帮扶干部，经旺苍县组织部批准，挂职高阳镇党委副书记兼古柏村支部副书记，驻村定点开展贫困村脱贫攻坚帮扶工作。2018年3月，猕猴桃所副所长崔永亮博士接任驻村帮扶工作。2018年7月，又增派了程祖强同志和方志强博士到旺苍县古柏村，在对口帮扶村脱贫后不仅没有撤走帮扶力量，反而增强了该村的脱贫攻坚力量，帮扶队伍在技术力量上得到了全面增强。院里按相关政策全额落实了驻村帮扶干部工作经费、生活补助、差率费、保险等待遇。

（2）目标任务明确，一张蓝图绘制到底。针对古柏村具体问题和实际困难，四川省自然资源研究院帮扶力量仔细研究，制订了驻村帮扶工作的实施方案，明确以发展产业增收致富为该村脱贫的优选方案，坚持以猕猴桃带动当地的脱贫致富的主要思路，发挥资源院在猕猴桃领域的多年研究成果，坚定信念，一定要打造出高阳镇的"猕猴桃谷"，让猕猴桃托起当地贫困户的脱贫之梦。举全院之力带动古柏村猕猴桃产业发展，深入推进科技扶贫事业，强调长期性、持续性收益的保障，确保老百姓"种得出、销得掉、能获利"。按照"三步走"战略，2016年先期建立了100亩猕猴桃标准化示范基地；2017年又扩建200亩示范基地，园区初具规模，并辐射周边村社发展500亩；2018年起着力抓好园区管护，管理上档升级，2019年前期的100亩初投产，2020年后全面见效益。

（3）依托科技项目，大力发展特色产业。以科技扶贫为契机，推动旺苍猕猴桃产业发展，力争成为名副其实的秦巴山区新型猕猴桃产业示范基地，为区域脱贫奔康事业探索出一条既符合当地地区资源实际，又能惠农利民的产业新路。在此基础上，全院齐努力、同担当，积极介入科技扶贫项目的争取。截至目前，四川省自然资源研究院驻村帮扶团队在全院支持下为古柏村先后争取了科技扶贫专项项目9项，累计投入项目资金共630万元。为实现产业发展提供了坚强的资金、科技、人员等保障。

（4）着眼长效发展，建立科学分配机制。为实现科学管理，持续发展，结合实地，着力强化"企业+合作社"的支撑作用。四川省自然资源研究院驻村帮扶工作队指导古柏村采用"贫困户+专合社+基地+公司"的模式发展产业，并逐步扩大至全村农户。通过村"三委"提议，村民代表和种植户反复酝酿，村民代表大会表决，把关协助出台《古柏村猕猴桃产业园区入股协议》《古柏村集体经济管理办法》和《古柏村猕猴桃园区管护方案》，合作社社员以贫困户为主，辐射部分非贫困户，社员以承包土地作价入股，70%划入有土地的农户，20%划入合作社集体股，10%化为全村贫困户股本，贫困户股本由村集体掌握分配，形成的集体经济收入按3∶3∶3的模式分红。贫困户利益实现四重保障：①土地作价入股的资产分配；②优先务工所得的酬劳；③集体股权盈余分配；④10%的贫困户专项股权分配。通过一套科学的利益联结分配机制的建立，充分调动专合社、种植户、村社干部、群众的积极性主动性，实现园区科学管理、规范运行、产业有序发展、早日见效。

（5）强化技术支撑，突出绿色生态有机。为了脱贫攻坚，资源院全面发力，选取了自主知识产权的优良品种。推广应用"金实 1 号"猕猴桃，栽培效果良好。该品种果肉金黄色，果形端庄，口感有嚼力，酸甜适度，果味特浓。维生素 C 含量比普通猕猴桃高 2~3 倍；贮藏性能好，货架期长；产量高，达到 2 000 kg/亩，远超红肉猕猴桃品种 500~700 kg/亩之产量。尤其该品种对溃疡病的抗性表现良好。特别适合像古柏村这样的高海拔山区推广。采用以色列原装进口滴灌设备，引进了全球最新的水肥一体化控制技术，将精准灌溉与施肥融为一体，推广示范肥水精准管理技术；同时实施为控制山区猕猴桃种植易感染溃疡病而采取的避雨大棚（四川省资源院自有资金援建）栽培示范技术。为确保绿色栽培，确保产品生态有机。针对古柏村猕猴桃园区土壤有机质匮乏，以农村畜禽养殖产生的发酵腐熟有机肥或生物有机肥施用为主，合理施用无机肥，针对性补充中、微量元素肥料，充分满足猕猴桃对各种营养元素的需求的施肥原则。该举措很大程度上解决了生产中肥料表施导致的面源污染和盲目用肥造成的投入大、浪费多、易烧苗、不高产等突出问题，同时可以保障绿色生态安全的果品产出。

（6）注重人才培养，实现技术带头本土化。为加强本土技术能手培训，先后指导村支部挑选农村青年（10 人次）赴华胜总部基地特训（3 个月以上），以实现技术明白人、带头人本土化。工作队借助驻村工作时间，每日在田间地头发现的问题，及时有针对性地开展技术培训。2018 年 1—11 月，共举办农民夜校猕猴桃专场培训会 6 次，培训技术骨干 180 人次，园区现场教学 6 次，40 余人熟练掌握猕猴桃管护技术，组织外出参观考察培训 3 次 16 人。春华秋实，猕猴桃产业园区里一片繁忙景象，猕猴桃苗如初升的太阳茁壮成长，古柏村已经摘掉了贫困村的帽子，产业发展蒸蒸日上，小水果托起了古柏村人的大梦想。

11.3.2 什邡"1+5"发展模式

湔氐镇下院村依托良好的生态资源和区位优势，不断强化支部核心引领作用，推出党建"1+5"模式，加大猕猴桃种植力度，结合沿山旅游发展，打造以猕猴桃为主线的特色旅游节会，引领下院村猕猴桃产业全面发展。

支部核心引领：依托良好的区位优势和生态资源，不断强化支部核心作用，引领猕猴桃产业健康发展，带领全村人民奔康致富。下院村先后被授予省级新农村建设示范村、四川省文明村、省级"四好村"等荣誉称号。

专家技术支撑：1997 年四川省自然资源研究院在下院村建立了猕猴桃科研基地，现拥有新品种权 9 个，保存种质材料 2.9 万余株，建立种质资源 262 万余条。品质和数量均居全国第一，育种技术国际领先，是全球最大的红心猕猴桃种质资源圃，培育出了世界第一个商业化"红心猕猴桃"新品种。此举为下院村猕猴桃发展提供了有力的技术支撑。

协会服务指导：什邡市沿山猕猴桃专业合作社现有社员 136 户，通过流转土地建立了示范基地，服务团队深入田间指导，2013 年起每年主办"世外桃源"乡村旅游节会，并为社员和群众提供种植技术、农资优惠、产品回收、品牌包装、信息咨询等服务。

基地示范带动：建成了以圣果农业、华胜农业、鑫源圣果 3 家公司为核心的优质猕猴桃示范基地 1 500 亩。通过基地的示范带动，进一步壮大了猕猴桃种植规模，提升了整体品质，进一步打造特色品牌。

党员率先垂范：下院村共有党员 112 名，共有 29 名党员带头种植猕猴桃，起到了很好的示范带头作用，并成立了党员种植服务队，广泛宣传种植技术，为群众提供义务技术指导，为实现增收致富树立了榜样。

群众跟进致富：在党支部的核心引领、专家的技术支撑、协会的服务指导、基地的示范带动和党员的率先垂范下，下院村群众也积极种植猕猴桃，规模近 3 000 亩，建成了省级猕猴桃种植示范区，2017 年全村农民人均纯收入达 1.82 万元。

11.3.3 广元"三园联动"发展模式

坚持把现代农业产业园、村特色产业示范园、户办产业小庭园"三园联动"，作为发展壮大猕猴桃产业的有效路径，充分发挥现代农业产业园为特色农业产业提供产业体系、生产体系、经营体系的依托作用，发挥村特色产业示范园上连现代农业产业园、下连户办产业小庭园的纽带作用和作为村集体经济发展的平台作用，发挥户办产业小庭园作为贫困户产业直接增收脱贫致富的载体作用，实现小农户和现代农业发展有机衔接。根据猕猴桃产业融合要求规划"三园"产业，实现大园小园庭园产业联动，带动贫困户进入产业；依托企业、合作社、家庭农场、业主大户带动广大农户建设"三园"，实现大园小园庭园主体联动，带动贫困户发展产业；主推"五统一分"（统一品种、生产资料、技术、品牌、销售，分户生产）模式，实现大园小园庭园经营联动，带动贫困户对接市场；建设区域品牌、企业品牌，开展统一营销，实现大园小园庭园利益联动，带动贫困户产业增收。目前，广元市建成现代农业园区 100 个、村特色产业示范园 1 857 个（贫困村 792 个）、户办特色产业园 18.6 万个（贫困户 5.6 万个）。实践证明，"三园联动"是产业扶贫的重要抓手，是特色产业发展的重要载体。

11.3.4 苍溪"1+3"经营模式

苍溪猕猴桃是四川省苍溪县特产，中国国家地理标志产品。苍溪是红心猕猴桃原产地、中国红心猕猴桃第一县、国家现代农业猕猴桃示范区、全国绿色食品标准化原料生产基地、国家出口猕猴桃质量安全示范区，苍溪猕猴桃的红阳成了全球第三代猕猴桃首选换代品种。

主要模式和经验做法如下。

(1) 构建了"1+3"经营模式："1"指农村土地集中流转；"3"指 3 种方式保障农民利益，促进产业可持续发展：①支付农民土地租金；②农民在土地上做工，赚取劳动报酬；③从第 6 年起企业根据猕猴桃园区效益给流转土地农民利润分成，保障业主与农户长期稳定的合作关系，共同富裕。

(2) 加大基地建设政策扶持。每年安排不少于 2 000 万资金补助用于标准化基地建设；每年安排 100 万元资金用于低产园改造提升和品种改良；每年建立基地准出制度和生产经营全程可追溯体系认证 50 万亩；鼓励全县境内企业、合作社实施出口基地备案、GLOBALGAP、绿色、有机食品认证，经法定单位认证的当年补助 3 万元。

（3）加工和产品扶持政策。对猕猴桃加工企业在建设用地供给上给予政策优惠，猕猴桃加工企业享受农业产业化、招商引资等税收政策方面的优惠；鼓励建设品牌旗舰店，经县猕猴桃产业局认定，在国内大中城市建"苍溪红心猕猴桃品牌旗舰店"的企业和合作社，给予5万元的宣传广告费补助。

（4）建立猕猴桃产业发展专项资金。县财政每年预算不少于500万元的专项经费用于支持猕猴桃科研和技术服务、品牌培育和宣传工作。

11.3.5 绵竹市"科技结对帮扶"模式

绵竹市在深入推进脱贫攻坚战，转移农村富余劳动力的同时，通过发展猕猴桃产业带动贫困户脱贫致富，探索出了"1+1科技结对帮扶"模式。在农业园区内申报产业发展相关项目补助的农业经营主体，就产业发展至少要与一户本地农民形成2亩的结对建园关系。鼓励结对帮扶的农业经营主体先行垫支种苗、肥料、农药等前两年所需的生产资料，无条件提供建园后3年的种植技术，手把手地教会结对贫困户，把结对贫困户培育成为园区新的经营主体。鼓励结对帮扶的贫困户在掌握了种植经营管理技术，并取得相关资质后，与其他贫困户达成2亩的结对建园关系，将产业建园与产业发展以爱心传递的方式发展下去。

11.3.6 峨边"贫困户+村集体经济+企业"模式

鼓励引导贫困户合作和联合，通过组建家庭农场联盟、农民合作社，鼓励农业产业化龙头企业和工商资本，特别是多种多样的农业生产性服务组织，带动贫困户"生产得出来""卖得出去""卖得出好价钱"，提高现代农业的组织化程度。以企业、农民合作社为骨干，密切其与贫困户的多方面联系，形成命运共同体，为解决村集体有资产无资金、贫困户有土地无收益、有劳力无收入的困境，探索实践出贫困户、村集体和公司三方合作共盈模式。

具体做法：①土地入股增加农民财产性收入。推进"贫困户+村集体+公司"合作经营模式，即贫困户以户为单位自愿加入村集体资产股份合作社，村集体资产股份合作社以土地经营权和现有基础设施入股企业，共同发展猕猴桃产业园。②资金入股实现农民"转移性"收入。将发展村集体经济的财政资金用于修建生产便道、蓄水池、滴灌等基础设施或购买猕猴桃等农资产品等。前三年，公司每年支付村集体资产股份合作社一定固定收益，第四年，公司所得净收益的5%归村集体，村集体将收益的80%作为本村发展基金，20%用于全村集体经济成员分红，增加村民"转移性"收入。③劳力入园增加农民工资性收入。公司在用工方面，采取贫困户优先用工、入社农民优先入园、定期技术培训的方式，加快新型职业农民的培育。

11.3.7 马边"贫困户+合作联社+政府"模式

培育壮大适应贫困户户需求的多元化多层次农业生产性服务组织，为贫困户提供全程或专项服务，马边县在减少农业生产直接从业人员的同时，不断拓展农业生产性服务业内涵外延，将单纯的农业生产性服务业拓展到包括乡村各类产业的乡村服务性产业，增加小农户在农业内部的就业机会，探索出"贫困户+合作联社+政府"的联合发展模式。合作联社包括种养殖合作社、土地股份合作社、农机服务合作社、植保合作社、农资供应合作社等不同类型的专业合作社，上述组织共同组成集农业科技服务、市场营销、社会化服务于一体的合作联社，服务于合作社农业生产的产前、产中和产后各个环节，托管、半托管贫困户生产经营相关事务。贫困户既可以单独从事农业生产，享受合作联社提供的服务，也可以加入合作联社获得分红和劳务报酬。政府主要提供市场信息服务、土地经营权流转、信贷保险支撑。完成现代农业的产业链延伸、供给链保障、价值链提升、利益链完善、生态链拓展，为产品品牌塑造以及市场开拓方面为贫困户提供全方位、广覆盖帮助和服务，提升贫困户的产业素质和产业竞争力。

11.4 优化产业扶贫利益联结机制的建议

11.4.1 构建多元化产业扶贫模式

产业发展成果分享要向贫困户倾斜，以签订合同的形式，将扶贫企业、贫困户的权利和义务进行确定。获得授权企业系统设计成果转化应用，在品种推广上，采用与种植企业（合作社）签署品种许可协议及竞争地方政府品种购买服务两种模式。在产业发展上，实行"龙头企业引领、新型经营主体辐射、种植大户跟进、金融保险助力、政府服务保障"多元化发展模式。在助农增收上，创新出"企业为主体、农民获取土地租金+工资收入+二次返利"的新型"1+3"经营模式。管理部门、扶贫干部、合作社、村集体等要发挥中间人作用，提高贫困户发展积极性，增强贫困户对利益联结的认识，鼓励贫困户积极参加扶贫产业各环节经营，促进扶贫企业和贫困户的合作。加强宣传政策教育活动，开展"网络远程教育""农民夜校"以及新型职业农农民等专业技能培训，培养一批掌握新技术、会经营、善管理的乡村能人，同时鼓励大学生、农民工、企业家返乡创业，从事农业生产、经营、管理等工作，引导贫困群众自我发展的积极性，不断提高困难群众的参与度和获得感，形成勤劳致富、积极自主发展产业的良好行为习惯，从而破解产业适度规模发展与乡村能人不足的矛盾。

11.4.2 拓展农旅融合发展模式

在保护生态环境的前提下，注重对特色村寨、物质和非物质文化遗产的保护和传承，加快贫困地区合理有序开发旅游资源，在开发中保护，在保护中开发。突出乡村个性与特色，做好景区的科学规划，通过文化复制、文化移植、文化陈列以及高新技术等手段，融合其他自然生态景观与人文景观，打造一批地域性、民族性、休闲型强的特色小镇、地质地貌公园、森林公园或水体公园等精品旅游区。大力发展休闲农业，积极开发高品质农庄、民宿、农家乐和都市田园，打造一批体验性强的旅游项目，提高旅游产品的参与性与娱乐性。充分将当地的人文风情和民族特色文化融入旅游项目中，通过特色民族文化和民族风情，增加旅游客流量。积极开展旅游扶贫示范行动，推进旅游扶贫示范县、示范乡镇、示范村建设，大力培育旅游扶贫示范户，以"旅游+"拓展农民增收空间，促进旅游扶贫高质量发展。

11.4.3 加快扶贫资源集聚整合

一要创新企业扶贫政策，为企业带动贫困人口通过发展产业实现增收解困提供有力政策支持，促进企业从捐赠性扶贫转变为发展性扶贫，实现企业与贫困群众双赢。二要强化产业扶贫中专业合作组织的作用，提高贫困人口组织化程度，增强贫困人口的自我发展能力。三要加强政府对于贫困地区农产品后端加工储藏、市场营销、品牌创建等方面的支持力度，通过市场驱动种植和养殖的产业选择及规模扩张，避免政府过度介入种养业前端而导致扶贫产业同构和市场缺失等问题。

扶贫资源的分散性和涉农产业资源的分散性特征均极为明显，在精准扶贫的政策导向下扶贫资源到村到户的要求导致产业扶贫项目多、来源广、单个项目资金额度小的资源分散化弊端尤其突出，要做好产业扶贫，必须将分散的资源进行有机整合，而且形成长效化的资源整合制度设计。一方面要在落实"四到县"机制的基础上，从中央和省级层面进一步加强部门资金整合力度，提高扶贫项目、资金合力，通过优化要素组合和产业扶贫资源配置，提高政府扶贫资源的使用效率和效益。另一方面要进一步增强政府扶贫投入的撬动作用，通过设置担保金、风险金以及匹配相应的鼓励政策，引导金融资本、工商资本以及其他社会力量参与扶贫，形成开放化、市场化的要素聚集机制，并利用外部驱动激活原有要素。

（执笔：郭耀辉、李晓、刘强）

第三部分

路径实践

12　四川猕猴桃产业技术创新路线图

四川省猕猴桃产业发展应该以科技创新支撑引领猕猴桃产业供给侧结构改革，以推动猕猴桃产业提质增效和转型升级为着力点，夯实猕猴桃产业"产出高效、产品安全、资源节约、环节友好"的科技支撑，加快猕猴桃产业高质量发展。要加快聚集全球创新资源，全面建成空间布局合理、结构优化发展、资源节约利用、经济效益显著、生态环境友好、具有显著区域特色和核心竞争力的现代猕猴桃生产体系。突出企业主体，"产、学、研"结合，集成"猕猴桃资源、育种、标准化栽培、绿色防控、精深加工、综合利用、商品化处理、贮运、产品质量追溯系统"等涵盖完整的猕猴桃产业技术链。培育支撑延长"猕猴桃良种繁育→标准化种植→猕猴桃绿色防控和安全生产→分选→包装→冷藏→精深加工→废弃物综合利用→现代物流与市场营销"产业链，将综合技术推广到全省猕猴桃产区，发展壮大四川猕猴桃优势特色产业，促进农民增收、企业增效、产业增值。

12.1　猕猴桃种质资源收集及评价体系

在猕猴桃资源收集保存的基础评价的基础上，继续开展在中国四川、湖南、河南、江西、广西、云南、浙江、贵州、陕西等重要野生猕猴桃分布区域收集野生猕猴桃种质资源，在中国、新西兰、意大利、智利、法国、日本、韩国等地区收集品种资源，种质资源材料数量达到2万余份。在资源收集和保存的基础上，系统开展鲜食、加工优良种质资源的评价筛选，病虫害抗性材料的评价筛选，优良雄株、砧木材料的评价筛选等，筛选核心种质资源材料。利用分子标记等分子生物学方面的研究手段，结合对其农艺性状的鉴定，对猕猴桃各种性状相关基因进行分析，构建猕猴桃种质的分子指纹图谱，高效筛选猕猴桃优质特异基因资源，为新材料、新品种创制奠定基础。

12.2　优质猕猴桃新品种选育体系

技术创新路线见图12-1。

12.2.1　鲜食猕猴桃品种育种体系研究

通过对野生猕猴桃资源、杂交后代材料以及创制的猕猴桃新材料的评价研究，从中

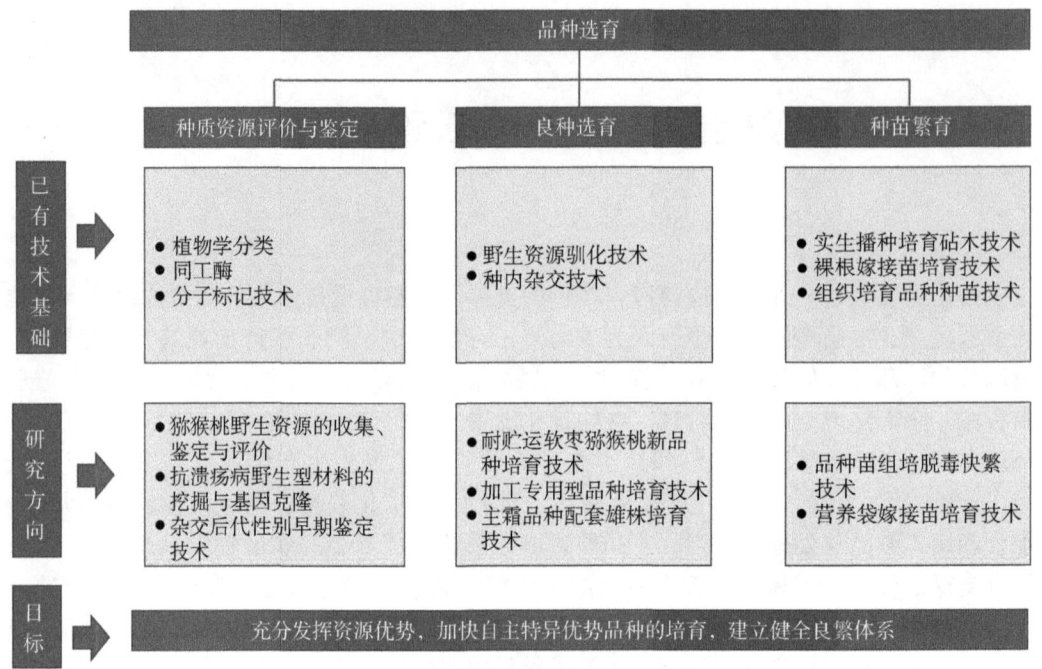

图 12-1 猕猴桃品种选育技术创新路线

筛选色鲜、形佳、果大、高产、味优、抗性强的优良材料培育为红肉猕猴桃新品种，作为红阳猕猴桃替代品种；筛选果肉黄色、果大、产量高、风味优、抗性强、贮存寿命长的优良材料培育为黄肉猕猴桃新品种，培育适合不同气候条件、市场竞争力强的黄肉猕猴桃新品种；筛选果肉绿色、果大、产量高、风味优、抗性强的绿肉猕猴桃新品种，作为海沃特的替代品种。由于猕猴桃为雌雄异株果树，新品种的推出必须配置适宜的授粉雄株，优良的授粉雄株可以与适配品种花期相遇，花量大，且授粉后的果实有较好的果形，因此，根据所培育的猕猴桃新品种的花期和花粉亲和力等特性，筛选培育适宜的配套雄性品种，以保障新品种在生产栽培种优良特性的表现。

12.2.2 加工专用品种育种研究

随着猕猴桃产业的发展，猕猴桃精深加工是必须构建的重要技术环节，但目前尚无猕猴桃加工专用品种的推出和贮备，因此"国家工程技术研究中心"将针对猕猴桃精深加工产品的开发需要，进而筛选培育适宜加工的猕猴桃专用品种，如：用于生产果汁饮料和天然维生素 C 产品的高维生素 C 猕猴桃新品种，用于加工猕猴桃果仁油产品的猕猴桃种子量多的新品种等。培育加工专用品种。

12.2.3 病虫害抗性品种育种研究

大范围筛选抗猕猴桃溃疡病的抗性材料，并进一步培育成为抗性新品种是目前国际猕猴桃育种研究领域的新方向。通过对我们收集保存的猕猴桃野生资源和创制新材料开展抗性活体筛选试验，对获得的具有抗性的优良材料进行田间抗性试验，将最终筛选获得的抗性材料用于培育成为猕猴桃抗溃疡病新品种，或杂交亲本材料，或用于培育抗溃疡病砧木品种。同时开展猕猴桃介壳虫抗性新品种培育研究，以及猕猴桃生产中其他具有危害的病虫害抗性品种研究。

12.2.4　优良砧木品种及特异新品种选育研究

现有砧木多为中华猕猴桃和美味猕猴桃种子的混合实生砧木，尚未实现良种良砧的固定搭配，对抗病虫、抗旱、耐渍、耐寒等优良砧木品种的筛选及其无性繁殖更是空白。苹果、梨、柑橘、葡萄等树种砧木的研究利用较深入，通过生产证明砧木对接穗品种的早结果、丰产，改善品质和提高抗逆性都有较大的作用，选择合适的无性系砧木，可减少植株间的变异，控制树体营养生长势，促进幼树增大花量，提高果实产量，增强对不同土壤类型的适应性，甚至提高抗性。通过嫁接不同砧木，对选育的新品种的生产栽培表现进行研究，筛选适合的无性系砧木，实现良种良砧的固定搭配。

12.2.5　猕猴桃分子遗传育种研究

定位、克隆与红肉、高维生素 C、抗病虫和抗逆基因等，构建猕猴桃新种质，为猕猴桃遗传改良准备基因资源和提供理论指导，建立猕猴桃基因技术平台，探索猕猴桃高效育种新方法，构建其高效育种技术创新体系。利用染色体研究技术方法，通过人工诱变染色体加倍开展猕猴桃倍性育种研究，为猕猴桃育种创制不通倍性的新材料，探讨和研究不同倍性材料之间表现型差异机理，建立猕猴桃倍性育种研究体系。开展猕猴桃种间杂交育种，胚培养等，进一步选育观花、观果的新品种提供了极其有价值的材料，从而建立猕猴桃种间杂交育种研究体系。

12.3　高效安全生产技术体系

12.3.1　标准化栽培配套技术研究

（1）新品种生态适应性研究。开展猕猴桃新品种区域化试验，研究不同新品种的生态适应性和经济价值，从成活率、保存率、生长特性、果实特性、适应性等多个方面系统研究不同地区、不同品种的适应性特点和差异规律，为不同地区推荐适宜栽培的猕猴桃。

（2）新品种田间栽培技术研究。利用果树栽培生理学方面的知识和研究手段开展猕猴桃新品种（系）树体生物学性状研究，营养与植株生长的关系研究，营养与花果生长的关系研究，光照、温度、湿度等自然条件与植株生长的关系研究、病虫害对植株的生长影响研究，植株营养生长与生殖生长关系的研究等，为制定猕猴桃新品种标准化栽培提供原理，从而制定合理、高效的猕猴桃新品种配套标准化果园栽培管理技术。

（3）四川猕猴桃生态区划研究。根据果树生态适应性理论，在全省不同生态区开展定点定位观测和栽培实践调研，调查四川猕猴桃野生资源集中分布区和现有优质栽培区的主要生态因子，并将其与国际猕猴桃代表产区（新西兰 TePuke 镇）进行比对，从众多生态因子中共筛选出与猕猴桃生长发育、产量品质形成最密切的指标，结合猕猴桃生长发育特点及其对生态条件的要求，研究四川猕猴桃生态区划指标体系，制定四川猕猴桃生态区划，为四川省猕猴桃产业的合理布局，健康稳定发展提供科学依据。

（4）猕猴桃现代良种繁育体系研究。通过建立新品种良种母本园、网室无病虫害母本采穗圃、砧木苗培育温室和猕猴桃营养袋苗培育圃，开展猴桃现代良种繁育技术体系研究，保证苗木品种纯度高、成活率高、不带病虫害、根系发达、芽体饱满。

（5）高标准改土建园技术研究。通过充分调研四川猕猴桃主产区立地条件（如土壤结构、质地类型、养分状况、降水量），对不同建园方式（如对植株长势、产量、品质以及机械化管理的影响）利弊进行研究，建立适用于不同立地条件的改土技术、授粉树配置技术及合理的种植密度、苗木定植技术、棚架搭建技术。

（6）高效管理关键技术研究。针对树形培养方式较随意，猕猴桃授粉效率低，套袋结果不好，肥水管理不到位等现状，开展树形快速培养、花果高效管理、肥水高效管理、适合不同季节、不同生态条件的栽培管理技术研究，为四川省猕猴桃高产优质奠定重要基础。

12.3.2　病虫害诊断、预警与防控技术研究

（1）猕猴桃病虫害诊断识别、监测预警。对猕猴桃生产中主要病虫害在猕猴桃生长的各个部位（叶、果实、根部、枝干等）的症状特征和虫害的个体特征进行研究和系统整理，构建猕猴桃主要病虫害咨询诊断系统，以便指导猕猴桃生产中病虫害的识别。通过田间调查，结合实验室病虫害培养研究，总结和归纳猕猴桃病虫害发生时间、世代更替以及与气象的关系，发生期、发生量以及天敌控害的作用，并作出发生期、发生量、发生地的准确预报，建立猕猴桃病虫害监测预警体系，利用现代防控技术对病虫害实施统防统治，达到防灾保产，维护生态平衡的目的。

（2）猕猴桃病虫害绿色防控工程技术研究。拟从生态学的总体观念出发，按照病虫害发生发展规律及与它相关的环境条件，综合应用适当的技术与方法，把病虫害控制在经济受害水平之下，达到高产、优质、高效的目的。主要研究内容：加强植物检疫，防止危险性的病原及害虫进入未曾发生的新区；培育无病虫的苗木，开展猕猴桃脱毒种苗的生产和推广使用；以生态系统中的自然控制力量为基础开展病虫害综合防控研究，尽量采用多种防治方法，合理使用药剂，允许病虫害在经济受害水平下存在；研究、筛选适合猕猴桃生产的高效、低毒、低残留农药和选择性药剂，研究最佳施药时间、最佳药剂用量、最安全间隔期等，为猕猴桃产业化提供有效的病虫害防控指导及技术措施；研究、推广使用生物农药进行有效防控；研究生态平衡、环境安全、猕猴桃产业经济效益之间的关系和平衡点。

12.3.3 溃疡病综合防控技术研究

在四川地区开展猕猴桃主产区溃疡病调查，系统研究四川省猕猴桃溃疡病的发病程度、发病条件、发病规律及溃疡病传播途径，分析各种因素对其病害之间的联系，结合调查结果和气象资料，建立溃疡病发病程度与温湿度关系模型，为猕猴桃新产区种植提供理论依据；对溃疡病病原菌进行分离、鉴定和致病力测定，对不同产区具有代表性的溃疡病菌株进行Rep-pcr聚类分析，研究其多样性；通过筛选拮抗菌，研制能够有效防治溃疡病、不产生抗药性、只针对靶标病原而不伤害其他有益生物、无农药残留、无毒无污染的新型微生物资源农药。根据品种抗性差异、溃疡病生物学和传播特性，结合四川猕猴桃现有生产水平，坚持"预防为主，综合防治"的原则，对未发现溃疡病果园进行分子监测，加强检疫预防措施；对已发生溃疡病的果园，根据发生情况，组建以农业防控措施为基础，降低病源基数，阻断传播途径为关键，化学、物理、生物、环境措施相结合的绿色综合防控技术措施。

12.3.4 果品安全生产与质量控制技术研究

开展猕猴桃果品质量安全检测、质量安全监测预警与控制等技术研究，制定猕猴桃果品质量安全行业标准，建立猕猴桃货品质量安全标准体系和溯源技术体系。开展土壤重金属与猕猴桃生长关联性研究、重金属污染、农药及化学肥料污染风险评估研究；在猕猴桃生产中开发和推荐使用高效缓释肥料、商品有机肥、环境友好新型农药、生物农药、高光效可降解型农膜等绿色新型农业投入品，为猕猴桃安全生产提供物质保障，建立猕猴桃绿色生产技术体系。标准化栽培技术创新路线见图12-2。

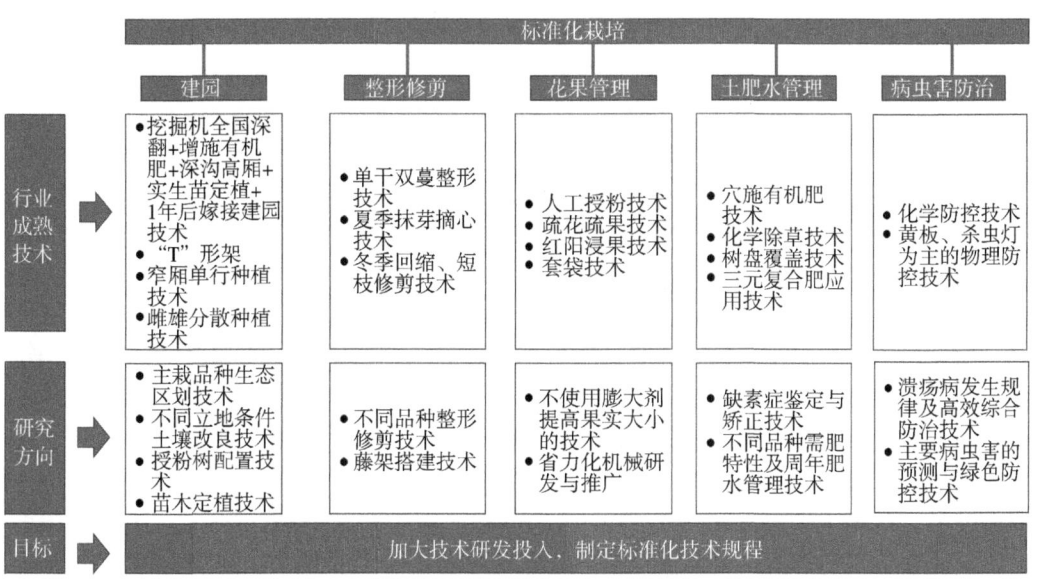

图12-2 猕猴桃标准化栽培技术创新路线

12.4 深加工与采后商品化处理体系

12.4.1 精深加工和资源综合利用工程技术研究

集成研究转化猕猴桃发酵果酒、猕猴桃发酵果醋饮料、猕猴桃果汁饮料、天然猕猴桃抗坏血酸咀嚼片、猕猴桃籽油胶囊、猕猴桃果浆冻干片等技术，实现规模化生产，有效延长猕猴桃产业链，促进猕猴桃产业发展、农民增收、企业增效（图12-3）。

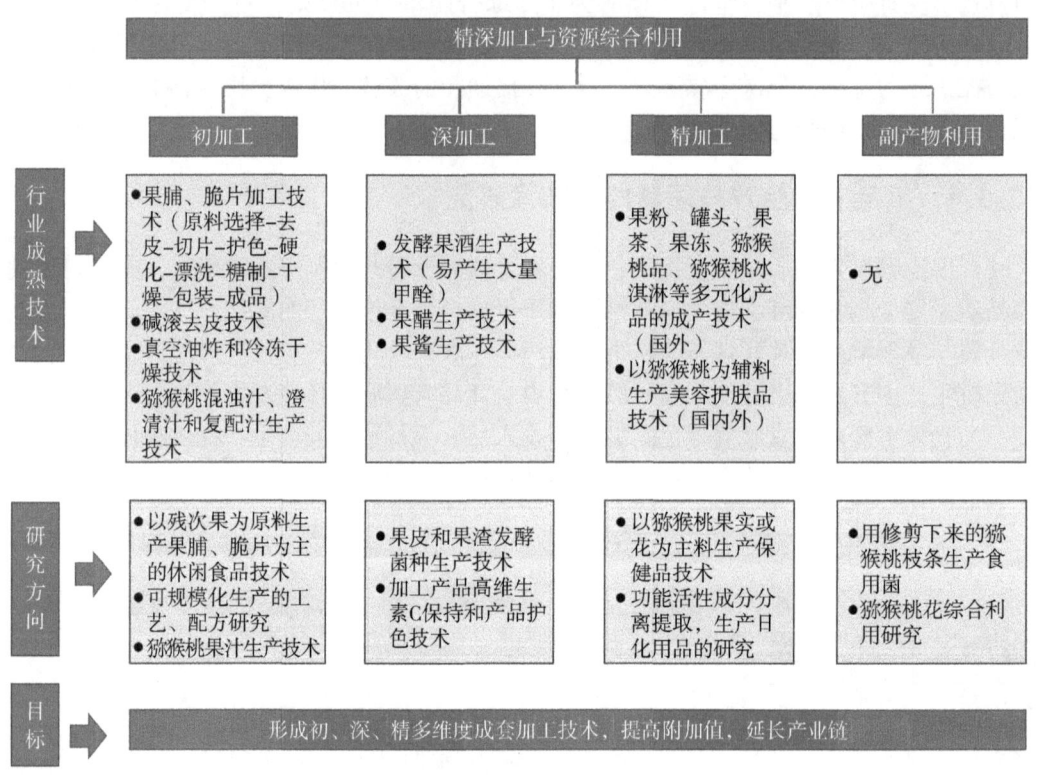

图 12-3　猕猴桃精深加工与资源综合利用

创新研究和制定猕猴桃加工原料质量标准，加工过程中保存猕猴桃天然营养成分、色泽和风味，对加工过程中保存猕猴桃天然营养成分、色泽、风味等关键技术进行攻关，深度挖掘猕猴桃润肠、消炎、抗氧化等保健功能，研发适合市场需求的健康产品。

开展猕猴桃资源（包括果实、种子、枝、叶、根）功能活性成分分离提取，生产保健食品和日化用品的研究。

对修剪下来的猕猴桃枝条、猕猴桃雄花等进行综合利用研究，延长猕猴桃产业链，提高猕猴桃种植综合效益。

12.4.2 采后商品化处理工程技术研究

建立猕猴桃感官评价体系，对培育获得的猕猴桃新品种（系）进行感官评价；对新品种（系）进行采后贮藏寿命与果品质量关系研究、猕猴桃贮藏期病害发生情况研究、猕猴桃采后包装与果品质量关系研究、猕猴桃货架期与品质变化关系研究、猕猴桃可食化研究、猕猴桃保鲜技术研究等，建立果实感官评价模型，为猕猴桃新品种（系）的商业推广提供贮藏、包装、运输、销售时间等方面的基础科学数据。

12.4.3 安全销售及食用技术体系研究

瞄准果品批发市场、超市和消费者3个关键环节，开展果品安全转送、安全摆架、安全销售等技术及配套条件研究，建立猕猴桃可视化食用快速检测技术，保证消费者能在果品最佳安全期、最丰营养期食用。详见图12-4。

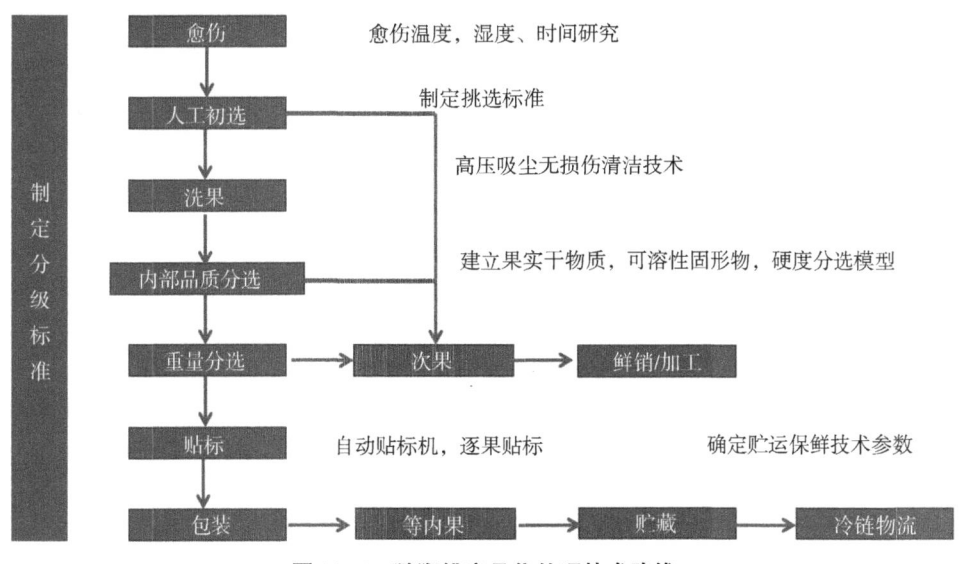

图12-4 猕猴桃商品化处理技术路线

12.5 "互联网+"信息化开发平台体系

12.5.1 "互联网+猕猴桃产业"技术服务模式研究

在"互联网+猕猴桃产业"创新模式中，互联网通过IT技术，突破时空限制实现随时随地互联互通，从而大大促进了猕猴桃产业相关政策、资源、技术知识、市场经济、人才、推广管理等各方面信息的有效传递，解决了各种信息不对称问题，不仅能为更多的猕猴桃种植户提供技术支持与服务，也能有效对接产品的供求市场，解决传统生产模式中因信息不畅而导致滞销等问题。

12.5.2 猕猴桃生产全程可追溯管理系统研究

建立从"田间到餐桌"的产品质量追溯体系,包括产品追溯信息采集系统、产品可追溯查询系统、视频监控可视化追溯系统、公司质量问题反馈系统等。按照订单农业的整体设计,用互联网手段,将生产、分选、物流、销售等环节的信息通过互联网与消费者进行分享,为消费者提供安全、高品质的品牌农产品。

12.5.3 互联网物流交易平台和电子商务平台研究

建立猕猴桃产业链互联网物流交易平台。建立基于互联网技术和物流配送系统的大型果品交易集散中心,以果品批发交易为核心,涵盖加工、配送、仓储、物流、进出口贸易、通关、商检、标准化拍卖、金融等增值服务的综合服务平台,将集储运、批发、交易、拍卖等多种功能,依托互联网数据,实现实时行情交易。创立多形式猕猴桃电子商务平台。加速推进猕猴桃品牌化模式,创立多形式猕猴桃电子商务平台。

12.5.4 大数据为基础的市场预测分析及产品开发研究

将猕猴桃的生长情况全程监控,有效了解猕猴桃上市时间、对接商超、预期收益等。同时,还可以通过大数据和云计算进行猕猴桃周期的预测,利用云计算、大数据对庞大的数据进行研究、分析、判断,研究出一个模型,建立信息系统,对行情的走向进行有效预估和预警,降低猕猴桃周期对企业和农民的影响。

(执笔:李明章、王永志、李晓、郭耀辉等)

13 四川猕猴桃产业可持续发展路径

13.1 新西兰猕猴桃发展路径借鉴

13.1.1 新西兰猕猴桃产业概况

新西兰位于太平洋南部,猕猴桃的主产地普伦提湾属于山少且低的地区,2013—2016年新西兰平均年产量40万余t,单位面积产量为1.43 t/亩,是世界平均单位面积产量的1.36倍,也是单产最高的国家。新西兰猕猴桃大部分用于出口,是主要的出口国之一。品种方面,新西兰猕猴桃产业的主推品种经历了绿肉海沃德、黄金果Hort16A、阳光金果Gold3的过渡。目前,新西兰绿果种植面积占总面积的80%,金果占15%,有机绿果占5%。

13.1.2 新西兰发展路径借鉴

(1) 高标准、规范化的生产种植。猕猴桃的培育除了有良好的品种外,还需要高标准、规划性的生产。从种植、采摘、分拣、包装到运输和贮藏的整个过程都需要实施极严格的产品质量跟踪检测和现场管理。新西兰的猕猴桃产业分工与合作高效统一,农场都拥有自己的产品基地,加工厂拥有包装生产线、自动机械选果车间,从生产到配售的各个环节都形成了高度统一又运转有效的系统。猕猴桃的生产区都分成棋盘式的小格子,每个小格子均为生产小区。小区四周都建造有防风墙,由单行密植的松树形成。通过机械修剪整形后,防风墙没有散开的树冠,只有主干和茂密的枝叶,既不影响猕猴桃的生长,又能起到防风减灾的作用。

(2) 重视技术研发与创新。栽培技术不断完善和发展新品种是果业发展的重要基础。新西兰十分重视收集、引进、研究和利用外国的种质资源。猕猴桃原产中国,在中国现有的60多种猕猴桃资源中,新西兰就引进了20多种。"Zespri"公司成立后,以"市场导向、顾客引领"原则,每年不惜重金对消费者在口味、大小、品种和成熟度的需求进行市场调研,根据不同市场消费者消费需求及其偏好的差异,开发出不同的品种。再者,果农、政府和公司共同参与投资,在一些商业果园安装了17个气象站。果农可用气象数据借助寒冷模型预测萌芽时间、开花质量等信息,还可通过其他模型预测采收时果实大小等实际问题。在产业满足差异化市场需求的驱动下，新西兰猕猴桃领域取得了一系列创新成果，如形成了 Kiwi Green 体系、Taste Zespri 体系等。

（3）成立行业委员会，统一全球销售。提高产业集中度，有效遏制恶性价格战。新西兰政府引导成立行业委员会，统一的全球销售，应对"恶性竞争"。行业委员会独立于政府机构之外，代表公众利益。一旦某产业发育到一定阶段，并出现"价格战"现象，行业委员会就开始整合产业组织，促进企业与企业、合作社与合作社进行兼并重组，并不断形成一个大型产业联盟。新西兰成立了垄断市场的营销机构——Zespri。制定严格的标准，从选址、建园、栽培管理、物流、销售等一系列环节进行技术支持与全程把控，通过雄厚的经济实力和国际影响力向海外扩张，管理出口市场，并提供有针对性的促销支持。使用品牌来区分不同产品的质量，给不同的市场分配不同的产品、规模和质量。因此，新西兰就能一直为其猕猴桃产品生成价格溢价。

（4）开发深加工系列产品。猕猴桃的维生素含量高，极富营养价值，除食用外，其深加工系列产品具有诱人的市场前景。目前新西兰已开发出的猕猴桃深加工系列产品有：①食用类，包括糖果、巧克力、饼干、酒、果酱、茶、干片等；②化妆品类，包括面霜、护肤油、痱子粉、洗面奶等；③洗涤类，包括肥皂、洗发液、沐浴液等。其产品色泽保持果品原色，气味芬芳，包装精美。借助新西兰的猕猴桃产业出口链销往世界各地，产生新的利润。

13.2 陕西省猕猴桃发展路径借鉴

13.2.1 陕西省猕猴桃产业概况

13.2.1.1 陕西猕猴桃生产概况

一是自然条件优越，生产规模逐年扩大。陕西省位于我国内陆，是典型的大陆性季风气候区，以秦岭为界，陕西南部属亚热带湿润季风气候区，北部属温带半干旱季风气候区。陕西省的猕猴桃产业主要位于陕西省的秦岭北麓冲积扇和渭河南岸地区，这个地区年平均气温在14℃，年降水量保持在 650 mm 左右，日照充足，土地肥沃且富含猕猴桃生长所需的微量元素。正是因为陕西省具有水、土、阳光、气候等优越的自然条件和生态环境，才使得陕西省的猕猴桃闻名于全国。

近年来，陕西省猕猴桃产量和种植面积在逐年增长，如图 13-1 所示，是陕西省 2000—2016 年猕猴桃生产状况变化情况，其中包括猕猴桃产量和年末猕猴桃园面积两个指标。从图 13-1 中可以看出，陕西省的生产呈现两个阶段的变化特征：第一个阶段是 2000—2005 年，这 5 年之间陕西省猕猴的产量虽然在增加但增长幅度很小，陕西省的猕猴桃种植面积基本不变，且在 16.10 千 hm^2 的水平上下波动；第二个阶段是 2006—2016 年，在这期间陕西猕猴桃产量随着陕西猕猴桃种植面积呈现大幅度上升趋势。根据《中国猕猴桃产业发展研究报告 2017》可知，2016 年陕西省的猕猴桃产量已突破 130 万 t，达到 131.25 万 t。

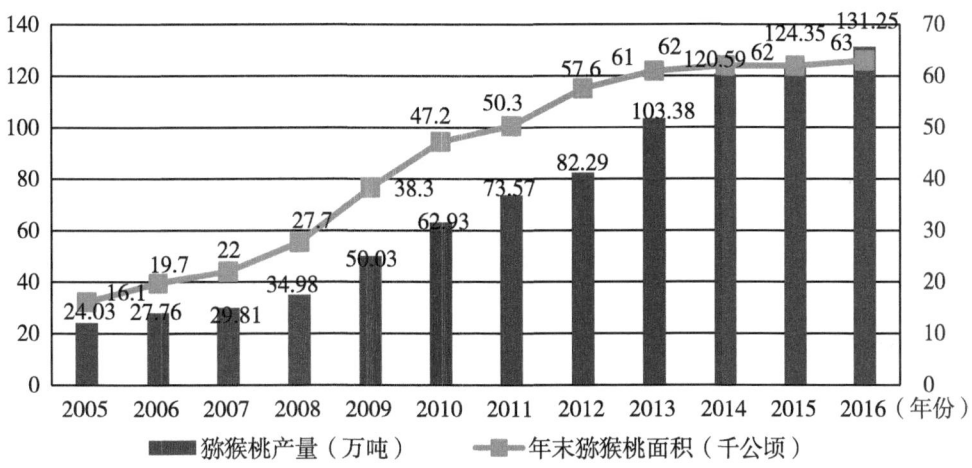

图 13-1　2000—2016 年陕西省猕猴桃生产规模变化情况

二是科技支撑强，猕猴桃品种不断丰富，产品质量不断提升。一方面，陕西省早在 2003 年就成立了陕西省果树良种苗木发育中心，并先后在全省范围内建立了 4 个分中心和 5 个种苗基地，形成了"中心+分中心+基地"的苗木繁育体系，实现了主要果树苗自给。随后陕西省出台了《猕猴桃苗木标准》并制定了相应的操作规程和规范，进一步提高了猕猴桃苗木质量。另一方面，陕西省政府当地科研机构合作，形成以各地实验站为主体的果业研发体系，不断研发和培育新的猕猴桃品种，目前陕西省的猕猴桃品种丰富，主要以秦美、海沃德等晚熟瓶中为主（表 13-1）。

表 13-1　2016 年陕西省猕猴桃主要生产基地以及主要种植品种

主要基地	主要种植品种
周至	秦美、亚特、海沃德、西选二号、红阳、金香、徐香
眉县	海沃德、红阳、金香、徐香
武功	秦美、徐香、红阳、金艳、翠香、华优、海沃德

数据来源：《中国猕猴桃产业发展报告 2017》

三是猕猴桃园设施设备得到改善。在猕猴桃园水利设施建设上，陕西省加强与水利部门合作，通过加强对猕猴桃园区灌溉水源（如机井）、配套的输水管网、沟渠以及水肥一体化等的水灌溉设施的建设，使猕猴桃产业发展很大程度上突破了水的制约。在猕猴桃园地力提升上，陕西省因地制宜地推广了"畜—沼—果"生态循环模式，即在猕猴桃园区大力发展畜牧业，同时实施沼气池配套建设项目，利用畜牧养殖为猕猴桃的生产提供源源不断的有机化肥。在猕猴桃园作业机械化程度的推进上，陕西省以企业为主体，充分利用国家农机具购置补贴，多渠道筹集资金，并积极鼓励和支持猕猴桃园购置高效的、耗能低的、安全可靠的中小型组合式农机具，如割草机、喷药弥雾机、升降机等。在近几年的推进中，陕西省猕猴桃产业地面作业环节机械化率不断提高，修剪等环节基本实现半机械化。

13.2.1.2 陕西省猕猴桃产业加工、贮藏和运输环节发展概况

一是猕猴桃鲜果采摘后加工、深加工进一步发展。在猕猴桃鲜果采后初加工水平提升上，陕西省实施了"果品采后商品化升级项目"，支持相关家庭农场、合作社、果农大户提升和完善猕猴桃采后初加工生产线，使陕西省猕猴桃产业在采后初加工环节逐渐形成了满足需求的采后商品化处理能力。在此基础上，陕西省以猕猴桃产业加工的龙头企业为主导，依托西北农林科技大学等研究机构，采取政府扶持、新型经营主体建设、农业部门技术指导和服务的方式，改善猕猴桃初加工技术设备，提升猕猴桃产地初加工水平。

在猕猴桃鲜果采后深加工水平提升上，一方面，陕西省鼓励猕猴桃加工的龙头企业与科研单位合作，以市场为导向，不断研发出猕猴桃果冻、猕猴桃果奶、猕猴桃果子油等优新深加工产品，丰富深加工产品种类；另一方面，以浓缩猕猴桃果汁、猕猴桃果脯等为重点，发展传统猕猴桃深加工。详见表13-2。

表13-2 陕西省主要猕猴桃基地对应的主要加工企业

主要基地	主要企业
周至	周至县华茂果业专业合作社；周至县兴群猕猴桃专业合作社；周至县万嘉兴果业专业合作社；西安市红旗苗木专业合作社
眉县	陕西宝鸡眉县奇异果果脯加工企业；陕西眉县猕猴桃果脯对外加工企业；陕西果维美猕猴桃深加工有限公司；陕西海通果业有限公司；陕西猕猴桃果脯加工企业
武功	咸阳旭日现代农业有限公司；武功县五丰猕猴桃专业合作社；陕西绿意隆农林发展有限公司

数据来源：《中国猕猴桃产业发展报告2017》

二是冷链贮运建设加强，储运水平得到提高。陕西省为实现主要果品季产年销的冷库贮藏能力，利用信息技术和现代气调技术对原有冷库进行改造提升，加强冷藏设施规范化建设，在猕猴桃主要生产基地所出区县建设中大型猕猴桃气调库或机械冷库群。同时，建立猕猴桃贮藏管理规范，加强对冷库管理人员的培训与考核，进一步保障了陕西省猕猴桃冷库运行安全性和管理质量。在猕猴桃冷链运输方面，陕西省建设以冷藏运输车为主、以网点冷藏为辅的鲜果冷链物流体系，在陕西猕猴桃主要销售地区建立具有集中采购、跨区域配送能力的现代化猕猴桃配送中心，增强陕西省猕猴桃产业的跨区域运销能力。陕西省也鼓励各级猕水果连锁超市、批发市场、储运营销企业和合作社建设相应冷链物设备设施，形成以第三方冷链物流龙头企业为主导，以猕猴桃主产区的物流企业为骨干，以区内猕猴桃交易物流中心的实物和电子交易为核心，以其他果品大型商贸流通综合市场为节点的果品交易系统，建成辐射陕西省内外的冷链物流网络体系，实现产销市场冷链物流的高效对接。陕西省还通过研发与推广相应的冷藏技术和移动式冷却等冷藏装备，使陕西省猕猴桃产业储运技术规范得到强化，使陕西省猕猴桃产业储运技术水平不断提高。

13.2.1.3 陕西省猕猴桃产业营销环节发展概况

"请进来，走出去"战略一直是陕西省长期实施的发展战略。从国际市场发展情况

分析，近几年陕西省对于国际市场的拓展具有一定的成效，2001年、2002年陕西省部分猕猴桃鲜果开始走向泰国、越南和俄罗斯等国外地鲜果销售市场；2003年，陕西省通猕猴桃出口量达到2 000 t，边贸销售达到1 000 t。在2004—2012年阶段，陕西省猕猴桃出口呈现逐年递增的趋势，主要出口欧盟、俄罗斯、加拿大和东南亚等国家和地区。从国内市场来看，陕西省猕猴桃营销主要利用各种商品展会对猕猴桃进行直销，近年来陕西省猕猴桃的市场覆盖率一直保持了一个相当高的水平，其中有30%左右的猕猴桃销售市场集中于如广州、南京、上海、武汉等南方市场，而有70%左右的猕猴桃销售市场集中于如哈尔滨、北京、天津、长春等的北方市场。总之，陕西的国外猕猴桃销售市场扩大，国内销售市场覆盖率很高。

13.2.2 陕西猕猴桃产业发展路径

根据《陕西省现代果业发展规划（2015—2020）》，陕西省针对整个果业制定了全产业链战略、转型升级战略、全球化战略、可持续发展战略以及品牌化战略五大发展战略，猕猴桃产业作为陕西省果业的"两个拳头"之一，毫无疑问成为陕西省果业建设和发展的重点。本章节将从陕西省猕猴桃产业上游、中游和下游3个环节进行发展路径的分析。

13.2.2.1 陕西省猕猴桃产业上游发展路径分析

猕猴桃产业上游主要指的是猕猴桃生产阶段，陕西省猕猴桃产业上游通过优化产业布局和品种构成、改善生产条件、构建新型经营体系以及重视果品的质量安全，实现陕西猕猴桃产业在生产阶段高质量地发展。

（1）优化产业布局和品种构成。陕西省以秦岭为界，其南北地区的气候差距较大，陕西省通过实施陕西猕猴桃产业带"东扩南移"战略，缩减不适宜和欠适宜猕猴桃种植区的猕猴桃种植面积，将猕猴桃种植区向适宜区域与优生区域集中，形成以周至、眉县为核心区域的"秦岭北麓猕猴桃产业带"和以城固县为核心区域的"陕西猕猴桃基地"。在品种构成上，秦岭北麓猕猴桃产区出产的猕猴桃更加美味，因此，陕西省在扩大中晚熟品种种植面积的基础上，适度搭配早熟新优品种的种植，控制秦美品种种植面积；秦岭南麓猕猴桃产区重点扩大中晚熟猕猴桃品种种植面积，适度搭配晚熟猕猴桃品种种植。

（2）改善生产条件。陕西省与当地的科研机构合作，通过成立了陕西省果树良种苗木发育中心，并形成了"中心+分中心+基地"的苗木繁育体系，不断提高了猕猴桃苗木质量；通过改善猕猴桃生产园区的基础设施设备、改造老猕猴桃园区和加快猕猴桃生产标准制定，使猕猴桃产业园更加标准化和规范化；通过因地制宜的发展"畜—沼—果"生态循环模式、完善水利基础设施建设和推进猕猴桃生产作业机械化，猕猴桃生产园区得以破解水利、地力的制约，猕猴桃的生产更加高效。由此实现陕西猕猴桃产业由粗放型生产向集约型生产转化。

（3）构建新型猕猴桃产业经营体系。新型农业经营体系是指大力培育发展新型农业经营主体，逐步形成以家庭承包经营为基础，专业大户、家庭农场、农民合作社、农业产业化龙头企业为骨干，其他组织形式为补充的新型农业经营体系。以前陕西省猕猴桃产业以小农户经营为主，合作组织发展处于初级阶段，虽然猕猴桃合作社数量较多，但生产规模较小，缺少有实力的龙头企业，因此发展属于分散兼业型。陕西通过对猕猴桃家庭农场、专业猕猴桃大户、猕猴桃专业合作社等新型农业经营主体的大力培养，构建新型猕猴桃产业经营体系，推动陕西猕猴桃产业发展向规模专业型转化。

（4）重视质量安全。陕西省在加强标准化生产的同时，通过完善"三品一优"技术规范和标准体系、规范化投入品规范化管理、健全产地环境质量监管制度机制、强化体系能力，加快建立猕猴桃果品质量追溯体系，使陕西的猕猴桃得到从猕猴桃果园到销售市场的全过程质量管理，真正做到"源头严防、过程严管、后果严惩"，为陕西省猕猴桃产品质量做到优质、安全、放心提供保障。

13.2.2.2 陕西省猕猴桃产业中游发展路径分析

猕猴桃产业中游主要包括猕猴桃采后加工阶段、贮藏阶段和运输阶段，为陕西省这一阶段发展路径总结。陕西省猕猴桃产业中游发展主要是以培育和扶持猕猴桃加工、运输的龙头企业为主导，通过强化猕猴桃采摘加工环节、完善相应的冷链贮运体系，实现这一阶段猕猴桃产业集聚。

（1）强化猕猴桃采后加工。猕猴桃产业采后加工环节一直是产业发展的"短板"，加工技术工艺较为落后、规模较小，深加工产品单一、附加值较低，导致陕西省猕猴桃加工产品市场竞争力较弱。在猕猴桃采后初加工阶段，陕西省通过实施猕猴桃采后商品提升项目，完善猕猴桃采后初加工生产线，改善初加工的技术设备，从而形成一定的猕猴桃采后商品化能力，提高猕猴桃产业初加工水平。在猕猴桃采后深加工阶段，陕西省在以市场为导向的基础上，鼓励相应的龙头企业与当地科研单位合作，不断研发附加价值高的深加工产品，丰富深加工产品种类，提高陕西省猕猴桃加工产品的市场竞争力。

（2）完善冷链贮运。猕猴桃作为生鲜类产品，储藏和运输是产业发展中重要环节之一。陕西省在研发新的冷藏技术的同时在猕猴桃生产基地县建设大中型的储藏库或冷库，使猕猴桃冷藏能力增强，并建立了猕猴桃贮藏相关管理规范，培训冷库专业技术人员，提高冷库运行安全。在冷链物流体系建设上，一方面大力发展"以冷藏运输车为主，以网点冷藏为辅"的冷链物流体系，并在陕西猕猴桃主要销售地区建立具有集中采购猕猴桃、跨区域配送能力的现代化猕猴桃配送服务站，增强陕西省猕猴桃产业跨区域运销能力；另一方面，培育第三方冷链物流服务企业，实现产销市场冷链物流的高效对接。

13.2.2.3 陕西省猕猴桃产业下游发展路径分析

猕猴桃产业下游主要是指猕猴桃销售阶段，为陕西省这一阶段发展路径总结。陕西省猕猴桃产业下游主要是走信息化道路，通过生产、经营和管理3个环节的信息化建设，提高猕猴桃产业主管部门在生产决策、优化资源配置、指挥调度、信息反馈等方面的能力和水平，使陕西猕猴桃产业在销售阶段更具有针对性。

在猕猴桃产业下游，以各阶段信息化平台建设为主。①在生产阶段，一方面通过三维立体地理信息技术和传感器技术等先进技术的应用，加强了各个生产环节的规范化，为科学决策管理提供支持能力；另一方面通过开发建立"果网"综合信息门户，将相关的猕猴桃企业、合作社、家庭农场、产业大户用网络连接起来，实现实时反映猕猴桃产业、加工、流通、价格信息，为猕猴桃买家提供快速便捷的服务。②在经营阶段，主要通过鼓励企业、果商、内容服务提供商和金融服务机构相互协作，建设猕猴桃电子商务平台，不仅为大批量采购猕猴桃的企业提供快速的服务，而且能够接受散户订单，增加了猕猴桃的销路。③在管理阶段，通过建立猕猴桃产品质量安全监测信息平台，实现监测数据即时采集、加密上传、智能分析、质量安全状况分类查询、直观表达、风险分析和监测预警等功能，为政府加强有效监管，消费者能够买得放心、吃得安心。

13.3 四川猕猴桃产业可持续发展路径

通过对猕猴桃产业发展现状、国内外先进地区猕猴桃产业发展路径以及四川省猕猴桃产业的发展现状的梳理，将猕猴桃产业的市场需求、生产和销售服务3个环节与"信息化技术"相结合，整合新经济下的新产业链，从四川省猕猴桃产业的上游、中游和下游构建四川省猕猴桃产业的发展路径，推动产业实现高质量、可持续发展。其中，上游不断优化产业布局和品种结构、加快优质生产基地的建设、构建新型经营体系、增加研发投入以及人才的培养；中游以龙头企业为主导，提高采后加工水平，完善冷链贮运建设；下游加快全产业进信息化的建设，推进猕猴桃产业销售的全球化布局。

13.3.1 四川猕猴桃产业可持续发展上游路径

四川省猕猴桃产业上游主要是指四川省猕猴桃的生产环节，如图13-2所示，为这一阶段四川省猕猴桃产业的发展路径。四川省猕猴桃产业上游应通过优化产业布局和品种构成、建设优质生产基地、构建新型经营体系、增加研发投入以及重视人才培育，实现四川省猕猴桃产业在生产阶段高质量地发展。

（1）优化产业布局和品种构成。根据四川省各地区的自然条件，结合猕猴桃生物学特征，四川省应适当的减少不适宜猕猴桃种植和低猕猴桃产率的产业区的面积，将四川省猕猴桃产业区向秦巴蜀、龙门山、盆周地区、凉山地区等优生区域集中，建立以上述四大产业带为主的特色优势种植区，形成"中心辐射带动周边地发展"的猕猴桃产业上游发展模式，实现四川省猕猴桃产业布局的优化。在优化猕猴桃品种构成方面，主打红肉品种，巩固四川红心猕猴桃的竞争优势，适当搭配黄肉品种和绿肉品种，在全省范围的红肉、黄肉和绿肉品种的猕猴桃种植结构形成5:3:3的种植比例。在这个基础上，推广早熟和晚熟的猕猴桃品种的种植，形成产区错位、时间错季的发展新格局。与此同时，四川省还需要加大优质、高产和高抗的红肉、黄肉、绿肉猕猴桃品种，特别是抗溃疡病但口味好的猕猴桃品种的研发和培育，满足溃疡病高发的猕猴桃产区的需求。

（2）建设优质生产基地。一方面，四川省应该继续加大猕猴桃产地基础设施设备建设投入，在建立新优猕猴桃生产基地的同时对老旧猕猴桃产区生产条件进行改造，实施田型调整、田间排灌、农业节水等工程，实现猕猴桃生产基地的标准化建设；另一方面，四川省应该鼓励猕猴桃生产基地与科研机构合作，在生产种植技术上进行不断的创

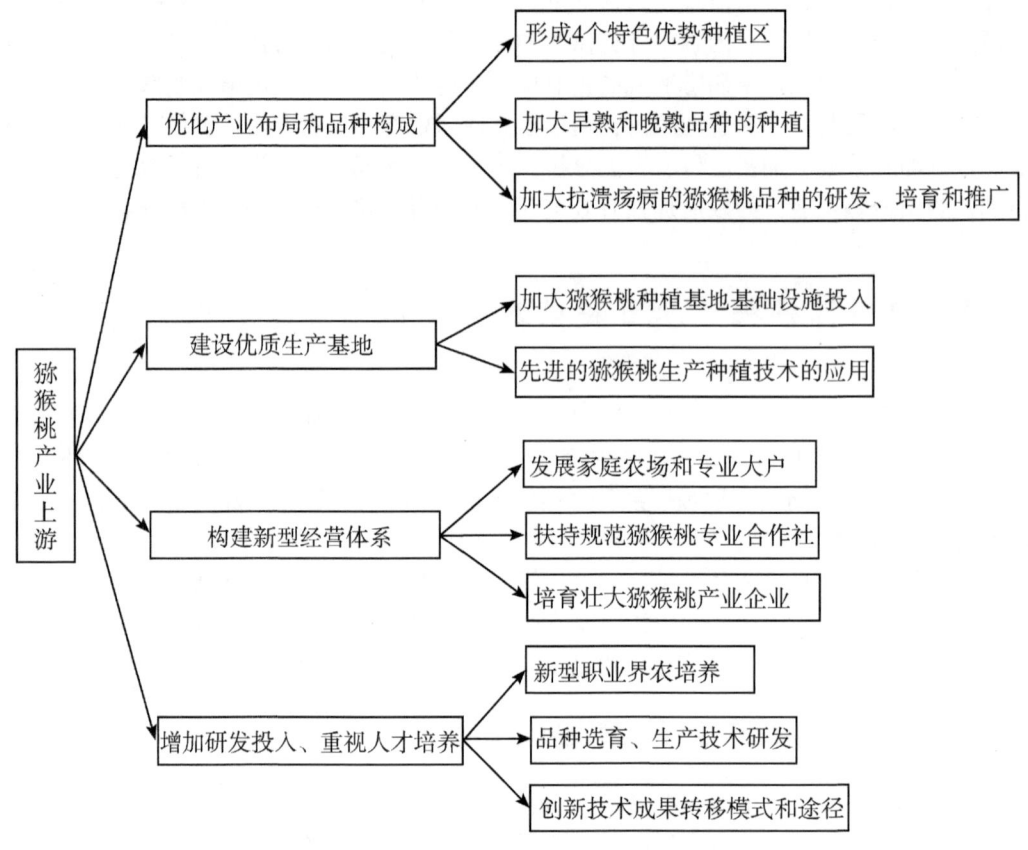

图13-2 四川省猕猴桃产业上游发展路径

新,在四川省猕猴桃主要生产基地推广土壤恢复改良、精准施肥、病虫害绿色防控、机械化智能生产等智能技术的应用,为猕猴桃高效、高质、绿色、安全地生产提供保障。

(3)构建新型经营体系。四川省应通过培育专业猕猴桃大户、猕猴桃家庭农场、猕猴桃专业合作社等新型农业经营主体,在猕猴桃生产阶段逐步形成以家庭承包经营为基础,以猕猴桃专业合作社为主导,其他组织形式为补充的新型猕猴桃产业经营体系,实现四川猕猴桃产业上游由分散兼业型向规模专业型转型。

(4)加强科技创新转化。溃疡病是四川省猕猴桃产业的主要威胁之一,而四川省主打的红肉猕猴桃品种"红阳"属于易感染溃疡病的品种,且发病率相对较高。因此,四川省应加大研发投入,在关键的技术上取得突破,培育出优质且高抗的猕猴桃品种,并加快相应品种配套的生产技术的研究,为全省猕猴桃产业提供两种支撑。四川省还应该加强与国外先进猕猴桃生产地区如新西兰、意大利等的国际合作交流,学习国外地区的先进经验,将新品种、新技术、新工艺等引进、消化、在创新,实现对科技成果转化模式和途径的创新。随着猕猴桃产区生产机械化和智能化的推进,四川省猕猴桃产区急需有知识、有技术的新型职业果农,因此,四川省应重视相应人才的培养,为猕猴桃生产基地提供专业的技术人员,进一步实现四川省猕猴桃产业生产阶段的高质量发展。

13.3.2 四川猕猴桃产业可持续发展中游路径

四川省猕猴桃产业中游主要是指四川省猕猴桃的贮藏、加工和运输环节，四川省猕猴桃产业中游是猕猴桃产业上、下游连接的纽带，起到承上启下的关键作用，如图13-3所示，为这一阶段四川省猕猴桃产业的发展路径。四川省猕猴桃产业中游以贮藏、加工、运输的龙头企业为主导，提高采后加工水平，强化采后加工环节，并不断完善四川省猕猴桃产业的冷链贮运链条，实现四川省猕猴桃产业集聚。

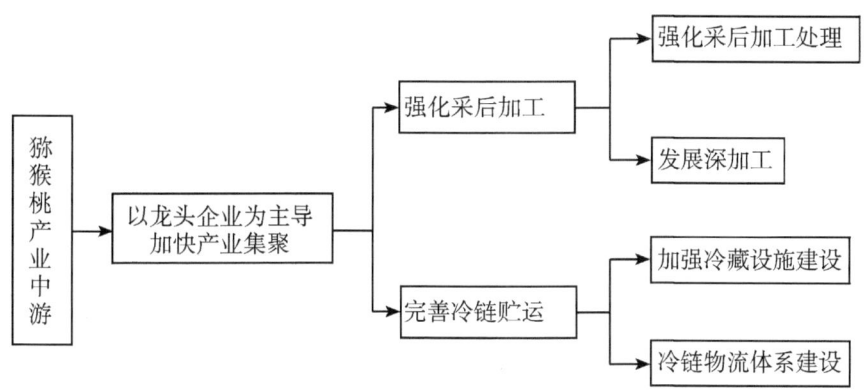

图 13-3 四川省猕猴桃产业可持续发展中游路径

（1）强化采后加工。猕猴桃的采后加工环节分为采后初加工和采后深加工。四川省应加大对采后初加工企业基础设备建设的投入，适当引进国外内先进初加工技术，完善四川省猕猴桃采后初加工生产线，提升四川省猕猴桃产业初加工水平。与此同时，四川省猕猴桃产业在采后深加工方面，应该鼓励相应的深加工企业与科研机构合作，形成相应的协调创新团队，研发出新的深加工技术，提高科技成果转化效率，使四川省猕猴桃产业在深加工阶段生产出附加价值高、市场竞争力强的新猕猴桃深加工产品，丰富深加工产品种类。

（2）完善冷链贮运链。四川省应该加大猕猴桃低温冷库的建设投入，合理布局，形成覆盖四川主要猕猴桃产地的冷库网络，满足猕猴桃生产旺季储存需求，同时还要加快推进冷库建设标准的制定和冷库管理规范的建立，培养冷库操作管理的专业人员，实现四川猕猴桃储藏能力质的飞跃。在冷链运输上，四川省可以参考陕西省的经验，大力发展"以冷藏运输车为主，以网点冷藏为辅"的冷链物流体系，同时积极培养壮大第三方冷链物流企业，增加四川省猕猴桃贮运网点，完善相应冷链运输网络，增强四川省猕猴桃产业中游具有跨区域运输、配送能力。

13.3.3 四川省猕猴桃产业可持续发展下游路径

四川省猕猴桃产业下游主要是指四川省猕猴桃的输出环节，如图13-4所示，为这一阶段四川省猕猴桃产业的发展路径。四川省猕猴桃产业下游应在构建信息化建设体系，加快产销一体化服务路径，加速科研企业合作，提高产业集中度，加速猕猴桃产业全球化进程等多个方面寻求突破，逐步建立完整合理的现代称猴桃产业链推动四川省称猴桃产业发展模式转变，促进猕猴桃产业的蓬勃发展。

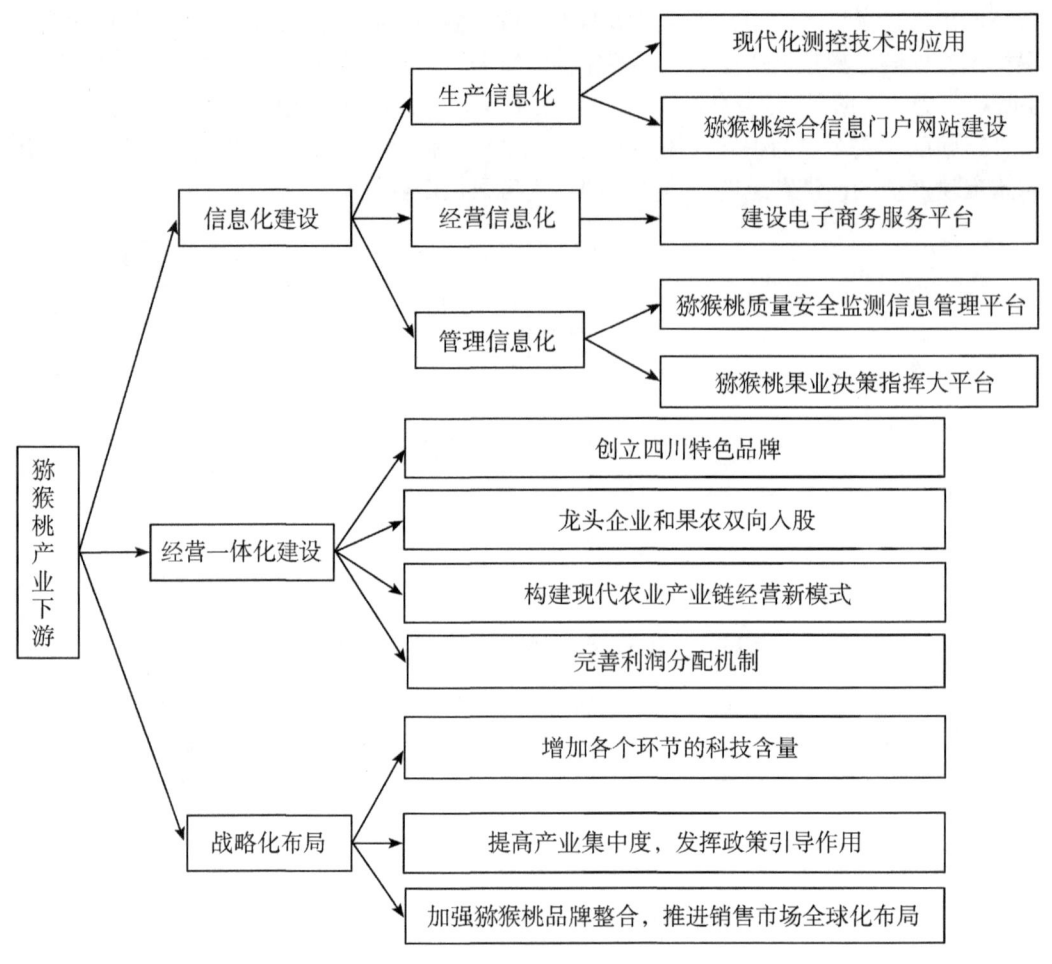

图 13-4 四川省猕猴桃产业下游发展路径

（1）加强四川省猕猴桃产业信息化建设。信息网络成为人们日常生活中不可或缺的一部分，在未来的猕猴桃产业发展过程中，应用网络把生产、经营、管理都作为建设的新目标平台。①在生产方面，引进国外现代化测控技术，严格产品质量跟踪检测和现场管理。建设猕猴桃综合信息门户网站，发布猕猴桃产业的果品现状，分享新品种研发、优秀种植方法等重要信息供果农进行学习、了解、引进。②在经营方面，把市场服务环节视为重点，通过建立猕猴桃销售网络来提供猕猴桃的产销信息，拓宽猕猴桃产品的销售渠道。形成以省网为中心，辐射省以下各市地区的强大的、纵横联通的农业信息化网络。③在管理方面，建设猕猴桃质量安全监测信息管理平台和猕猴桃果业决策指挥大平台，以方便对四川省对猕猴桃产业的质量信息进行随时监控，防治果品疾病。后者可利用获得的信息进行相关制度和政策的制定，更快、更好地把握和调整猕猴桃产业的未来规划和前进方向。

（2）加快推进产业一体化建设。创立具有地方特色的品牌，不仅提高猕猴桃的知名度及影响力，还能在全国范围内进一步提高市场占有率的同时也覆盖到国际市场。①借鉴国外优秀地区经营发展模式，政府部门应致力引导龙头企业和果农通过双向入股方式实现利益联结，鼓励专业合作社、基地、种植大户和普通农户以土地、劳务、资金等入股企业，支持企业以资金、技术、品牌等入股专业合作社。完善利润分配机制，推广"保底收益+按股分红"分配方式，明确资本参与利润分配比例上限，维护果农利益，充分调动生产积极性。②逐步构建"农户+企业+金融+品牌+互联网"的现代农业产业链经营新模式，以果品质量安全为工作核心，采用企业引导、合作社生产的模式，引进科研力量开展田间管理，培养新型职业农民科学种植，建立高端果品生产销售一体化路径。整合优势资源，不断加强从选育品种、果园生产、包装、冷藏、运输、配送及广告促销等环节的配合，集中每个果企、果农的单一力量，加强从生产管理到产品营销一条龙的合作，组建相互合作的高效率团队，将猕猴桃的生产商品化，将开发、加工和销售联合起来。

（3）加快实施产业战略化布局。①产业发展中新的增长点在于科技，为了能把我国猕猴桃产业建设得更好，需要提高整个产业中各个环节的科技含量。四川省作为我国中西部科研发展的主力省域，应该秉持合作、共赢的理念，走科研与企业结合、集团化发展之路，促进科研成果的转化，与企业互惠互利，提高科技对产业的贡献率。②要加快我省猕猴桃产业发展，提高产业集中度，政府要充分发挥引导作用。要不断引导合作社与合作社之间进行联合，鼓励成立合作社联合协会，增强猕猴桃的市场主体地位。对于加工企业，要鼓励同类企业之间兼并重组。适当提高初加工产业技术和资本门槛，采取优惠措施，鼓励亏损企业退出市场。帮助企业和种植户间进行对接形成合作关系，使猕猴桃产业的联系更加紧密和集中。政府应站在布局全省猕猴桃发展的高度，通过实地考察，制定统一的适合于不同地域特点的猕猴桃发展战略和具体详细的适合于不同种植地的发展规划，打造四川省猕猴桃产业的健康成长氛围。③加强省内猕猴桃品牌的整合，将四川省猕猴桃推向国际市场可以学习国外先进地区猕猴桃品牌打造过程中一些可取的经验，加大对猕猴桃品牌的构建力度，同时加强对已有品牌的保护。将四川省的猕猴桃连成集体的产业，针对现有的几个大品牌努力宣传，做到"统一的包装、统一的质量和统一的标识"，然后继续向国外的市场前进，争取跻身于高端市场。每年在国内外猕猴桃主销市场（中国香港、中国台湾；欧美、日本、韩国等地）举办1~2次陕西猕猴桃推介会，宣传推介陕西猕猴桃，积极开展猕猴桃果品电子大宗交易，提高我国猕猴桃产业在国际上的影响。通过网络、广告等手段加大猕猴桃品牌的宣传力度，把四川省猕猴桃推向国际舞台。

（执笔：王永志、郭耀辉、李明章、杨洋）

14 龙门山区猕猴桃产业可持续发展战略实践

14.1 绵竹市猕猴桃产业可持续发展战略规划

14.1.1 发展基础

14.1.1.1 区位分析

绵竹市位于四川盆地西北边缘,龙门山脉中段与成都平原接壤地带,地处东经 103°54′~104°19′,北纬 30°16′~31°42′。东与安县接壤,西与什邡隔河相望,西北与阿坝州茂县毗连。东西宽约 42 km,南北长约 61 km。"5.12"汶川大地震以后,绵竹汉旺、清平等极重灾区被世界广泛认知,地震遗址旅游,感恩文化旅游进一步提升了旅游区位,已成为成德绵旅游大区的重要旅游节点。规划区位于绵竹市西北部,距绵竹市区 8 km,成都 90 km,绵阳 82 km。对外交通主要为沿山公路,依托德阿公路、九红路、绵遵公路,均可从绵竹市区到达沿山区,交通十分便捷,有利于成都市、成德绵经济带以及成渝经济区的辐射带动,能够获得更多的物质、人才、技术和市场的支撑。

14.1.1.2 自然资源

(1) 地形地貌。规划区西北部为龙门山脉,东南部为成都平原与龙门山脉的衔接地带,地势西北高,东南低,由西北至东南逐渐倾斜,海拔高度从 4 405 m 下降至 550 m 左右。规划区西北部为山地区,是境内诸河流的发源地,河流向下切割深度为 500~1 000 m,河床狭窄,河谷陡峻;东南部为龙门山前冲击扇区域,地势起伏缓和,地面平坦。

(2) 土地资源。规划区土地利用与地形地貌密切相连,根据 2009 年《绵竹统计年鉴》,规划区以林地为主,主要分布在清平乡、金花镇、天池乡等山区乡镇。灾后重建后,耕地呈现出"零散、量小、沿路布局"的特点,主要分布在龙门山前沿冲积扇区域,耕地面积 11.45 万亩,其中水田 9.31 万亩、旱地 2.14 万亩。沿山区乡镇耕地分布相对集中,地势平坦,土质疏松,土壤肥沃,更适宜发展规模化、集约化农业产业。

(3) 气候条件。规划区属亚热带季风湿润气候,气候温和,雨量充沛,无霜期长,四季分明,大陆季风性气候显著,旱、涝、洪、寒潮等气候常有发生。年日照时数多年平均为 1 011.3 小时,多年平均降水量 1 053.2 mm,干燥度<1,无霜期为 285 天,年平均气温 15.7℃,≥10℃的积温全年 5 000~6 500℃,约 240~300 天;最冷月平均气温

4.0~10.0℃。

(4) 河流水系。规划区主要河流属沱江水系，绵远河、石亭江、射水河、马尾河、白水河、龙蟒河等河流均发源于西北部山区，流向东南平原；山区河谷陡峻，落差较大，平原比降随地势逐渐减缓；冬春少雨季节，水量较为稳定，夏秋多雨时期，河水暴涨易发山洪。

14.1.1.3 社会经济

规划区涉及9个镇（乡），63个村民委员会，712个村民小组。规划区总人口为13.7万人，总户数为5.4万户，其中农业人口13.69万人。2009年规划区农业增加值41 027万元，农民年人均纯收入6 212元。

14.1.1.4 农田水利

规划区农业灌溉条件较好，规划区有水库16座，可供农业灌溉水源约为1 023万 m^3。塘堰359处，机井1 011座，灌溉渠道4 708 km，排水渠道487 km。通过地震灾后恢复重建，农田水利设施得到有效改善，但部分水利工程老化、水量损失较严重的问题依然存在。现代化水肥一体灌溉、节水灌溉、喷滴灌等设施较少。

14.1.1.5 产业现状

规划区坚持以科技创新引领猕猴桃产业发展，走高端化、园区化、品牌化道路，目前已初具规模。2010年种植面积达6 000亩，其中遵道、九龙两镇4 000亩、天池乡1 000亩、清平乡500亩、金花镇500亩。引进红阳、红什1号、金什1号3个新品种，猕猴桃高产优质高效栽培技术1项。积极推广"猕猴桃-草-兔-沼"循环农业、"猕猴桃-草-家禽"立体农业的新模式，技术集成转化面积5 000亩，猕猴桃种植户人均增收达4 000余元。目前，已建立了猕猴桃科技特派员团队1个，建立了德阳市猕猴桃专家大院绵竹工作站和猕猴桃科技特派员工作站。以四川省自然资源研究院、四川省草原科学研究所、中国科学院成都分院、四川农业大学、德阳市猕猴桃专家大院为技术支撑，联合龙头企业、种植大户成立绵竹市农村科技中心，使专家、科研院所、农户、基地形成利益共同体。

14.1.2 适生区分析

在中、微观空间尺度下，规划区气候、土壤因素对猕猴桃分布影响较小，结合前述猕猴桃生态适宜性因素，选择海拔高度、坡度、坡向、水源保证、土地利用类型因素作为猕猴桃种植适宜区分布的主要指标。具体指标参数及其权重见表14-1。

表14-1 猕猴桃生态适宜性评价因子体系

相关因子	权重（%）	指标分类	分值（0~10）
海拔高度	20	≤600 m	6
		600~800 m	10
		800~1 200 m	8
		≥1 200 m	4

(续表)

相关因子	权重（%）	指标分类	分值（0~10）
坡度	10	0°~2°	6
		2°~6°	10
		6°~15°	8
		15°~25°	6
		≥25°	0
坡向	10	0°~90°	4
		90°~180°	10
		180°~270°	6
		270°~360°	3
水系	10	≤500 m	10
		500~1 000 m	8
		1 000~3 000 m	6
		≥3 000	4
土地利用类型	40	耕地	10
		园地	10
		其他	0

通过建立猕猴桃种植适宜区评价模型，利用 ArcGIS 地理信息系统平台评价规划区适宜种植猕猴桃区域，绵竹猕猴桃适宜区面积总计 10.1 万亩。分布结果表现出如下特点：猕猴桃适宜区主要集中在沿山公路两侧的浅丘和平坝地区；清平、天池、金花等乡镇零星分布；最适宜区和次适宜区受微地形条件影响，呈现出交错分布；猕猴桃种植最适宜区：集中分布遵道、九龙、汉旺、拱星 4 乡镇，面积约为 5.4 万亩；猕猴桃种植次适宜区：集中分布广济、土门、遵道等乡镇，面积约为 4.7 万亩；用地现状：目前适宜区主要为经果林地和坡耕地。

14.1.3 发展思路

14.1.3.1 总体思路

以市场为导向，以农民增收为重心，以核心基地建设为突破口，以龙头企业引进和培育为重点，以合作社为依托，围绕"两园两中心——猕猴桃标准化生产示范园、猕猴桃循环产业园、猕猴桃良种繁育中心和猕猴桃商品化处理中心"建立猕猴桃标准化、规模化、集约化现代产业基地，延伸产业链条，实现猕猴桃一、二、三产业互动，将猕猴桃产业建成绵竹农业灾后恢复振兴的重要支撑和新的经济增长极。打造：①中国猕猴桃科技创新孵化基地；②中国一流的猕猴桃循环种植示范区；③中国精品猕猴桃生产基地。

14.1.3.2 发展目标

到 2015 年，绵竹猕猴桃种植面积稳定在 10 万亩，实现产量 20 万 t，其中核心种植区 6 万亩，猕猴桃种植标准化率达到 70%，猕猴桃商品化处理率达到 70% 以上。全市良种普及率达到95%以上。猕猴桃品种以红肉品种（红什1号、红什2号）为主，扩大黄肉品种规模（金什1号、金什2号），选育加工专用品种1~2种。详见表14-2。

表14-2 绵竹市猕猴桃产业发展主要目标一览表

序号	目标名称	目标值	序号	目标名称	目标值
1	猕猴桃种植面积（万亩）	10	9	国家级（省级）重点龙头企业（家）	3
2	猕猴桃产量（万t）	20	10	市级（县级）重点龙头企业（家）	10
3	猕猴桃商品化处理率（%）	70	11	猕猴桃专业合作社（个）	9
4	猕猴桃标准化示范基地（个）	12	12	獭兔养殖合作社（个）	9
5	猕猴桃产业道路建设（km）	368	13	绵竹市级猕猴桃质量检测中心（个）	1
6	基地上车台建设（个）	140	14	乡镇猕猴桃经济信息服务站（个）	9
7	灌溉渠系改造（km）	4 716	15	猕猴桃销售总产值（亿元）	30
8	基地耕地培肥（万亩）	7	16	核心区农民人平年均从猕猴桃产业上实现增收（元）	6 000

14.1.4 建设重点

14.1.4.1 产业布局与基地建设

充分利用低产经果林地、坡耕地、疏林地等，以遵道、九龙、广济、清平、金花、天池为猕猴桃核心区示范基地，发展猕猴桃6万亩；辐射带动汉旺、土门、拱星等乡镇，种植面积为4万亩。在规划区海拔500~800 m区域重点推广红、黄肉猕猴桃新品种，红肉品种以红什2号为主，黄肉品种以金什1号为主，在规划区海拔800~1 400 m区域主要推广宝贝星即食猕猴桃品种。详见表14-3。

表14-3 绵竹市猕猴桃产业发展布局及进度

序号	乡镇	2013年		2015年		重点村
		发展面积（亩）	产量规模（t）	发展面积（亩）	产量规模（t）	
1	遵道镇	15 000	22 500	20 000	40 000	棚花村、保水村、文凤村、黄金村、太平村、高安村
2	九龙镇	10 000	15 000	15 000	30 000	清泉村、白玉村、新龙村、双同村
3	广济镇	10 000	15 000	15 000	30 000	卧云村、中新村、新和村、天平村、石河村
4	清平乡	1 000	1 500	2 000	4 000	盐井村、棋盘村、圆包村、院通村
5	金花镇	2 000	3 000	4 000	8 000	云盖村、文河村、金山村、三江村

（续表）

序号	乡镇	2013 年		2015 年		重点村
		发展面积（亩）	产量规模（t）	发展面积（亩）	产量规模（t）	
6	天池乡	2 000	3 000	4 000	8 000	楠木沟等
7	土门镇	12 000	18 000	20 000	40 000	天宝村、麓棠村、长白村
8	汉旺镇	3 000	4 500	8 000	16 000	群新村、新开村、白果村、牛鼻村
9	拱星镇	8 000	12 000	12 000	24 000	白溪河村、泉乐村、高柏村
10	合计	63 000	94 500	100 000	200 000	—

14.1.4.2 猕猴桃标准化生产示范园

通过新建与改造相结合的方式，坚持"五化"和"6 个 100%"，开展绵竹市猕猴桃标准化示范基地建设，为猕猴桃基地建设、品种推广、田间管理、农业机械等现代农业元素提供有效示范，加快绵竹现代农业产业发展进程。到 2015 年，完成 12 个猕猴桃标准化示范基地建设，标准化基地面积达到 7 万亩以上，标准化率达到 100%以上。围绕遵道镇、九龙打造省级猕猴桃标准基地 1 个，在广济、土门、拱星、清平建设市级标准化示范基地。详见表 14-4。

表 14-4 绵竹市猕猴桃标准化示范基地

乡镇	2015 年发展面积（亩）	基地名称	基地地点	基地规模（亩）
遵道镇	20 000	绵竹棚花猕猴桃标准化示范园	以棚花村、黄金村为核心辐射周边地区	10 000
		遵道猕猴桃循环种植示范基地	以高安村、保水村、文凤村、太平村为核心，辐射周边地区	10 000
九龙镇	15 000	白新猕猴桃标准化示范基地	以白玉村、新龙村为核心，辐射周边地区	10 000
		清泉猕猴桃标准化示范基地	以清泉村为核心，辐射周边地区	5 000
广济镇	15 000	卧云猕猴桃标准化示范基地	以卧云村为核心，辐射周边地区	3 000
		中新猕猴桃标准化示范基地	以中心村、新和村为核心，辐射周边地区	6 000
土门镇	20 000	天宝猕猴桃标准化示范基地	以天保村为核心，辐射周边地区	12 000
拱星镇	12 000	白泉猕猴桃标准化示范基地	以白溪河村、泉乐村为核心，辐射周边地区	6 000
清平乡	2 000	清平猕猴桃林下种养示范基地	以井盐村为核心，辐射周边地区	1 000
金花镇	4 000	三云猕猴桃标准化示范走廊	以三江村、文河村、云盖村为核心，辐射周边地区	2 000

（续表）

乡镇	2015年发展面积（亩）	基地名称	基地地点	基地规模（亩）
汉旺镇	8 000	新白猕猴桃标准化示范走廊	以新开村、白果村为核心，辐射周边地区	3 000
天池乡	4 000	楠木猕猴桃标准化示范走廊	以楠木沟村为核心，辐射周边地区	2 000
合计	100 000	—	—	70 000

14.1.4.3 基础设施配套

按照《四川省乡村机耕道通用技术条件》，围绕绵远公路、绵茂公路等主干道，结合绵竹猕猴桃基地现状，以新建为主，改造为辅，建设猕猴桃基地的产业道路。

按照水网结合路网的原则，积极整合水利项目资金，以小型水源工程和灌溉渠系建设为突破口，开展猕猴桃基地水利标准化配套建设。推广猕猴桃节水灌溉设施，大力发展节水农业，确保猕猴桃产业发展不与粮食生产争水。

按照耕地质量四川省标准农田三级要求，加强猕猴桃基地土壤质量提升。稻田改种猕猴桃要特别注意排湿，提高土壤的通透性能；坡地要以提高保水保肥能力为重点。

14.1.4.4 猕猴桃循环产业示范园

以"果（猕猴桃）—草（三叶草）—（獭）兔—沼"循环农业模式为主，大力发展猕猴桃循环种养业。将猕猴桃基地种植的三叶草用作獭兔的饲草，再将兔粪发酵，产生的沼气为当地农户所用，沼液通过自动喷滴灌施于猕猴桃基地，沼渣也可作为有机肥施用于基地。同时，开展户用和农家乐新型沼气关键技术集成与示范，鼓励扶持獭兔颗粒饲料加工厂建设，为农户养殖的獭兔提供全价颗粒饲粮，开发研制出獭兔的中草药保健添加剂和消毒剂，减少养殖业面源污染，保护基地生态环境。按每500亩猕猴桃园建1个獭兔养殖场，存栏基础种母兔1 200只，重点培育獭兔养殖场200个，达到年出栏优质商品獭兔1 000万只。示范推广"果—菌"循环模式，在遵道、九龙、汉旺、广济、金花、土门等猕猴桃产区建食用菌基地（厂）10个。运用猕猴桃枝条作为食用菌袋料生产食用菌，重复两次后袋料经简易处理作有机肥施于猕猴桃基地。

14.1.4.5 绵竹市猕猴桃良繁中心

良繁中心拟重点选用"红什1、2号""金什1、2号"、宝贝星等猕猴桃新品种进行种苗繁育。猕猴桃良繁中心位于遵道镇棚花村、黄金村和九龙镇白玉村、清泉村，占地面积1 000亩。分为5个功能区：四川猕猴桃工程技术中心、品种基因库、组培区、苗木繁育区和种苗整理区。

14.1.4.6 猕猴桃加工集中区建设

（1）充分利用江苏工业园区，着力引进一批带动力大、支撑力强、具有前瞻性的重大项目，通过项目引导中小企业围绕龙头产品展开分工链上的相对集中布局。所有猕猴桃加工项目原则上全部进入加工集中区，激励现有企业新上项目入园建设，鼓励中小企业进园区，形成相对集中的加工布局。龙头企业是绵竹猕猴桃产业发展重要支撑。通过对农产品加工企业的引进、培植和扶持，形成一支规模大、市场开拓能力强的农产品加工龙头企业集群。鼓励企业与农户之间建立相对稳定的产销合同和服务契约关系，推进农业规模经营。创新利益机制，实现优势互补，相互依存，共同发展。到2015年，创建国家级重点龙头企业1家，省级龙头企业2家，培养市（县）级重点龙头企业10家。

（2）猕猴桃加工产品开发。猕猴桃含有丰富的维生素C、A、E以及钾、镁、纤维素之外，还含有其他水果比较少见的营养成分——叶酸、胡萝卜素、钙、黄体素、氨基酸、天然肌醇，营养价值远超过其他水果。因此，在推进猕猴桃种植基地建设的同时，应尽快抓好猕猴桃的产业高端建设，推进猕猴桃加工业的发展，猕猴桃除鲜食外，还可加工成果汁、果酱、果酒、果醋、果干、果脯等。以猕猴桃籽为原料，经超临界萃取精制生产猕猴桃籽油等精深加工产品。

（3）猕猴桃配套产品加工。引进猕猴桃加工企业生产猕猴桃专用肥料。鼓励和支持加工企业与科研院所开展科技创新，根据猕猴桃进行正常的生长发育、栽培特点、灌溉习性，需要的营养元素配比不同种类的猕猴桃专用肥料。根据绵竹地方实际，可增添松土保水因子，令土壤更疏松；增添多种营养元素，更多保护猕猴桃健康；添加天然矿物质及植物生长物质，使肥力更持久，有效调节植物机体抵御能力，减轻病害，提高产量。为满足猕猴桃商品化包装的需求，根据不同消费层次、品种类型、目标市场设计、生产猕猴桃包装材料。如传统的硬纸箱和塑料箱。还可生产新西兰式托盘、礼盒包装，2~10kg散放箱装式包装。

14.1.4.7 绵竹市猕猴桃市场物流

构建布局合理、设施先进、功能齐全、管理规范、产品安全，覆盖城乡的农产品流通网络体系。全市农村市场流通基础设施基本健全，农产品流通网络趋于完善，现代流通方式较快发展，流通组织化水平明显提高，消费环境逐步改善，农产品质量安全、放心。依托绵竹农业综合信息系统，积极探索建设猕猴桃电子商务交易平台。中心拟规划于江苏工业集中区，规划占地近1 000亩，建设融农副产品展示交易、加工仓储、冷链配送、电子结算、安全溯源以及配套商务于一体的综合性、现代化农产品交易集散平台。除猕猴桃及系列产品销售外，还经营蔬菜、果品、肉类、水产、干杂、调味品、粮油、精品副食品等全系列农副产品。中心将按照"基地直供、厂家直销、终端配送、电子结算、全国连锁"的经营方针，对接产业基地和消费终端，简化环节，降低成本，提高效率，优化农产品流通产业链，带动绵竹乃至整个成德绵农业产业化和农副产品现代物流产业发展。

14.1.4.8 绵竹猕猴桃集散市场建设

绵竹市猕猴桃市场体系以产地集散点为基础，以农贸市场中转，以绵竹猕猴桃物流商品化处理中心为枢纽，同时积极探索开展猕猴桃电子交易市场发展，最终形成完善的猕猴桃市场体系结构。产地集散点，以绵竹猕猴桃标准化种植示范园为重点，布局猕猴桃产地集散点12个，满足当地农民及时方便销售猕猴桃的需要，其选址应符合乡（镇）总体规划，主要选址在猕猴桃种植面大、交通便捷的道路沿线。按照《农产品批发市场管理技术规范》（GB/T 19575—2004）等标准规范、产业特色突出、现代化水平较高的专业农产品批发市场。新建2处，改、扩建1处。品牌专营店，推广绵竹猕猴桃品牌，采用连锁专营经营、特许加盟经营等多种形式，建设品牌专营店。近期以成渝经济区和江苏对口援建为重点，建设50个品牌专营店，远期建成100个品牌专营店。

14.1.4.9 绵竹猕猴桃冷链物流建设

随着猕猴桃产业发展，未来猕猴桃产量将进一步增加，依托产业市场和龙头企业，完善猕猴桃仓储建设，不仅可以延长猕猴桃保质时间，降低因果品腐烂造成的损失，还可形成价格差，全面提升猕猴桃的经济效益。重点发展现代化低温气调库。鼓励加工、流通和销售企业购置预冷保鲜、冷藏冷冻、低温分拣加工、冷藏运输工具等冷链设施设备，提高冷链处理能力，逐步减少"断链"现象的发生。重点培育一批发展潜力大、经营效益好、辐射带动能力强的农产品冷链物流企业。采用政策倾斜等方式，鼓励其创新物流服务模式，加强资源整合，拓展物流服务网络，强化资产重组与战略合作。按照规范化、标准化运作的要求，建设全程温控和可追溯系统，充分利用现有的企业管理和市场交易信息平台，建立便捷、高效、低成本的农产品冷链物流信息追溯系统。

14.1.4.10 猕猴桃生态旅游

以沿山乡村生态旅游为主，以猕猴桃主题特色为产业亮点，与沿山生态旅游要素互为补充，形成生态旅游度假及休闲观光农业多元旅游目的地。依托目前相对成熟的旅游要素资源，如汉旺地震遗址、万亩玫瑰观光度假区、卧云坡旅游区、棚花村乡村文化旅游区等，以沿山公路为生态旅游发展轴线，将沿山区猕猴桃生态种植园区、展示基地等休闲农业点位串联成线；带动沿山猕猴桃特色旅游全域发展。绵竹沿山猕猴桃适宜区为轴线分布，分布区横跨多个主题旅游区，在借力沿山生态旅游发展猕猴桃的同时，要因地制宜，充分结合本区主题旅游特色，挖掘猕猴桃旅游多功能性，形成错位发展，增强沿山猕猴桃生态旅游的吸引力。根据规划区旅游要素、特色农业产业以及道路交通网络，乡村旅游空间形态呈"一轴、三区"。整合现有旅游开发项目，增加旅游产品，完善旅游功能，提升沿山路景观质量和经济效益，打造以花乡观光体验、温泉度假为主体，以健身娱乐、休闲购物为辅助的产业与旅游相结合的综合旅游区。

14.2 龙门山猕猴桃成都区域农业合作产业化实施方案

14.2.1 发展基础

14.2.1.1 成都市生产情况

截至目前，成都市猕猴桃栽培面积约为24.5万亩，产量7万余t，占全省猕猴桃总面积和总产量的67.8%和62.3%（表14-5），居全省第一，产值达7亿元，主要分布在都江堰市、蒲江县、邛崃市、彭州市等地。各地均严格按照相关技术标准进行种植栽培，获得了较好的经济效益。猕猴桃产业的发展过程，病虫害防治是关键的一环。其中，猕猴桃溃疡病问题就一直困扰着种植业主（猕猴桃溃疡病是猕猴桃的毁灭性病害，主要危害猕猴桃的新梢、枝蔓及叶片，造成枝蔓枯死，发病严重时，整个植株枯死），也制约了该产业的快速发展。自 1985 年在我国湖南省东山峰林场发现以来，先后在湖南常德市的石门，四川广元市的江都，福建三明市，陕西的周至县和长安县等地发现该病，现已被列为全国森林植物检疫对象，也是成都猕猴桃产业发展亟须解决的大问题。

表 14-5 成都市猕猴桃品种分布情况

项目		规模（万亩）		产量（万 t）	产值（万元）	主要种植区域
		种植面积	投产面积			
合计		24.54	10.9	7.76	70 160	都江堰、蒲江、彭州、邛崃
品种	红阳	12.07	4.60	3.00	44 160	蒲江、都江堰、邛崃
	海沃特	9.16	5.00	2.76	11 000	都江堰、彭州
	金艳	2.00	0.50	0.50	8 000	蒲江
	其他	1.31	0.80	1.50	7 000	都江堰、蒲江、彭州、邛崃

14.2.1.2 基地建设

成都市由龙头企业、专合社和种植大户建设的标准化猕猴桃生产基地面积为 16 万亩左右，占猕猴桃种植面积的 65%，还有相当比例的零散生产。目前，已有 11 家企业（专合社）正在申办中国有机认证，13 家企业（专合社）申请 CHINAGAP（中国良好农业认证）/EUREPGAP（全球良好农业认证）双认证，8 家企业（专合社）申办出口基地备案，申办的总面积为 5 万余亩，通过认证的面积仅有 1 万亩左右，占猕猴桃种植面积的 5% 左右。详见表 14-6。

表 14-6 成都市猕猴桃基地发展情况

序号	项目	规模
1	标准化生产基地规模	16 万亩
2	申办中国有机认证企业（专合社）	11 家
3	申请 CHINAGAP/EUREPGAP 双认证企业（专合社）	13 家
4	申办出口基地备案企业（专合社）	8 家
5	申办出口基地规模	5 万亩
6	通过出口基地认证规模	1 万亩

14.2.1.3 冷链建设情况

项目区现有气调库及冷藏库库容 27 300 t，其中：都江堰市 10 000 t，邛崃市 3 000 t，蒲江县 5 300 t，彭州市 5 000 t；冷藏库容量 4 000 t。为了搭建完整的产业链，以都江堰的伊顿农业、蒲江的中新公司、邛崃的三甲公司等为主的猕猴桃龙头企业已着手建设融猕猴桃分选、包装、气调冷藏、物流为一体的国内先进的包装储运中心。详见表 14-7。

表14-7 成都市猕猴桃气调库（冷库）容量情况

序号	县（市）	气调库容量（t）	冷库容量（t）
1	都江堰市	10 000	—
2	邛崃市	3 000	—
3	蒲江县	5 300	—
4	彭州市	5 000	—
5	大邑县	—	4 000
6	合计	23 300	4 000

14.2.1.4 加工情况

从总体上讲，成都市猕猴桃的果品加工环节仍是猕猴桃产业链中的一个软肋，特别是随着投产数量的增加，对残次果的加工利用尤显迫切，据统计，目前，成都市残次果的数量已达4 000 t以上。近年来成都市猕猴桃生产企业开始积极探索猕猴桃的深加工，并已储备有猕猴桃果汁和果糖等方面的技术。伊顿公司生产的"陶兰加"猕猴桃果酒已经通过各项相关认证，正着手择机推向市场。

14.2.1.5 品牌创建与营销

目前，全市创建了龙门山、君牌、维高牌、三甲牌、伊顿、TINGO和YW等猕猴桃品牌，通过举办"中国·成都国际猕猴桃节"，相继在北京、上海、天津和厦门等地召开了猕猴桃推介会，利用强大宣传攻势，增强品牌影响力，积极向国内知名品牌靠近。

为使成都造猕猴桃成为中国最好、世界知名的猕猴桃，积极寻求与国外的猕猴桃经销商的合作，继与世界最大的猕猴桃销售公司新西兰ZESPRI公司签约后，四川中新农业科技有限公司还与美国最大水果分销商DOLE签约合作，力争闯入国际市场，抢占市场份额。"成都造"猕猴桃已成功打入国内高端市场，出口到欧美、中东和东南亚等地区。成都市猕猴桃鲜果主要销往：上海、北京、广州、深圳等国内大中城市和日本、韩国、泰国、欧盟等国家和地区，其中外销量占猕猴桃总量的70%以上，属于典型的外销型产业，但出口量较小，不足1万t。

14.2.1.6 发展制约因素

依托成都市猕猴桃生态条件、种质资源、上市时间等产业发展优势，从构建猕猴桃产业的区域布局、品种规划、标准化生产、采后商品化处理以及市场营销五大环节来看，成都市的猕猴桃产业已有较好基础。但从产业标准化体系建设及推行，采后商品化处理及冷链贮运，品牌创建及市场营造等方面同新西兰、意大利、智利等世界猕猴桃主产国相比，存在着相当的差距，这在很大程度上制约着产业的发展。

14.2.1.7 良种选育推广

成都市猕猴桃产业虽然已在全国猕猴桃生产中占据了重要席位，是国内乃至全球最大的红阳猕猴桃生产基地，又是全球三大黄肉型猕猴桃种植地之一，拥有世界上少有的红、黄、绿"三色齐聚"的猕猴桃产地，独家拥有黄心猕猴桃"金艳"品种的专属权。

但是成都市在利用区域内丰富的猕猴桃种质资源，特别是针对现有品种的在丰产性、抗病性及耐贮性等方面的缺陷，所开展的良种选育推广和更新换代工作还不够。

14.2.1.8 标准化体系推行

全市由龙头企业、专合社和种植大户建设的标准化猕猴桃生产基地面积为 15 万亩左右，只占猕猴桃种植面积的 65%，还有相当比例的零散生产，影响了全市猕猴桃标准化生产程度的提高，不能有效做到统一栽培管理，统一物质投放，统一包装销售。近年来为了尽快与国际市场接轨，鼓励生产企业积极申请有机、CGAP/EGAP 认证和出口备案，目前全市申办的总面积为 5 万余亩，通过认证的面积仅有 1 万亩左右，不足猕猴桃种植面积的 5%。由于标准化推行的不足，影响了标准化商品基地的建设，从而导致品质参差不齐，无法保证稳定的整体品质。如对果实采收标准的控制，近两年由于猕猴桃鲜销市场走俏，部分果农急功近利，早采现象屡禁不止，极大地降低了果实品质；同时部分农户为追求产量，滥用膨大素，导致畸形果增加、肉质粗糙、降低了果实耐贮性。

14.2.1.9 采后果品冷链贮运

由于猕猴桃果实具有后熟性的特点，猕猴桃果实采摘 6 小时内必须进入气调库，才能保证它的品质和货架期，因此配套的气调贮藏和冷链运输是猕猴桃商品化贮运的必备条件。在果品处理环节上，由于果实采后商品化处理设施一次性投资过大，中小企业和果农望尘莫及，多数采取简单的人工分级、包装，低温贮运设施少，保鲜技术还不高，鲜果供应期较短，个别企业为了达到延长保鲜期的目的，采用喷洒保鲜药物，虽然延长了保鲜期，但却极大地损坏了猕猴桃品质。由于缺乏配套的贮藏保鲜库以及果品商品化处理车间，大部分销售主要是统装统销，没有经过标准的采后分级包装就进入市场，从而导致果实整体品质参差不齐。目前，全市猕猴桃专用气调库现有容量为 30 000 t 左右，而就现有猕猴桃 6 万 t 产量的贮藏保鲜和周转，已是捉襟见肘，何况未来 3~5 年，猕猴桃年产量还将呈逐年上涨的趋势。这种采后果品处理技术和设备的缺乏，势必会直接影响到果品质量提高和附加值增加。

14.2.1.10 品牌创建

成都市现有的猕猴桃生产企业实力都还比较弱，还没有能足以支撑成都市猕猴桃产业发展的企业。虽然创建了龙门山、君牌、维高牌、三甲牌、TINGO、伊顿和 YW 等猕猴桃品牌，但是针对国际市场的拓展明显不足，尚未形成国内市场知名、国际市场有较大影响力的区域性品牌，品牌建设仍处于无序状态。都江堰和蒲江猕猴桃已分别获得了地理产品保护标志，但对地理标志保护产品等产业品牌推广营销力度不大，未能充分挖掘品牌资源，品牌创建仍各自为政。

14.2.1.11 产销市场

近年，成都市猕猴桃产销市场混乱，需要进一步规范。一是由于猕猴桃鲜销市场走俏，部分果农注重短期利益，尽早占有市场，早采现象屡禁不止，极大地降低了果实品质；二是部分果农在生产过程中为追求产量，滥用膨大素，导致畸形果增加、肉质粗糙、降低果实耐贮性；三是由于猕猴桃鲜果销售主要采取果农自销、客商贩运、企业收购等方式，部分农户通过专合社统一销售，但在果实成熟季节，有的营销商也无视合同和订单的存在，行情好时哄抬收购价格、哄抢原料，行情差时压级压价或不予收购。同时，也有出现企业与专合社难以从农户那里收购到优质果品的情况，没有建立完善的营销机制和高素质的营销队伍，极不利于形成品牌和提高市场竞争力。

14.2.2 发展思路

围绕成都市"五大兴市战略"，按照"产业倍增"要求，以高端、精品和国际化为发展方向，优化品种配置，优化区域布局，以标准化基地建设为重点，加强区域合作和行业联合，实现抱团出击，完善猕猴桃产业社会化服务体系、数字化监督管理体系、现代化保险储运体系以及国际化市场体系建设。统一标准、统一标志、统一包装、统一品牌，做大做强成都市猕猴桃产业公共品牌，全力打造具备国际竞争力的猕猴桃公共品牌——"龙门山脉猕猴桃"。围绕"产业倍增"，通过全面实施猕猴桃标准化、信息化、产业化、品牌化战略，加强区域合作和行业联合，优化产业结构，突出特色产业，提升产业规模；实施品牌战略，提高产品质量，培育若干优势明显、规模适当、市场竞争力较强的拳头产品，实现抱团出击，将"龙门山脉猕猴桃"打造成世界知名品牌。

14.2.3 建设重点

14.2.3.1 建设科研基地

整合成都市猕猴桃科研基地、技术、设施设备和科研技术人才等资源，重点扶持"成都猕猴桃资源基因库与科研示范基地"（以下简称"基因库"）和"中国猕猴桃工程中心"（以下简称"工程中心"）两个科研基地。

基因库：依托中国科学院武汉植物研究所猕猴桃研究中心、四川省资源研究所等科研院所和黄宏文、钟彩虹、王明忠等一批国内外知名专家，引进成都中际公司在彭州市小鱼洞镇建设高起点、高标准的农业科技创新转化平台基因库。目前该科研基地已完成并投入使用。

工程中心：依托中国科学院武汉植物研究所、四川农业大学、四川省农业科学院等科研单位，引进四川中新农业科技有限公司，打造集展示、技术研发、培训的产学研一体化平台——工程中心。该中心是中国科学院创新联盟的核心示范基地。中心主要开展土壤检测、农药农残检测以及猕猴桃储藏保鲜的研究，集中展示猕猴桃绿色生态有机栽培技术，以及示范带动猕猴桃产业标准化种植和规模化发展。

14.2.3.2 建设良繁基地

按照高标准、高起点的建设思路，结合成都市猕猴桃良繁基地现状，在彭州市、都江堰市建设工厂化、标准化良繁基地 800 亩，其中彭州市 500 亩、都江堰市 300 亩，年供应两年生优质嫁接苗 800 万株，满足项目区品种更新和发展种植基地的需要。

14.2.3.3 建设标准化生产基地

结合成都市猕猴桃标准化种植现状，以改造提升为主、新建为辅，按照有机认证、CGAP/GGAP、出口备案的技术标准，开展猕猴桃种植基地标准化建设。按照猕猴桃种植标准，对已有基地内田间工程和配套设施进行查漏补缺，对新建种植基地严格按照园区建设标准进行建设。拟在6个区市县内建设标准化生产基地250 000亩，其中改造提升245 431亩、新建4 579亩。详见表14-8。

表14-8 成都市猕猴桃产业标准化生产基地建设内容

序号	县（市）	项目乡镇	改造提升（亩）	新建（亩）	合计（亩）
1	蒲江县	寿安镇	3 000	—	3 000
		西来镇	9 000	—	9 000
		复兴乡	38 000	—	38 000
		大塘镇	6 000	—	6 000
		甘溪镇	2 000	—	2 000
		大兴镇	11 000	—	11 000
		小计	69 000	—	69 000
2	崇州市	街子镇	300	889	1 189
		观胜镇	600	1 400	2 000
		桤泉镇	100	900	1 000
		怀远镇	300	900	1 200
		小计	1 300	4 579	5 879
3	大邑县	三岔镇	1 500		3 000
4	都江堰市	玉堂镇	11 000	—	11 430
		虹口乡	20 050	—	22 780
		向峨乡	22 000	—	26 000
		青城山镇	7 750	—	8 750
		紫坪铺镇	10 310	—	11 000
		蒲阳镇	3 000	—	4 900
		大观镇	3 000	—	5 050
		胥家镇	6 000	—	7 000
		龙池镇	2 350	—	3 350
		中兴镇	12 000	—	12 450
		石羊镇	490	—	1 080
		柳街镇	—	—	580
		其他乡镇	2 050	—	5 630
		小计	100 000	—	120 000

(续表)

序号	县（市）	项目乡镇	改造提升（亩）	新建（亩）	合计（亩）
5	彭州市	龙门山镇	970	—	3 500
		小鱼洞镇	3 872	—	10 000
		通济镇	6 869	—	9 500
		白鹿镇	4 150	—	4 500
		新兴镇	1 982	—	4 500
		磁峰镇	11 200	—	17 500
		丹景山镇	6 615	—	11 400
		隆丰镇	168	—	800
		桂花镇	2 850	—	4 000
		丽春镇	450	—	800
		葛仙山镇	7 625	—	11 000
		红岩镇	1 870	—	2 500
		小计	48 621	—	80 000
6	邛崃市	邛崃市	25 000		30 000
		总计	245 421	4 579	250 000

14.2.3.4 现代化保鲜设施

以现有冷库库容为基础，充分考虑猕猴桃基地发展面积，按照高标准、高要求的原则，在项目区建设现代化气调库和冷藏库。项目区现有气调库及冷藏库库容 2.73 万 t，拟新增库容 12.17 万 t，总库容达到 1.49 万 t，全面满足成都市猕猴桃产后仓储的需求。详见表 14-9。

表 14-9 成都市猕猴桃产业现代化保鲜设施建设

序号	项目县（区、市）	气调库及冷藏库建设（t）		
		现有库容	新增库容	库容合计
1	蒲江县	5 300	24 700	30 000
2	崇州市	—	25 000	25 000
3	大邑县	4 000	—	4 000
4	都江堰市	10 000	40 000	50 000
5	彭州市	5 000	25 000	30 000
6	邛崃市	3 000	7 000	10 000
7	合计	27 300	121 700	149 000

14.2.3.5 标准化加工基地

依托伊顿等龙头企业,培育和壮大猕猴桃精深加工龙头企业2家,年加工残次果能力达到4万t以上。引入国内知名包装材料、肥料生产企业、猕猴桃专用农机生产企业,按照龙门山脉猕猴桃品牌定位开展包装材料的研发和生产。

14.2.3.6 产业化配套体系

结合猕猴桃生产基地建设,构建和完善项目区社会化专业服务体系、数字化监督管理体系、国际化市场营销体系以及智能化农业信息体系。

14.2.3.7 国际化品牌建设

以高端、精品和国际化为品牌定位,依托国家地理标志的使用,通过多种形式的节庆活动和广泛宣传,加大与世界知名果品营销商的合作交流,积极参加国际猕猴桃科研论坛等专题活动,举全市之力打造成都猕猴桃公共品牌——"龙门山脉猕猴桃",将其打造成为国际知名品牌。

14.2.3.8 区域合作

立足龙门山成都区域猕猴桃产业的发展实际,根据建设"龙门山脉猕猴桃"公共品牌的战略要求,通过政府搭台、协会参与、企业唱戏、六地联动的办法,通过"资金+项目""企业+企业""产品+市场"等发展模式,充分发挥农业合作组织、政府合作协调机制的作用,加强项目区6个县市在资金、技术、人才等方面的流动和合作,促进政府、企业和专合社3个层次的区域合作。同时构建和完善区域合作的动力机制和市场机制,推进猕猴桃产业化区域合作的进程,区域合作共同打造"龙门山脉"猕猴桃公共品牌。

14.3 都江堰猕猴桃良种繁育产业化实施方案

14.3.1 发展基础

14.3.1.1 自然条件

都江堰市属于亚热带湿润季风气候区,与我国同纬度西部和东部地区相比较,其基本特点是常年阴湿多云、多雨辐射量少、蒸发量低。多年平均气温15.2度。多年平均无霜期258天,年平均降水量1 257.1 mm,平均降水日数190天。常年日照时数1 002小时。生态气候环境条件十分适合猕猴桃生产。

14.3.1.2 社会条件

都江堰市长期坚持"保增长、促提升,抓项目、促发展",市域经济呈现"增速逐步攀升、后劲明显增强、总体持续向好"的良好态势。2010年,全市地区生产总值实现143.5亿元,同比增长16.6%,增幅位居三圈层第一。其中:第一产业实现增加值17.3亿元,同比增长5.5%;第二产业实现增加值49.9亿元,同比增长21.5%;第三产业实现增加值76.3亿元,同比增长15.8%。三次产业对经济增长的贡献率分别为3.9%、45.5%和50.6%。三次产业比为12∶35∶53。全市民营经济实现增加值86亿元,同比增长27.3%,民营经济占地区生产总值比重为59.9%。项目区崇义镇幅员面积29 km²,辖15个村,1个居委会,总户数8 200多户,总人口2.78万人,其中非农业人口4 500人,耕地面积2.9万亩,受惠于都江堰渠走马河、徐堰河自流灌溉,镇内平畴沃野,主要农作物有水稻、小麦、油菜、花卉苗木、蔬菜等,主要养殖有牛、生猪、鸡、鸭、鹅、兔等。崇义镇农业以"一片、两线、一稻"的发展思路。带动产业结构调整。主要形成优新水果和花卉苗木2 000亩的龙头产业基地;反季节蔬菜和食用菌为主3 000亩的蔬菜基地;无公害、无激素、无污染的生态猪10 000头的养殖基地和23 000亩的优质稻种植基地。农产品销售收入占农民年人均可支配收入的60%左右。

14.3.1.3 资源条件

都江堰市幅员面积1 211 km²,主要有灰色油沙土、灰色大土等,土层深厚,土壤肥沃;浅丘地区有紫泥、黄泥;山区有山地黄壤、山地黄棕壤等。土壤熟化程度高、有机质含量达3.2%,全氮0.2%,全磷0.08%,全钾1.79%,土壤pH值6。水资源比较丰富。走马河流经都江堰市崇义镇—农业高科技示范园区。根据环保监测站2007年检测记录,其断面达标率为100%。pH值6~9,溶解氧≥5,高锰酸钾指数≤6,氨氧≤4。

14.3.1.4 交通通信状况

都江堰市位于成都平原西北边缘,东南距成都市48 km。项目区崇义镇位于都江堰市的东大门。东与郫县新胜镇、唐昌镇接壤,西与都江堰市聚源镇相连,南接都江堰市土桥乡和郫县花园镇,北与都江堰市天马镇为邻,东距省会成都市65 km,西至都江堰市区12 km,交通十分方便。项目建设地通信条件良好,移动电话、固定电话和宽带网络已经覆盖全区。

14.3.2 发展思路

猕猴桃良种繁育及示范基地将主要以四川省为核心的国内地区为主要服务区域,以提高种苗质量和产量为目标,推动四川省以及西南地区猕猴桃良种繁育及种植产业的发展。该基地立足于四川省,覆盖整个国内地区。本项目重点建设和完善良繁、种植示范所需的基础设施和设备,按照立足于高起点,兼顾当前和长远,专款专用,确保质量的原则,保证建设任务按期全面完成,尽快在生产中发挥作用。年新增脱毒组培苗150万株,穴盘苗90万株,嫁接苗30万株,容器苗30万株,实生苗40万株,共计340万株,品种以红阳主,以红什1号和金霞为辅;新增猕猴桃生产能力30万kg,主要为红阳品种。该项目建设用地场址位于四川省都江堰市崇义镇都江堰现代农业示范园区,占地面积400亩,其中:猕猴桃无病毒种苗培育网室大棚30亩,高标准容器育苗培育苗圃70亩,猕猴桃生产示范基地占地面积为300亩。

14.3.3 建设重点

14.3.3.1 生产性基础设施建设

新建连栋防虫网室大棚20 000 m²,用于猕猴桃无病毒种苗培育,防止传播虫病害,确保种苗质量。大棚为双弧拱形,骨架使用热镀锌低碳钢材,跨度6 m,肩高3 m,顶高 4.5 m。大棚立柱基础为点式独立（混凝土现浇）基础，混凝土标号 C20；四周砖砌圈梁高 0.3 m，宽 0.24 m，其中零线以下 0.1 m，水泥沙浆（1∶2）墙面粉刷。大棚的顶部覆盖材料为无滴长寿膜覆盖，厚度 0.08 mm，质保期 3 年。四周采用 60 目尼龙筛网覆盖。

14.3.3.2 田间工程

①土地平整 400 亩。对建筑地块进行局部的适当修改，将过于凹凸的局部修平，把阻碍灌水的高地削除，低地填平，倒坡取削，确保灌溉水畅通无阻。②土壤改良 400 亩。土壤改良主要通过增厚耕层，同时增施有机肥，连续 3~5 年，确保土壤耕层度在 20 cm 以上，不断提升土壤有机质含量，提高耕地质量。③整治灌排渠道 1 km。④新建蓄水池 1 座。⑤新建机井 1 眼，主要为满足部分生产及生活用水。⑥新建 10 m³ 积肥池 10 座。⑦铺设喷滴灌管网 150 亩。

14.3.3.3 生产性辅助设施

①建围墙 2 200 m。②架设输变电线路 1 km。③仪器设备购置，根据猕猴桃苗木标准（GB 19174—2003）及该项目需求，在原有仪器设备的基础上，新购置仪器设备 61 台（件）。

14.3.3.4 引种、技术培训及农技推广

引种：都江堰孙桥现代农业发展有限公司根据市场需要及发展需要，引进市场前景良好的"红阳""红什 1 号""金霞"种子及种苗。

技术培训：对参与生产的农民进行 500 人次的繁育技术培训。

农技推广：向示范基地和目标市场的 10 000 人次农户推广良种苗和种植技术，通过受训农户带动周边地区猕猴桃产业发展。

14.4 彭州市 2 万亩优质猕猴桃基地建设方案

14.4.1 建设基础

14.4.1.1 自然条件

彭州市位于东经 103°10′~103°40′、北纬 30°54′~31°26′。地处成都平原与龙门山过渡地带，山、丘、坝俱全，形成了"六山、一水、三分坝"的自然格局。彭州地形比较复杂。地势西北高东南低，有山地、丘陵、平原，各占全市总面积的 50%、11%、39%。九陇以北是山地区，海拔多在 2 000~3 000 m，少数山峰达 4 800 多米。最高峰是太子城主峰，海拔 4 776 m。气候上，彭州市属于四川盆地亚热带湿润气候区。气候温和，雨量充沛，光照较同纬度地区偏少，四季分明，无霜期长，气候资源较为丰富。其特点是春季气温回暖早，但不稳定，夏无酷暑，冬无严寒。年平均气温为 15.6℃，年极端最高为 36.9℃，最低为-6.2℃，气温年际变幅为 1.3℃。日平均气温最高的可达 30.1℃；最低的为-1.7℃，最大日较差为 31.8℃，全年无霜期平均为 276 天。多年平均降水量为 932.5 mm，全年中，平均降水最多的是 7 月为 237.3 mm，最少的是 12 月

为5.5 mm。全年≥0.1 mm的平均降水日数为154天。

14.4.1.2 交通通信

目前彭州市共有省、县、乡、专用道路1 429.3 km，其中省道2条，63.3 km；市级快速通道1条39.8 km；县级快速通道及一般县道12条145.8 km；乡道317条，1 159.2 km；专用道路8条，21.2 km。公路里程比改革开放初净增200 km。水泥公路的里程、规模等级、质量在全省都排在前列，目前正向标准化、规范化方向发展并初具规模。一个以天彭镇为中心，五条进出口道路为骨架，可直达四邻县、市和全市各乡镇、村的四通八达、纵横交错的公路网络已基本形成。全市主要进出口道路增为二级或二级以上水泥混凝土公路，市内高等级公路21 001 km，次高级公路70 km，公路质量、等级大大改善，处于全省的领先水平。

14.4.1.3 社会经济

2005年全市国内生产总值达77.32亿元，财政收入5.56亿元；第一产业增加值18.99亿元，第二产业增加值32.13亿元，第三产业增加值26.19亿元。全市存款余额39.94亿元，城镇居民人均可支配收入6 983元，农民人均可支配收入3 827元。

14.4.1.4 发展优势

资源优势：地处龙门山脉的彭州市是世界公认的猕猴桃最适宜区，该区域气候温和，雨量充沛，属亚热带湿润季风气候，年平均气温15.6℃，年降水量932.5 mm，无霜期276天。其地理位置、土壤性质、气候特点、年均气温等，完全符合猕猴桃生长所需自然条件。且该区域无检疫性病虫害危害，属猕猴桃生产的无疫病区域。

市场优势：近年来，欧洲国家对猕猴桃的需求量逐年上涨，如德国，作为欧洲发达国家的代表，年需求量达10万t以上，该国民众对"有机""生态"果品情有独钟，是潜在的猕猴桃进口国，这就为发展猕猴桃产业指明了方向，同时也预示高品质猕猴桃还有很大的潜在出口市场。

品种优势：红阳猕猴桃是中国独有的具有自主知识产品的品种，是国际上唯一的红肉猕猴桃品种，果面光亮，无粗毛（软毛系），果皮黄绿色；果肉金黄，子房鲜红色，（横剖面）沿果心有红、黄、绿、紫形成的放射状美丽图案；口感甜酸清爽，香气浓（总糖15.4%，比海沃德高6%）；可溶性固形物含量为23.8%，比海海沃德高出8.6%；维C 155.77 mg/100 g，均超过海沃德品种，深受国际市场的欢迎。

14.4.2 建设重点

14.4.2.1 优质猕猴桃生产基地建设

在葛仙山镇、丹景山镇、红岩镇、小渔洞镇4个镇建20 000亩优质猕猴桃基地，其中包括4个1 000亩成片的优质猕猴桃示范园。详见表14-10。

表14-10 猕猴桃基地建设规划一览表

序号	名称	面积（亩）	备注
1	葛仙山镇	8 000	主要分布在蒲沟村、花园村、张泉村、熙玉村、大曲村

(续表)

序号	名称	面积（亩）	备注
2	丹景山镇	6 000	主要分布在东河水库及排方沟水库附近的东河村、尖峰村一带
3	红岩镇	3 000	主要分布在花园村及部队农场（部分在葛仙山镇境内）
4	小渔洞镇	3 000	主要分布在太子村、杨坪村、中坝村、大湾村、草坝村、董坪村
5	合计	20 000	

基地按照日本"肯定列表制度"和"欧洲农业生产操作规范（EUROGAP）"进行生产，带动全市两万亩猕猴桃生产基地全面进行绿色食品猕猴桃要求、质量标准和技术规程进行生产。通过土地整理和配套设施建设，并对基地道路、水渠、微水池等进行配套、完善与维护。

14.4.2.2 猕猴桃质量检测体系建设

依托成都市农业质量检验中心，在彭州市4个基地分别设立果品农残检测点，配备相关速测仪器，实行在地速测，严格按照有关无公害食品、绿色食品水果生产的相关技术标准，生产优质猕猴桃。尽快获得国家绿色食品认证、国际ISO 14001环境认证及ISO 9001国际质量管理体系认证。

14.4.2.3 猕猴桃采后商品化处理系统建设

通过对猕猴桃鲜果的清洗、杀菌、分级、包装等商品化处理，提高产品商品质量，增强市场竞争力，与国际接轨。通过营销公司等龙头组织，建立2个容量为500 t以及1个5 000 t的贮藏气调库，用于猕猴桃鲜果的贮藏、保鲜，错开销售旺季供应市场，提高产品附加值。对于残次果深加工，依托四川伊顿农业科技开发有限公司现有技术和即将投入的加工设备。在成都市猕猴桃产业布局的统一协调下，由四川伊顿农业科技开发有限公司统一加工处理。

14.4.2.4 优质猕猴桃生产技术推广及培训

猕猴桃主要病虫害生物防治及无公害标准化栽培技术。按照NY/T 5108—2002无公害食品猕猴桃生产技术规程对彭州市进行标准化生产技术培训。推行"肯定列表"农用化学品安全管理制度和"欧洲农业生产操作规范（EUROGAP）"。

（执笔：李晓、刘强、邓怀国等）

15 成都平原及周边猕猴桃产业可持续发展战略实践

15.1 五面山10万亩猕猴桃产村相融发展路径

15.1.1 发展基础

2013年成都市委、市政府按照"成片规划、连片提升、集中发展"的思路,提出从2013—2015年,在全市范围内建成10个10万亩粮经产业高产高效示范基地。五面山10万亩猕猴桃产业新村建设成片推进综合示范基地(以下简称"示范基地"),因其产业布局合理、组织方式先进、资源利用高效、综合效益显著、示范效果突出成为成都市第一批10万亩猕猴桃种植示范基地。为认真抓好都市现代农业综合示范基地、示范园区和示范带建设,加速推进都市现代农业转型升级,2014年,成都市委、市政府继续深入推进10个10万亩示范基地建设。示范基地由蒲江县、邛崃市共同打造,建设面积13万亩,涉及蒲江县5个乡镇40个村共8万亩,邛崃市4个镇24个村共5万亩,涉及人口9.6万人,户数2.9万户。

15.1.2 发展思路

立足"中国猕猴桃之都"的总体目标,围绕猕猴桃全产业链建设,按照"三升三创三统筹"(即升级基础设施、升级生产标准、升级市场体系,创新科技发展、创新产村融合、创新经营机制,统筹力量、统筹资金、统筹管理)的思路,全力争取国家级猕猴桃工程技术中心落户,启动全球猕猴桃运营结算中心建设,完善国家级标准化猕猴桃基地建设。

15.1.3 建设重点

15.1.3.1 水利设施

结合成都市高标准农田水利设施综合配套工程的实施,进一步完善示范基地灌排渠系和微水灌溉系统,完善防渗渠系、喷灌、滴灌、灌溉管理、水肥一体为重点的猕猴桃产业节水灌溉体系。

15.1.3.2 高标准园区

加快道路交通设施配套建设，新建和改建村道，建设标准化生产基地，实施土壤改良、绿色防控。全面实施生态种植，推广生草栽培。

15.1.3.3 产业高端

以蒲江特色水果产地交易市场建设为重点，大力加强猕猴桃市场体系建设。完善示范基地产地采后处理点，对猕猴桃鲜果进行挑选、分级、预冷、愈伤等商品化处理。启动联想佳沃复兴猕猴桃冷库二期工程、三甲公司仓储保鲜库建设，提升仓储保鲜能力。大力加强猕猴桃深加工体系假设，继续支持猕猴桃深加工企业开发猕猴桃深加工产品，启动水果精深加工项目建设。继续推进"五位一体"（产品质量标准、质量管理、综合服务、综合巡查执法和案件查处）的质量安全监管工作，确保投入品得到有效监管、土壤达到不断改良、标准化生产和科学储存保鲜水平大幅度提高、猕猴桃产品合格率达95%以上。建成县、乡、村三级猕猴桃质量监管网络。

15.1.3.4 科技支撑

重点对四川省猕猴桃工程中心进行改造建设，包括建筑架构改造，展示大厅建设，生产栽培、病虫害防治、采后处理、品质监控分析实验室建设，物联监控室建设等改造建设工作。引进美国冷藏保鲜专家，新西兰种植品质控制专家，提升中心技术能力。筹备申报国家级猕猴桃工程技术研究中心，申请通过ISO9000和ISO14001认证资质。依托智慧农业小区，继续实施基于云端感知的示范区农田环境感知检测系统，实现现代农业物联网络感知、管控、呈现平台，实现滴灌自动化控制。支持企业完成以二维条码的形式的产品质量可追溯体系，实现产品全可监控。加强对猕猴桃种植农户的技术推广培训力度，开展农户技术培训。

15.1.3.5 新农村建设

按照"小规模、组团式、生态化"要求，推广"产村一体"模式，将新村建设、村庄改造、林盘整治、基础设施和公共服务配套等有机融合起来，推动产城融合和城乡统筹发展，促进生产方式、生活环境和生态面貌的同步升级。

15.1.3.6 乡村旅游

按照省级乡村旅游示范县创建标准，整合农业、林业、水务、交通、旅游等项目资金，改善基础条件，完善旅游服务功能，提升景区形象。

15.1.3.7 主体培育

加快培育猕猴桃产业龙头企业集群。积极发展家庭农场、职业经理人、农户企业联合经营等新型经营主体。

15.1.3.8 农业机制创新

依托龙头企业的品种、科技、品牌、渠道优势，探索推广"统一品牌授权、农事标准、农资农具供应、全程管控、品牌销售、协助融资"的"六个统一"种植连锁模式和"五位一体"全产业链集成服务平台。继续推广"龙头企业带动、政府引导服务、行业协会运作+合作社服务、种植户承诺"的"3+2"运行模式。

15.2 德阳市国家猕猴桃种质资源圃实施方案

15.2.1 实施基础

15.2.1.1 区位条件
广济镇位于绵竹市西南角 17 km 处，石亭江沿岸，与什邡市接壤，距成都 90 km。祈祥村离广济镇 3 km，离玉泉镇 2 km，选址周围村道和乡道四通八达，而且紧邻绵金大道，离成绵高速只有几千米，交通十分便利。

15.2.1.2 气候条件
属于四川盆地中亚热带季风性湿润气候区。年平均气温 15.6~16.3℃，年降水量 920~1 200 mm。0℃以上活动积温多年平均为 5 700~5 900℃，多年平均降水量为 1 086.4 mm，最多年达 1 421.4 mm，最少年 699.3 mm，降水量的地区分布特点是雨量从东南向西北递增；多年各月平均相对湿度在 75%~85%，平均 81%；绵竹多年日照时数平均为 998.8 h，最多可达 1 178.0 h，最少年 836.6 h；气候温暖，光热资源丰富，水利条件较好。

15.2.1.3 资源条件
祈祥村祈祥村属于平坝一级阶地灰棕冲积土区，地势平坦，为绵远河、石亭江等近代河流的冲洪积扇状平原一级阶地。土层厚度一般在 1 m 以上，土壤胶体品质好，养份较丰富，酸碱度为微酸性，水肥气热较为协调，宜种范围广。绵竹市境内除有绵远河、石亭江外，还有白水、射水、马尾、龙蟒等山溪小河，资源圃选址紧邻一条小河，水资源丰富。

15.2.1.4 基础设施
电信、移动、联通信号覆盖全项目区，通信便捷。项目基地用的是国家电网，电力充分，有保障。

15.2.2 实施目标

业务能力目标：建成国家猕猴桃种质资源圃，收集保存猕猴桃种质资源 20 000 份以上，满足西南地区未来 20 年猕猴桃资源保存和育种需要；年鉴定评价和开发种质资源能力 500 份以上；年创新育种材料 30 余个，生产杂交苗 5 000~10 000 株。

工程技术目标：国家猕猴桃种质资源圃应该符合相关农田水利、资源保存与评价鉴定、农业信息化等方面的标准、满足项目需要，建安工程由Ⅲ级以上施工企业承建，田间工程由具有农田工程资质施工企业承建，监理工程由具有监理资质的监理公司监理，达到相应的施工标准和质量要求。所有工程达到优质等级。

工艺技术水平目标：收集保存猕猴桃种质资源材料，并进行鉴定评价以及开发利用。符合《农作物种质资源技术规范》等标准和规程。在猕猴桃种质资源基地建设、核心育种资源发掘、新品种育种等方面达到国内领先、国际先进水平。

质量水平目标：资源隔离检疫圃，封闭式管理，进出园区检疫消毒，野外采集枝条进行病虫害检疫，如遇检疫性病虫害立即销毁，防止在非疫区蔓延，枝条嫁接成活率90%以上。资源保存繁育圃、检疫圃健康苗嫁接后一年生嫁接种苗，木质化高度在30 cm以上；嫁接口以上2 cm处茎蔓粗度达0.6 cm以上；茎蔓至少带有5个以上饱满芽。资源鉴定评价圃，种苗砧木和接穗来源清楚，砧木为美味猕猴桃实生苗，嫁接口愈合完整，茎蔓生长健壮，满足资源评价的各项要求。

功能目标：建立国家猕猴桃种质资源圃，收集保存中国及全世界猕猴桃种质资源，利用果树学、细胞、分子生物学、遗传学等科学方法，对资源进行系统评价，建立资源数据库，发掘优良核心育种材料，为猕猴桃商业化育种提供骨干亲本材料，保障猕猴桃产业可持续发展。

15.2.3 建设内容

15.2.3.1 土地平整及改良

对550亩资源圃全部进行土地平整及土壤改良。按照规范保存种质资源需要，土地整理主要将田块由小变大，田面坡度控制在5°以内，田面高度按高于地下水位0.8 m以上设计。土壤改良主要提高耕地质量，改土施用有机肥3 t/亩（1 t生物复合肥、2 t生物有机肥），达到土层厚度不低于40 cm，耕作层厚度不低于25 cm，有机质含量不低于15.0 g/kg。

15.2.3.2 棚架建设

面积550亩，搭水泥柱作立柱支架，"T形架"结构。沿行向每隔4~5 m栽植一个立柱，立柱为10 cm×10 cm正方形水泥柱，立柱全长2.5 m，地上部分长1.8 m，地下部分长0.7 m，横梁2 m，横梁上顺行架设5道12#（直径3 mm）热镀钢丝，每行末端立柱外2.0 m处设一地锚拉线，地锚体积不小于0.06 m³，埋置深度100 cm以上。

15.2.3.3 防风防护系统

建设防风防护带16 500 m，采用水泥桩+钢丝网+水杉方式建设。水泥桩采用12 cm×12 cm正方形水泥柱，水泥柱长2.2 m，桩间距3.0 m，埋深0.4 m；钢丝网采用浸塑刺钢丝网；水杉苗植造间距0.5 m/棵。

15.2.3.4 滴灌系统

资源圃550亩全部建设滴灌设施，水肥一体化，主要包括供水系统及管网设备。

（1）供水系统。滴灌系统水源为项目区内拟建的蓄水池，采用加压泵与滴灌系统进行灌溉，将水加压过滤后送入灌溉主管道，再通过控制闸阀，最终到达滴头进行灌溉。同时在水泵和过滤器之间连接施肥器，对果树进行灌溉和施肥控制。滴灌设施的供水系统，包括水源控制房、蓄水池、水泵（加压）、施肥器、过滤器等配套设施。加压设备采用离心泵，过滤器采用二级过滤，即砂石过滤+叠片式过滤，砂石过滤器可手动反冲洗。施肥器采用一体化施肥控制器10寸触摸显示一体机。

（2）田间管网。田间管网滴灌系统管道分为3级，即干管、支管、毛管。主管沿灌区道路布置，支管垂直于干管布置。毛管与支管垂直布置，基本平行等高线。支管上设一电磁阀对所属毛管进行控制。干管最前端设总控制阀对滴灌系统进行全面控制。各级管道均采用 PE 给水管，毛管采用 DN16PE 复合材料软管。

15.2.3.5　蓄水池

猕猴桃生产季用水量较大，周边农田以稻田为主，农民用水量也较大，容易造成用水冲突，周边水源无法满足项目需求，设计建设蓄水池，水源从太平水库引入。

15.2.3.6　田间作业道

新建田间作业道 6 800 m。设计路面宽 3 m，路面为现浇 20 cm 厚 C20 砼路面，并横向设置 2% 坡度方便排水。在浇筑路面和铺设垫层前须先对开挖路基进行夯实，要求压实度≥94%，并铺设垫层，垫层采用 20 cm 碎石垫层。

为便于猕猴桃种质资源圃管理及机械化操作，结合猕猴桃各个园区实际情况，将园区划分为若干个 20 亩大小的小区，各小区作业道硬化，便于田间管理。

15.2.3.7　排水渠

新建排水渠 8 500 m。排水渠采用现浇 C15 砼矩形渠，断面尺寸宽×高为 0.6 m×0.8 m，其中渠底板和边墙均采用现浇 20 cm 厚 C15 砼。

15.2.3.8　防虫纱网

隔离检疫圃防虫纱网面积 50 亩，每亩网室面积 600 m^2，双热镀锌钢架结构。防虫纱网开间 4.0 m，单跨 8 m，跨间设天沟，顶拱设三道纵梁，拱距 0.8 m，外层覆盖 60 目防虫纱网。

15.2.3.9　智能温室大棚

新建新建智能温室 1 栋，面积 500 m^2。保障野外种质资源果实种子的萌芽和成活率，以及实生幼苗的快速繁殖，必需配备智能温室才能达到项目生产目标。智能温室长 32 m，宽 20 m，建筑面积 500 m^2，为四连栋玻璃结构，"人"字形架，边高 4.5 m，中高 5.5 m，两连栋之间设置水槽，水槽高度即肩边高（4.5 m）。

15.2.3.10　配套仪器、设备

购置仪器设备 161 台（套），其中购置实验仪器设备 111 台（套）；生产农用机具 35 台（套）；物联网及信息处理设备 15 台（套）。

15.2.4　运行管理

（1）项目建成后的科研管理制度。制定规范的科研管理流程，明确责、权、利，强化科研团队的执行能力，使项目运营期各部门的管理工作规范化、制度化和标准化，提高工作效率。四川省自然资源科学研究院负责项目的申报，负责野生猕猴桃种质资源的收集保存、评价鉴定与育种研究等。按照合作协议四川华胜农业股份有限公司负责项目资金配套和项目的建设，并开展育种研究，新品种试验示范推广等。

（2）科研计划与实施。四川省自然资源科学研究院在上年度总结的基础上，制订当年科研计划，包括科研费用概算、科研计划书，经批准后执行。费用预算必须以事实为依据，认真测算、严格审核，其偏差应控制在 10% 以内，年度科研经费实行详细预算计划经过相关专家审核董事会批准后按照财务管理制度执行。科研实施过程中出现异

常情况，如科研面积变化、自然气候影响等而导致费用及资金需求的变化，应及时请示领导小组。田间实施应与科研计划书一致，如有调整，应有补充说明，并附科研计划书后，科研计划书必须一式两份，其中存档一份，并不定期对资源材料、田间种植情况进行检查。

（3）种质资源和信息管理。加强项目种质资源收集、保持与管理。对内：所有种质材料都要详细登记，包括种质资源性状采集管理、环境数据管理、试验数据分析、指纹图谱库、繁育活动、库存等信息。对外：开展种质资源评价鉴定、分发，种质资源共享，并制定完善的管理制度。

（4）资源保密。种质资源属于国家保密信息，种质资源信息未经许可严禁向单位以外的任何个人或组织泄露，并制定严格的资源保密措施。

15.3 成都猕猴桃资源基因库与科研示范基地建设

15.3.1 建设意义

15.3.1.1 保护资源保障国家战略性生物资源储备和持续利用

遗传种质资源是一个国家生存和发展的战略性生物资源，也是作为基因载体选育优质良种、推动产业和经济发展的物质基础。目前，猕猴桃产业已进入大面积开发阶段，生产面积迅猛增长，但栽培品种及其遗传资源比较单一，全世界栽培的猕猴桃品种主要是美味猕猴桃（约占85%）和中华猕猴桃（约占15%），特别是以美味猕猴桃为遗传基础选育出来的海沃德品种，更是在中国以外占据世界栽培面积的95%以上，世界各国的猕猴桃研究者已认识到这种将一个世界性的特色水果资源建立在单一品种上的危险性，狭小的遗传基础势必因遗传均质性带来整个产业的脆弱性，因此，以可持续利用为导向的遗传资源研究和以品种改良为目标的育种研究成为各国关注的重点。

中国是猕猴桃资源的原始起源中心，拥有丰富多样和珍贵的猕猴桃种质资源，但由于发展起步晚，猕猴桃种质资源的开发利用并没有得到充分的保护和研究，大多数种质资源仍处于野生或半野生状态，由于生态条件的日益恶化，有的种已处于濒危境地，因此，亟待需要加强对猕猴桃种质资源的收集保存和保护，最常用的保存保护方法就是收集种子、枝条和苗木建立种质圃，目前，中国在广西桂林、湖北武汉、江西庐山等地建立了猕猴桃资源圃，从种质资源保存的要求（原产地就地保存最好）和资源圃的布局看，资源圃主要集中在中南部地区，而拥有丰富猕猴桃遗传资源的西南部地区，特别是四川、重庆猕猴桃最佳适生地区还没有建立国家级的资源圃，因此，本项目的建设将在构建全国猕猴桃遗传资源保护体系，完善全国猕猴桃资源圃区域布局，加强猕猴桃遗传资源的保存和保护，实现猕猴桃资源可持续开发利用等方面都必将发挥重要的作用，具有长远的历史意义。

15.3.1.2 科技创新培育中国自主知识产权优质猕猴桃新品种

经过20多年的不懈努力，中国在资源调查、收集的基础上，开展了全国性的引种驯化及实生育种工作，目前已从野生中华、美味、软枣猕猴桃中发现和实生选育了1 400多个优良株系，经过后续的高接考种、中试、区试以及商业规模的重复性试验，开发出了57个品种和一批优选单株，但是大规模商品化栽培的品种、满足国际市场需求的优质高档猕猴桃品种、具有自主知识产权的品种相当少。

以四川省自然资源研究所为核心的科研机构，在成功地选育出多个适合本地栽培的品种后，于1995年又成功地选育出具有自主知识产权的"红阳猕猴桃"新品种，并获得国家地理标志农产品认证保护。该品种在都江堰市大规模商品化栽培后，通过对生产基地标准化、规范化管理，使都江堰市猕猴桃生产基地获得了欧洲良好农业操作规范和中国良好操作规范的认证，这是全国猕猴桃第一个获得"双认证"的农产品基地，也标志着四川猕猴桃已成功迈入世界高端市场。但垄断欧美主要高端市场的猕猴桃，依然是产自新西兰、意大利、智利等国生产的"海沃德"品种。本项目的建设旨在以成都中际投资有限公司为龙头构建以企业为主体的技术研发中心，同时集合四川以及全国的有实力的猕猴桃科研机构，以我国丰富的猕猴桃遗传资源，特别是西南地区优异的猕猴桃资源为基础，以成都猕猴桃遗传资源基因库为平台，联合开展科技创新协作攻关，以培育出具中国原产特色和自主知识产权的优质高档猕猴桃新品种。

15.3.1.3　品牌发展提升中国猕猴桃原产地国际声誉和竞争力

中国是猕猴桃资源原始起源中心，拥有丰富的猕猴桃种质资源，特别是野生种质资源。但长期以来，中国对小水果——猕猴桃资源并没有引起足够的重视，起步晚，发展慢，研究与产业化脱节，特别是在大规模商业化开发利用、实施标准化、规范化、品牌化发展等方面还相当滞后，与世界生产强国存在明显的差距。在这方面，四川省、成都市走在了全国的前列，从最初发展猕猴桃产业开始，成都人就把眼光瞄准国际高端市场，把提升中国猕猴桃原产地的国际声誉和竞争力作为己任，通过实施标准化、规范化、品牌化发展战略和一系列的商业化运作，并在政府政策的支持下，成功将"红阳猕猴桃"品种打入国际高端市场。正如成都人所说的，成都就是要在世界上最佳猕猴桃适生区，培育出世界上最优的猕猴桃品种，生产出世界上一流的猕猴桃果品。本项目的建设将借助成都人的发展信心、发展理念和成功经验，奠定中国猕猴桃走出国门的种质资源基础，并在品牌发展提升中国猕猴桃原产地的国际声誉和竞争力过程中发挥重要作用。

15.3.1.4　引领产业促进地震灾区区域经济重建和全面发展

四川省龙门山脉是四川盆地与川西高原的天然界线，北东起始广元，南西到达泸定，全长500 km，该区域包括四川省的青川、北川、茂县、汶川、绵竹、什邡等县市，以及成都的都江堰、彭州、崇州、大邑、邛崃、崇州、大邑、蒲江等县市，是四川省乃至全国发展优质高档猕猴桃最佳适生优势区，也是成都市发展优质高档猕猴桃生产的重要地区和基地。2008年5月12日，在四川汶川发生了特大地震，从震中释放出的巨大能量，以地震波的形式沿龙门山脉三条相互平行的断裂带迅速传播，造成了大面积的强烈地震灾害，对龙门山脉的生态环境、自然资源，特别是植被资源、猕猴桃资源，以及猕猴桃生产基地造成了极大的破坏和巨大的损失。亟须对地震灾后龙门山脉猕猴桃资源的变化情况进行调查，对猕猴桃遗传资源进行收集保存，对地震灾区猕猴桃产业的发展、对龙门山脉区域经济的发展进行重建和推动。本项目的建设旨在通过前期对龙门山脉地震灾区猕猴桃资源的调查和收集保存，逐步扩展到四川省及西南地区猕猴桃资源的收集保存和保护，在建立西南猕猴桃资源圃的基础上，加大优质高档猕猴桃品种的选育，培育具有中国自主知识产权的知名品牌，并通过标准化、规范化、品牌化和国际化的商业运作，引领四川省乃至全国优质高档猕猴桃产业的发展，同时，促进和带动地震灾区猕猴桃产业的恢复重建和区域经济的全面发展，实现农业增效、农民增收，使猕猴桃产业在灾区人民重建家园的发展中发挥更为重要的作用。

15.3.1.5 培植特色优化区域农产品结构满足市场多样化需求

特色农业是指依托区域特色资源，开发具有市场潜力和区域特色的农产品，并逐渐发展为有竞争优势的特色农业产业。目前我国特色农产品规模化和集约化开发程度不高，直接影响农业增效、农民增收。加快特色农业发展，推进特色农产品区域化布局，有利于引导特色农产品逐步向最佳适宜优势区集聚，形成区域特色产业，有利于扩大农村就业，形成农业与农村经济新的增长点，有利于提高农产品国际市场竞争力，有利于丰富农产品品种供给，满足市场多样化的需求。

根据国家农业农村部特色农产品区域布局和发展要求，我国猕猴桃产业将重点布局在川中区、陕甘豫、渝湘黔区和鄂赣区，发展的目标是培育具有我国独特品质、有市场竞争力的特色果品品种，优化特色果品结构，加强果品采收技术研发，推进标准化生产，形成生产、加工、营销一体化的产业链，培育特色果品著名品牌，扩大国际市场份额。发展的重点：一是特色农产品选育，包括特色农产品资源保护、特色农产品品种创新、特色农产品良种繁育；二是特色农产品标准化与管理，包括特色农产品标准制定与完善、特色农产品品质监控、特色农产品生产示范区建设；三是特色农产品技术创新与推广，包括特色农产品生产技术研发、特色农产品储藏、加工技术研发、特色农产品技术培训与示范；四是特色农产品加工，包括特色农产品传统加工、特色农产品精深加工；五是特色农产品营销，包括特色农产品专业市场建设、特色农产品市场信息平台建设等。本项目的建设着力挖掘猕猴桃特色资源潜力，对区域猕猴桃特色资源的收集和保护、野生资源的驯化和品种创新、良种繁育、生产和采后技术、标准化生产示范、引导产业向最佳适宜优势区集聚、优化区域农产品结构和生产力布局、提高农产品国际市场竞争力、满足农产品市场多样化需求等方面都将发挥重要的作用，符合国家农业产业发展政策和要求。

15.3.2 发展基础

15.3.2.1 区位条件

本项目建设选址在成都彭州市小鱼洞镇以董坪村为中心的区域。彭州位于成都平原西北部，地理坐标东经103°10′~103°40′、北纬30°54′~31°26′。小鱼洞镇董坪村位于彭州市西北部边缘山区，湔江河上游的腹心地带，距彭州市35 km，距成都市75 km。彭州市地形地貌复杂多样。山地、丘陵、平原分别占全市总面积的50%、11%、39%。地势西北高、东南低，九陇以北是山地区，海拔多在2 000~3 000 m，少数山峰达4 800多米，最高峰是太子城主峰，海拔4 776 m。目前，彭州市有5条出入境高等级公路

(成彭高速全长 19 km)，正在建设成都北延线彭州段和成都沙西线彭州段（成都至彭州快速通道）。宝成铁路青灌线横穿彭州工业开发区，在彭州有 4 个货运站；距全国第 5 大国际机场——双流国际机场 70 km，并以成彭高速、绕城高速、机场高速相连接。全市有省、县、乡专用道路 1 429.3 km，其中省道 2 条，63.3 km；市级快速通道 1 条 39.8 km；县级快速通道及一般县道 12 条 145.8 km；乡村道路 317 条，1 159.2 km；专用道路 8 条，21.2 km。公路里程和规模等级位居全省前列。小渔洞镇董坪村与其周边连接的公路交通全部贯通。使用岷江、渝江水系供水，日供水能力 20 万立方米，自来水日供水能力 10 万立方米，能保障生产生活用水。彭州市电力燃气供应充裕电，全市有大小发电站 87 座，年发电量 10 亿度，全部并入国家大电网；全市天然气储量 1 000 亿立方米，日输配能力 80 万立方米，开发区中心配气站输配能力 30 万立方米，目前实际日用气量仅 9 万立方米。中国联通、中国移动、小灵通在小渔洞镇建立了发射站，通信覆盖率达 100%，宽带网络、光纤电视线路畅通。

15.3.2.2 自然资源

小渔洞镇董坪村地形地貌主要以低山、丘陵为主，平均海拔 1 000~1 500 m。彭州市属四川盆地亚热带湿润气候区，气候温和湿润、雨量充沛，光照较同纬度地区偏少，四季分明，无霜期长，夏无酷暑、冬无严寒。年均气温 15.6℃，年均降水量 932.5 mm，无霜期 276 天，年日照时数约 1 180 小时，素有"天然温室"之称。小渔洞镇董坪村年均气温 13℃，年降水量 1 100 mm，无霜期 248 天，年日照时数约 1 180 小时。彭州市属湔江冲积扇平原，位于湔江冲洪积扇下游，地面坡降顶部 11‰，下游为 6.6‰，自扇顶至扇缘约 20 km，整个冲洪积扇面积约 340 km^2。拥有耕地面积 3.8 万公顷，其中水田 2.89 万公顷、旱地 0.66 万公顷，人均耕地面积 0.83 亩。土壤类型以水稻土、潮土、紫色土、黄壤、黄棕壤为主，小渔洞镇董坪村现有土地面积 437 公顷，其中可耕地 88.5 公顷，林地 340 公顷。彭州市水系分属沱江、岷江水系，主要河流为湔江，市区西南部边界地区为岷江区域。"引岷济湔入沱"的蒲阳河及人民渠为都江堰水系，河流与渠系交叉形成了本区富有特点的网状水系。人民渠引都江堰之水入境，境内干渠长 39.7 km，总长 88 km，渠道过水能力约 150 m^3/s，能满足农业生产需要。小渔洞镇董坪村主要水系为湔江河，主要灌溉渠系有两条。彭州市生物资源丰富多样，全市有木本植物 103 科、295 属、634 种，其中珍稀危古植物 20 科、23 属、24 种、1 个亚种、1 个变种，属国家一级保护的有 2 种，二级保护的 9 种，三级保护的 15 种。药用植物 150 科、630 种。常见的野生动物有 100 科、285 种，属国家一类保护的有大熊猫、金丝猴，二类保护的有红腹锦鸡、猕猴、小熊猫等。

15.3.2.3 生态环境

彭州市位于青藏高原断裂带的龙门山腹地，生物资源多样，生态环境良好，人与自然关系和谐。龙门山国家地质公园、龙门山国家风景名胜区、白水河国家森林公园、白水河自然保护区四大国家级品牌，构筑了彭州西北部的天然生态屏障，成为人们避暑、休闲、度假的生态绿园。全市森林覆盖率达 48.6%，山区植被覆盖率达 80% 以上。大气质量优于国家Ⅱ级标准，地表水质达到国家Ⅲ类水域标准。同时通过加大环境整治力度，消除环境安全隐患，有效遏制城镇环境污染，全市城镇工业废水排放量达标率

87.36%，二氧化硫排放量达标率99.7%，工业固体废物综合利用率99.99%。

15.3.2.4 政策环境

成都市委、市政府非常重视猕猴桃产业的发展，为了加快猕猴桃产业的发展，成都市成立了猕猴桃产业推进工作小组，颁布了《关于加快猕猴桃产业发展的意见》文件，编制了全市猕猴桃产业发展规划，明确了产业发展的指导思想、发展目标、区域布局、基地建设、生产规范、营销战略、扶持政策。

15.3.2.5 技术支撑

成都市在发展猕猴桃产业的过程中非常重视生产过程标准化、规范化栽培技术的普及推广，发展之初就制定了《猕猴桃生产地方标准》《猕猴桃无公害生产操作技术规程》《红阳猕猴桃栽培技术规程及质量标准》《海沃特猕猴桃栽培技术规程和质量标准》，并通过各种方式强化技术培训工作，特别是2007年，都江堰猕猴桃基地通过了欧洲良好农业操作规范和中国良好操作规范的认证，这些良好农业操作规范的认证及其在更大区域的示范推广，将为猕猴桃产业的发展提供重要的技术支撑。在研究方面，成都市科研院所、高等院校云集，从事猕猴桃科研的人才济济，更为重要的是，成都中际投资有限公司已与中国科学院武汉植物园、四川大学生命科学院、四川农业大学三家单位达成科研攻关合作意向，特别邀请三家单位作为本项目建设和实施的科技依托单位，国家级、省级科研院所、高等院校的加盟将为本项目的建设提供强大的科技支撑保障。

15.3.2.6 资金投入保障

除争取国家科技部建设资金之外，成都市委、市政府将把本项目作为市财政支农资金的重点支持项目，成都市现代农业发展投资公司，项目建设单位成都中际投资有限公司已为本项目实施预作资金安排，市、乡镇等有关部门将全力动员和采取有效措施，提高项目受益群众投资投劳能力和自觉性。

15.3.2.7 组织管理保障

为保证本项目建设有组织、有计划地顺利实施，根据本项目建设和实施的要求，拟成立成都猕猴桃遗传资源基因库与科研示范基地建设项目领导小组，由成都市、彭州市政府领导，发改委、财政局、科技局、农委（农村发展局）等有关部门进行组织协调，成都市猕猴桃产业推进领导小组、成都中际投资有限公司、项目技术依托单位、龙门镇等共同参与本项目的建设，将构建起政府主导、企业主体、院校支撑"三位一体"的项目建设和实施的组织管理保障体系。

15.3.3 优劣势分析

15.3.3.1 发展优势分析

（1）地理区位优势。四川省位于中国的西南，是全国乃至世界极其珍贵的生物基因库之一，其猕猴桃资源居全国之首，并在国际上享有一定声誉。从猕猴桃地理分布区位看，成都市位于这个珍贵生物基因库的中部，成都西部的龙门山脉，是四川盆地与川西高原的天然界线，为四川省猕猴桃资源集中分布五大区域之一，在全国猕猴桃资源分布中具有明显的地理区位优势和重要地位。从国家经济发展地理区位看，成都是西南地区科技、商贸、金融中心和交通、通信枢纽，也是泛珠三角经济区的重要城市，具有承接珠三角经济向西部地区梯度推进的战略区位优势，也是我国西部地区承接沿海发达地区产业转移并向西南、西北两翼腹地延伸辐射的重要城市，在全国占有十分重要的地位。

(2) 自然资源优势。从猕猴桃资源数量看，全省猕猴桃属植物共有21种，3个变种1个变型，占全国猕猴桃属植物总数的33.9%，猕猴桃野生资源分布面积36万 km^2，其中盆地边缘的山地猕猴桃资源大约有60万公顷，野生猕猴桃资源总藏量为2.5万t，占全国总量的16.7%，其中盆地边缘山地是猕猴桃资源总藏量约为2.3万t，占全省总量的90%以上。从猕猴桃生态环境条件看，成都西部的龙门山脉，是四川盆地与川西高原的天然界线，海拔高度大多在1 000~3 000 m，该区域属亚热带湿润季风气候，气候温和，雨量充沛，年平均气温16.5℃，年降水量1 121.7 mm，相对湿度65%~80%，年均日照1 000~2 200小时，大于10℃积温4 500~5 000℃，无霜期285天，山地植被主要是亚热带常绿针阔叶混交林带，垂直分布比较明显，森林树种异常丰富，珍稀动植物种类繁多，因此，其海拔高度、土壤性质、气候特点、生态植被等完全符合猕猴桃最优生长环境所需生态条件，且该区域无检疫性病虫害危害，属猕猴桃生产无疫病区域。

(3) 科技人才优势。成都市拥有众多科研院所和高等院校，除拥有四川省农业科学院各个科研机构的科技、人才资源优势外，成都市通过整合全市农业科研教育资源，组建了集农科教、产学研为一体的成都市农林科学院，构筑了农业科技创新转化平台。此外，中国科学院武汉植物园、四川大学生命科学学院、四川农业大学作为项目建设的技术依托单位，将为本项目的建设和实施以及猕猴桃产业的发展提供强大的科技支撑。

(4) 政策环境优势。2008年5月12日，四川汶川发生里氏8.0级特大地震。党中央、国务院高度重视地震灾后的恢复重建工作，并在较短的时间内编制完成了《国家汶川地震灾后恢复重建总体规划》，其恢复重建的目标：是用三年左右时间完成恢复重建的主要任务，基本生活条件和经济发展水平达到或超过灾前水平，努力建设安居乐业、生态文明、安全和谐的新家园，为经济社会可持续发展奠定坚实基础。为保障恢复重建任务和目标的实现，国家在财政、税费、金融、土地、产业等方面制定和实施了针对性较强的政策措施。一系列支持四川、成都灾后恢复重建和经济社会发展的政策的制定和实施极大地惠及四川、成都国民经济的发展，也惠及了成都现代农业的发展，为猕猴桃产业提供了良好的政策发展环境。

15.3.3.2 问题与制约因素

从全国猕猴桃科研和产业发展看，尽管近20多年来，特别是近10年来，我国猕猴桃产业得到了快速发展，正在深刻地影响着世界猕猴桃产业发展的格局，但是我国猕猴桃科研与产业发展还存在许多问题和制约因素（前已述及）。从国家战略层面看，最为核心的问题是我国拥有丰富的猕猴桃遗传资源，但对这种资源优势发掘的广度和深度不够，科研开发支持的强度不足，特别是对以企业为主体的技术研发及其体系建设的支持不足，导致猕猴桃产业发展严重缺乏后劲。在这样的大环境下，四川成都猕猴桃研发和产业的发展也同样面临一些问题和制约因素。

一是新品种的引入、推广和培育工作薄弱。全世界猕猴桃现有100个左右的品种，但主要推广栽培的只有七八个品种，而成都市主要栽培品种只有海沃特、红阳和面积很小的金艳，品种比较单一，中、早、晚熟品种搭配不合理，成都龙门山脉野生猕猴桃资源极为丰富，但因投入不足对野生资源的开发利用、新品种的研发和培育十分欠缺。

二是生产基地建设的标准化程度不高。全市猕猴桃生产仍然以零星分布较多，集中成片发展的还不是足够多。

三是果品采后处理及加工能力不足，猕猴桃果品采摘 6 小时内必须进入气调库，才能保证它的品质和延长货架期，但气调保鲜库、冷藏库总容量尚有不足。此外，一般猕猴桃优质果率在 70% 左右，残次果的加工也是资源利用的重要问题，而且随着种植面积的扩大和挂果量的增加，残次果以及优质果的加工利用问题将日显突出，但全市猕猴桃加工能力比较薄弱、加工产品开发相当滞后。

四是科研和产业发展经费投入不足。世界主要生产大国如新西兰、意大利等国家在科研和产业发展上都投入了大量的资金，以新西兰为例，1996—1999 年，新西兰每年投入研究经费 930 万美元，其中国家投入 62%，大企业投入 38%，近几年总体投入呈不断增长的趋势。但目前我国无论是政府财政投入、还是企业投入都明显不足。

五是品牌宣传、市场营销力度不够。尽管成都在品牌发展、市场营销战略，特别是打开世界高档产品市场方面走在了全国的前列，但与世界主要生产大国新西兰、意大利等国家已经成熟市场营销策划和发展战略还存在明显的差距。

15.3.4 市场分析

15.3.4.1 产品方案与规模

成都猕猴桃遗传资源基因库与科研示范基地建设项目产品设计包括两大类，即服务性产品和实物性产品。服务性产品主要是指项目建成后项目区为社会、为猕猴桃产业发展可能提供的服务，如科技创新研发平台、科技成果孵化平台、资源信息服务平台、科技培训示范推广、科普教育资源观赏等；实物性产品主要是项目区可提供的实物性产品，如猕猴桃良种、优质猕猴桃果品等。

（1）科技创新研发：以企业创新为主体，与技术依托单位或其他科研院所、高等院校合作，每年争取向国家、省、市申请有关猕猴桃产业方面的研究课题五六个在项目区进行，每年完成两三个科研成果的中试转化，力争每年选育 1 个新品种并进行示范推广。

（2）资源信息服务：通过收集、整合、引进交换等方式采集猕猴桃资源圃的信息数据资源，进行规范加工处理，分类存储并及时更新，形成覆盖全国、连接全球的信息平台，为猕猴桃科学研究提供准确、高效的基础数据资料及咨询服务，为猕猴桃资源的保存和利用提供有用的管理和决策服务。

（3）培训示范服务：开展猕猴桃栽培管理技术培训示范活动，每年定期召开猕猴桃栽培技术、果园管理技术等各种技术培训班 6 期，不定期举办猕猴桃生产管理专题讲座，每年举办 1 次高水平的国际或国内猕猴桃产业发展高层论坛。

（4）科普教育休闲观赏：充分利用猕猴桃种质资源基因库的资源，建立中小学生植物学科普教育基地，每年接待中小学生科普教育活动 10 次；同时加强基因库项目区休闲观光旅游环境建设，为城乡居民休闲观光提供优质服务，每年接待游客 50 万人次。

15.3.4.2 实物性产品规模

（1）优质高档种苗：通过良种繁育每年向成都市及四川省提供 10 万株优质高档猕猴桃种苗。

（2）优质高档果品：标准化生产示范面积 3 000 亩，每年生产优质高档猕猴桃果品 20 t。

15.3.4.3 国际市场分析

全世界栽培猕猴桃的主要国家有新西兰、意大利、智利、中国、日本、美国、法国、澳大利亚、希腊、西班牙、以色列等 30 多个国家，栽培总面积为 12 万~13 万公顷，总产量大约 130 万~150 万 t，其中中国栽培面积 7 万多公顷，总产量约 60 万 t，意大利栽培面积为 2.1 万公顷，总产量 40 万 t，新西兰栽培面积 1.2 万公顷，总产量 28 万 t，智利栽培面积 0.8 万公顷，总产量 15 万 t，其他国家如法国、希腊、日本、美国、澳大利亚、西班牙、以色列等国家共有栽培面积 1 万~2 万公顷，总产量 20~30 万。从猕猴桃果品进出口贸易看，全世界猕猴桃果品贸易量为 100 万 t 左右。意大利是世界上最大的猕猴桃出口国，出口量大约为 30 万 t，占其生产总量的 70%左右，进口量近几年来也在持续增加，进口量占其国内消费量的大约 30%；新西兰为世界第二大出口国，出口量大约为 25 万 t，占其生产总量的 90%以上，其中有 56%出口欧洲，24%销往日本。第三大出口国为智利，出口量大约 12 万 t，占其生产总量的 80%左右。此外，法国、希腊、西班牙等也有少量出口。中国猕猴桃果品主要是国内市场，出口量很小且主要销往加拿大、俄罗斯和新加坡。

15.3.4.4 国际市场消费与需求分析

随着主要生产大国对猕猴桃产品的宣传和营销，人们对猕猴桃果品的营养价值、药用价值认识的不断提高，世界猕猴桃果品市场消费与需求呈现持续增长的趋势。从世界各国市场需求和消费情况看，猕猴桃果品市场需求和消费主要集中在欧美国家以及亚洲的日本和韩国。以 2005 年世界猕猴桃统计数据为例，意大利是除中国以外最大的消费国，年消费量大约为 15 万 t，人均消费量 2.61 kg，近年来进口量持续上升；其次是西班牙，年消费量约为 11 万 t，人均消费量 2.63 kg，每年从国际市场进口猕猴桃果品 10 万 t 左右，亚洲的日本也是猕猴桃消费大国，每年从国际市场进口国内消费市场 50%的果品；人均消费量最大的是新西兰，达到 5 kg；中国年消费量为 20 多万 t，但人均消费量仅为 0.15 kg，低于世界平均水平 0.22 kg。

15.3.4.5 国内市场消费与需求分析

中国也是猕猴桃消费大国，目前，中国生产的猕猴桃果品主要以国内消费为主，消费水平与国内生产水平同步发展。消费市场主要集中在北京、天津、上海、广州等大中城市，尽管我国猕猴桃生产量正在快速增长，但仍不能满足国内市场的需要，每年从新西兰、意大利等国家进口部分猕猴桃。而且，随着城乡居民收入的增长和生活水平的提高，人们对膳食结构、身体健康的关注和对农产品品质特色、营养功能、保健功能和安全性等个性化的特殊需求逐步增加，丰富多样的特色农产品越来越受到广大消费者的青睐。猕猴桃具有丰富的营养价值和良好的药用价值，是各种水果中营养成分最丰富、最全面的水果，素有"水果之王""维生素 C 之王"之美称，由于其风味独特，营养丰富,维生素C含量高,经济价值、营养价值高以及医疗保健效果好而备受人们的喜爱,消费者的消费习惯也日趋成熟,国内消费市场的需求将逐年增加。

15.3.5 发展思路

15.3.5.1 发展思路

以科学发展观为指导,围绕构建国家战略性生物资源保护体系和建设创新型国家的战略目标,充分发挥区域优势特色资源比较优势,以遗传资源的收集、保存和保护为基础,以企业技术创新和研发为核心,以科研机构和高等院校合作为支撑,以标准化、规范化栽培技术示范和培训为重点,以提高产业国际竞争能力为根本取向,以促进区域经济发展和增加农民收入为目标,加强成都猕猴桃遗传资源基因库与科研示范基地建设,通过资源保护、自主创新、培植特色、品牌发展,引领成都、四川乃至全国猕猴桃特色产业的发展和产业升级,以提高中国猕猴桃原产地的国际声誉和市场竞争能力。

以猕猴桃遗传资源的收集、保存和保护为基础,加强对猕猴桃种质资源的调查、采集、保存和保护,立足四川、面向全国开展猕猴桃种质资源的调查、采集和引种。一是完成龙门山脉猕猴桃资源的调查、采集和保护工作,分析评估地震灾害对龙门山脉猕猴桃资源的影响;二是完成四川省其他区域猕猴桃种质资源的引种工作;三是完成重庆、贵州、云南猕猴桃种质资源的引种工作;四是完成全国各地适生猕猴桃种质资源的引种工作,为猕猴桃种质资源的开发利用研究奠定丰富的遗传资源基础。项目区将重点建设猕猴桃资源原生活体保护区、采集与引种资源观察圃、名特优品种资源圃、离体低温保存库等方面的基础设施,以满足项目建设的需要。

以企业技术创新和研发为核心,以科研机构和高等院校合作为支撑,加强对猕猴桃资源的开发利用研究。一是做好项目区内猕猴桃资源的分类管理和登记工作,加快猕猴桃资源信息管理系统建设;二是加强对项目区猕猴桃资源的鉴定与评价,如品种资源与特异种质、种质保存、花粉形态、染色体数目与倍性、同工酶分析以及DNA分子标记等研究;三是利用生物技术开展优质高档猕猴桃品种选育研究,加大野生资源的驯化和品种创新工作力度,培育优质高档猕猴桃新品种;四是加强猕猴桃栽培技术、采后处理技术等产业发展的技术创新研究与集成研究,以提高猕猴桃产业发展的科技含量。项目区将重点建设创新研发中心、新品种选育园等设施。

以标准化规范化栽培技术、采后处理技术示范和培训为重点,以提高猕猴桃产业国际竞争能力为根本取向,以促进区域经济发展和增加农民收入为目标,通过项目区的科技创新、技术集成创新,形成优质高档猕猴桃栽培技术、采后处理技术标准和操作规程,构建产业发展的技术体系,并通过示范区的示范和培训工作,引领我国猕猴桃产业提档升级,在促进和带动地震灾区猕猴桃产业的恢复重建和区域经济的全面发展,实现农业增效、农民增收的同时,全面提升我国猕猴桃产品国际市场的竞争能力。项目区将重点建设新品种试验园、标准化生产示范区等设施。

15.3.5.2 总体目标

经过3~5年的建设,全面建成空间布局合理、功能多元表达、资源丰富多样、创新能力强劲、引领作用显著、生态环境友好和集资源保护、创新研发、示范带动、交流培训、信息服务、休闲观光于一体的猕猴桃遗传资源基因库和开发利用研究基地，力争再经过5~10年的建设发展，通过进一步的设施建设和功能完善，将项目区发展成为国家猕猴桃遗传资源保护体系重要的组成部分，全国设施条件最好、创新能力最强的科技创新研发中心，西南地区最大的猕猴桃资源基因库、数据信息中心，引领全国猕猴桃产业发展的成果孵化示范基地，成为国际上有重要影响的猕猴桃遗传资源基因库和创新研发中心。

15.3.5.3 功能定位

（1）资源保护功能。项目区建设首要体现的是资源保护功能，猕猴桃遗传资源的保护是国家生物资源保护体系的重要组成，也是开展猕猴桃资源科学研究的物质基础，项目区通过建设猕猴桃资源原生活体保护区、采集与引种资源观察圃、名特优品种资源圃、离体低温保存库等条件，加强对猕猴桃遗传资源的收集、保存实现对猕猴桃遗传资源的保护。

（2）创新研发功能。作为构建区域性的猕猴桃资源开发利用研究基地，科技创新研发功能是核心，既包括猕猴桃资源的基础研究、应用基础研究和前沿高新技术研究，如分子水平基础上的生物技术，也包括育种技术、栽培技术、病虫防治技术、加工技术研究，同时，还要注重成果的孵化能力、转化能力的建设，特别是自主创新研究成果的转化能力建设，项目区主要通过建设和完善研究设施设备条件，加强与科研院所、高等院校的合作，加强优秀人才的引进，实现创新研究能力的提高。

（3）示范带动功能。依托项目区试验示范基地的建设，对自主研究的成熟科技成果，在示范基地进行试验示范，提高农民对新品种、新产品、新技术的认知程度，促进科技成果尽快转化为现实的生产力；同时，立足猕猴桃科技发展前沿，把国内外先进适用的生物工程、设施栽培、节水灌溉、集约生产、智能管理、信息网络等技术引入基地进行试验示范，通过现场示范与技术培训，带动农民不断更新和应用农业高新技术，促进农业科技成果的推广和应用。

（4）交流培训功能。项目区以猕猴桃遗传资源基因库和开放性创新研究中心为平台，广泛开展国内外的科技合作和学术交流，加强与国内外从事猕猴桃研究的机构或个人联系，借鉴学习外部先进的科学技术、发展理念，推动区域间、国际间的科技合作与交流，通过交流与合作提高科技创新人员的创新能力和业务水平；同时要以培训交流中心为基础，开展农村实用技术培训，提升农民科技素质；开展省内外、国内外学术交流。

（5）信息服务功能。充分运用信息、网络等现代高新技术，通过收集、整合、引进交换等方式采集猕猴桃资源圃的信息数据资源，进行规范加工处理，分类存储并及时更新，形成覆盖全国、连接全球的猕猴桃信息数据共享平台，为猕猴桃科学研究提供准确、高效的基础数据资料及咨询服务，为猕猴桃资源的保存和利用提供有用的管理和决策服务。为科技人员快捷获取各类科技信息提供方便，为农民生产行为决策提供科技与市场信息，为地方政府政策制定和管理提供技信息支持。

（6）休闲观光功能。项目区将以猕猴桃各种资源圃、园，品种试验区、标准化生产示范区为基础，并通过对整个项目区基础设施、公共设施、生态环境建设等进行整体布局,特别是生态林网的建设,不断完善项目区休闲观光设施,并与周边自然景观、旅游景点等有机融合,通过休闲观光旅游业与猕猴桃资源、产业的有机结合,为城乡居民观光、休闲、度假提供宁静、清新、优美的田园风景和生态环境。

15.3.5.4 分区布局

(1) 遗传资源保护区。遗传资源保护区位于项目区的北部,占地面积20公顷(300亩)。主要建设猕猴桃资源原生活体保护区、采集与引种资源观察圃、名特优品种资源圃、离体低温保存库等内容。

(2) 科技创新研发区。科技创新研发区位于项目区的中部,占地面积6.7公顷(100亩)。主要建设中心实验大楼(内设科研区、办公区、培训区、信息服务区等)和新品种选育园、新品种试验区等内容。

(3) 标准生产示范区。标准生产示范区位于项目区南部,占地面积240公顷(3 600亩)。主要开展猕猴桃标准化、规范化栽培技术,栽培模式试验和技术集成等研究,为在更大范围规模化、产业化发展示范推广形成技术体系。

15.3.6 建设方案

四川猕猴桃种质资源是发展成都特色猕猴桃产业的基础。"5·12"汶川特大地震给灾区人民的生命财产和生产建设造成了巨大损失,同时也对四川龙门山、龙泉山脉资源环境造成严重破坏。本项目建设以科学发展观为统领,以落实农业部特色农产品区域布局规划(2006—2015年)和成都特色果品灾后重建规划为契机。依据本项目的功能定位,项目建设方案设计如下:在全面开展对成都市域内龙门山、龙泉山脉及周边地区猕猴桃种子资源本底调查与评价的基础上,按照产业化要求,紧紧围绕猕猴桃资源保护与利用、加强优质新品种选育和良种繁育;猕猴桃标准化生产、病虫害防治、科研创新、技术培训、科研、办公、生产以及水、电、路公共工程条件建设,为全面提升成都市猕猴桃产业的科技含量,加快猕猴桃产业发展,使灾区人民尽快富裕起来提供科技支撑、生产示范。本项目建设包括猕猴桃种质资源调查与评价;建设猕猴桃资源圃、新品种选育园、新品种试验园、标准化生产示范园等田间工程;建设猕猴桃信息管理系统和组建种质资源研究开发中心,建设科研办公综合大楼、果品分级包装间等建筑工程;仓库、水、电、路、绿化等公共配套工程;购置农机具和实验设备等。项目建设占地共计266.7公顷(4 000亩)。建设性质为新建。

15.3.6.1 猕猴桃资源调查与评价

(1) 资源调查研究方法。根据20世纪70年代末至80年代初农业资源普查数据和文献研究结果与实际情况,组织包括科技人员、大专院校学生、农民为主体的调查组;采用自然地理学、植物地理学、区域生态学、作物种质资源学、环境与生态统计学等多学科多领域相结合的方法开展实地调查和与企业、民间访谈等方式,并做好记录。无论哪种调查研究方法都要取得当地政府部门的人、财、物的支持,以保证调查顺利开展。

(2) 调查研究区域。调查研究的区域为成都市龙门山脉、龙泉山脉及其周边地区的都江堰、彭州、邛崃以及四川省的汶川、青川等10个县(市、区)的800~1 400 m的山区林木灌木地区。

（3）调查研究内容。调查研究的主要内容包括：猕猴桃野生资源的植物形态、地理分布、生长环境、生态环境等情况。品种资源复查以现有栽培品种为主，包括现有品种数量、种植情况等。

（4）调查研究成果。依据现代居群遗传学观念，在研究猕猴桃属的细胞遗传学、分子遗传学的基础上，合理地收集保护猕猴桃属植物的物种资源，建立成都猕猴桃基因库；同时撰写成都猕猴桃资源调查研究与评价报告；为四川成都的猕猴桃产业发展提供服务。

（5）调查研究经费预算。调查研究经费平均每个县（市）按20万元计算，10个县（市）需200万元。撰写资源调查研究报告经费30万元。资源评价与撰写报告需50万元。总计经费预算280万元。

15.3.6.2 猕猴桃资源圃园建设

猕猴桃资源圃园建设包括原生态活体观察圃、品种资源圃、名优品种圃、新品种选育园、新品种试验园标准化生产示范园和田间道路及排水、节水灌溉系统、看护房等配套设施。占地面积261.3公顷（3 920亩）。

建设目的：原生态活体观察圃主要用于栽培种质资源调查中采集到的猕猴桃野生活体，并对其性状进行进一步研究分析。

建设规模：2公顷（30亩）。

建设内容：包括园地整理，搭建混凝土"T"形架和防护围栏。

15.3.6.3 名优品种圃

建设目的：收集、保存、展示四川、成都区域内适生名优猕猴桃品种。所保存的品种资源提供给有关用户作为育种材料。

建设规模：2公顷（30亩）。

建设内容：包括园地整理改土，修建种质资源保存圃、检疫圃、鉴定评价圃，搭建混凝土"T"形架和防护围栏。

15.3.6.4 新品种选育园

建设目的：利用收集、保存的野生种质资源，开展新品种选育。

建设规模：2公顷（30亩）。

建设内容：包括园地整理、改土，修建新品种选育园，其中建设露地园1公顷、日光温室0.33公顷（5亩）、网室0.67公顷（10亩），搭建混凝土"T"形架和防护围栏。

15.3.6.5 新品种试验园

建设目的：用于选育的新品种开展水、土、气、肥园艺栽培试验，为新品种推广开展中间试验。

建设规模：10公顷（150亩）。

建设内容：包括园地整理、改土，修建新品种栽培试验园，其中建设露地园6.7公顷（100亩）、日光温室0.67公顷（10亩）、网室2.67公顷（40亩），搭建混凝土"T"形架和防护围栏。

15.3.6.6 标准化生产示范园

建设目的：为提升成都猕猴桃标准化生产水平和优质果得率，建设开展猕猴桃标准化生产，并向成都广大果农开展示范培训。

建设规模：240公顷（3 600亩）。

建设内容：包括园地整理、改土，修建新品种栽培试验园，其中配套建设日光温室067公顷（10亩）、网室0.67公顷（10亩），搭建混凝土"T"形架和防护围栏。

15.3.6.7 配套设施建设

建设内容包括修建田间道路及排水、节水灌溉系统和园地看护房（兼工具储存室）、园地工器具购置等。

15.3.6.8 猕猴桃研发中心

2006年猕猴桃产业被成都市委、市政府确定为成都市重点发展的农业十大产业之一。为加快成都猕猴桃产业的发展全面提升成都猕猴桃产业科技创新能力，组建猕猴桃研发中心。中心以成都猕猴桃种质资源保护、开发利用、新品种选育、优质种苗繁育、绿色有机猕猴桃标准化生产示范为重点，建设猕猴桃信息管理中心、技术推广中心，并建设科研办公综合楼，搭建成都猕猴桃产业科技创新服务平台。

15.3.6.9 科技开发办公综合楼

科技开发办公综合楼建设主要是猕猴桃种质资源开发利用研究、信息管理服务、技术培训、科研实验、检测鉴定的场所。

建设规模：占地0.67公顷（10亩），建筑面积3 000 m^2。

建设内容：三层框架结构，包括种质资源研发中心300 m^2、办公室300 m^2、实验室600 m^2、分析鉴定室250 m^2、会议室200 m^2、信息管理中心150 m^2、技术培训中心300 m^2和卫生间、楼梯、楼道等公用场所900 m^2。

15.3.6.10 信息管理中心

项目区重点建设好两个信息平台，一是企业内部管理平台，二是信息服务平台。①办公管理信息系统：企业即时通信功能、考勤管理功能等信息。②财务管理信息系统：企业账务核算、资产管理、财务报表分析、收费管理等信息。③人事管理信息系统：企业人事档案、工资管理、培训、绩效考核等信息。④采购管理信息系统：企业生产资料、加工原材料及设备采购、库存等信息。⑤销售管理信息系统：企业产品销售数量、质量、区域分布、客户群及其基本信息、销售价格等信息。⑥基地管理信息系统：示范基地种植品种、面积、产量以及技术服务等信息。⑦猕猴桃种质资源管理信息系统：猕猴桃种质资源管理信息系统主要包括猕猴桃资源圃信息管理子系统和猕猴桃数据库子系统两大部分。猕猴桃资源圃信息管理子系统主要用于对资源圃内栽植的猕猴桃植株进行年度的实测数据录入、分析、统计及数据管理。猕猴桃数据库子系统则尽可能广泛收集猕猴桃属植物的基本信息。前者以资源圃数据录入、统计分析、信息管理为主，服务于资源圃的管理和科学研究，它是猕猴桃资源圃科学性的反映，这些数据的积累为猕猴桃研究，特别是植物迁地保护策略、资源管理及可持续利用等方面提供了有价值的科学数据。后者则是猕猴桃资源圃信息管理系统的外延，它在总体上把握了猕猴桃的概况，一定程度上也弥补了资源圃数据的不足。⑧猕猴桃产业发展管理信息系统：猕猴桃产业发展管理信息系统主要包括基础数据库和市场信息数据库两大部分。基础信息数据库包括世界各国猕猴桃生产布局、栽培面积、单产水平、总产量、栽培品种、发展水平、管理技术、科研进展、科技水平和中国猕猴桃生产布局、栽培面积、单产水平、总产量、栽培品种、发展水平、管理技术、科研进展、科技水平等基础数据。市场信息数据库包括世界猕猴桃总产量、进出品贸易量、各国消费水平、消费量、产品品质、生产成本、市场价格和中国不同地区总产量、消费水平、消费量、市场价格等市场信息数据（下图）。

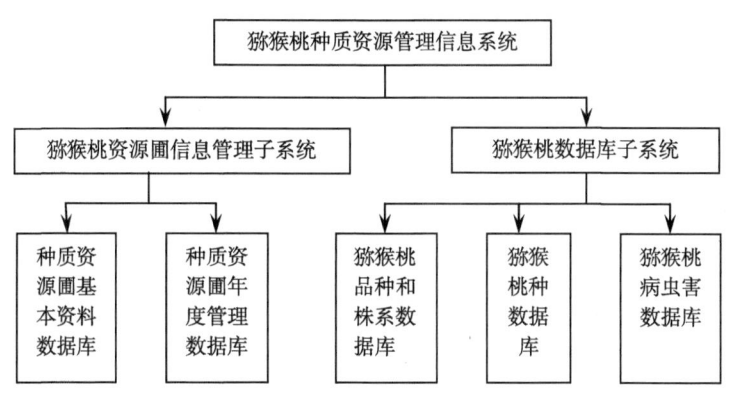

猕猴桃种质资源管理信息系统结构

15.3.6.11 技术培训服务中心

强化技术培训，推行标准化生产是做大做强成都猕猴桃产业的重要环节之一。本项目技术培训服务中心将在地方县农委领导下，广泛与武汉植物园、四川大学科研院校和地方农技推广体系开展紧密合作，为企业和农户开展猕猴桃栽培技术培训，按照猕猴桃的主要生长时期，在基地乡镇举办技术培训。技术培训服务中心建设内容包括培训教室和培训器材购置。辅助工程包括猕猴桃种质离体保存库、果品气调库、果品分级包装间、生产资料库、机修间、供电室、水泵房以及道路及排水、绿化等建设。科技开发办公设备购置包括用于猕猴桃种质评价鉴定新品种培育及实验所需仪器设备、信息管理系统、技术培训和办公器材与家具等。

（执笔：刘强、胡旭、赵剑、阿木补出 等）

16 秦巴山区猕猴桃产业可持续发展战略实践

16.1 苍溪县猕猴桃产业可持续发展路径

16.1.1 发展基础

16.1.1.1 区位分析

苍溪县位于四川盆地北缘山区,秦岭—大巴山南麓,长江上游嘉陵江中段,东连巴中、南江,南邻阆中,西抵剑阁,北接旺苍、广元,县境地跨东经105°43′~106°28′,北纬31°37′~32°10′,南北宽61.6 km,东西长70.5 km。苍溪县境内有国道212线、苍旺路、苍剑路、苍巴路四条主要通道,距省会成都市340 km,距广元市110 km,距南充130 km。广南高速通车后将进一步提升苍溪的交通区位,苍溪至成渝经济圈主要城市节点的时间大为缩短。阆中机场、广元机场和汉中机场的建设,也将有助于苍溪形成一个多元立体的交通网络体系,为苍溪猕猴桃产业的发展提供良好的交通保障。随着苍溪县广南高速通车以及兰渝铁路、兰渝高速的全线贯通,苍溪将全面融入以成都、重庆、西安为中心的"两圈一带"(川陕渝经济圈、成渝经济圈、兰渝经济带)中,使苍溪成为川北地区的中心城市,未来兰渝经济大区的一个重要节点。

16.1.1.2 自然资源禀赋

苍溪县地形复杂多样,属低中山为主的深丘窄谷长梁地貌。山地面积占92%。境内地势由东北向西南倾斜,海拔380~1 300 m。以回水—石门—歧坪为界,北部为低中山区;南部为低山深丘,呈现桌状及台附状,沿江可见冲积阶地。苍溪县属中亚热带湿润性季风气候区,大巴山暴雨影响区。多年平均降水量1 088 mm,雨量空间分布由北向南递减,降水多集中在夏季;年平均最高气温为16.6℃,极端最高气温为39.2℃,极端最低气温为-4.6℃;无霜期平均为288天;县境日照充足,日照时数年平均为1 395小时。苍溪县境内嘉陵江、东河纵贯南北,插江、深沟河等12条支流结成河网,绝大部分属嘉陵江水系。县境内嘉陵江水系流域面积619 km²,江河过境水流总量达228.96亿 m³。

16.1.1.3 土地利用

苍溪县土地面积351.97万亩,耕地128.38万亩,占土地总面积的42.31%,其中水田82.29万亩,主要集中在嘉陵江、雍河两岸平地以及浅丘区域;园地5.75万亩;林地142.02亩,其中有林地137.62万亩,灌木林地1.74万亩。苍溪土壤类型多样,水稻土约为43万亩,紫色土约为21万亩,少数为新老冲积土、潮土、黄壤。除潮土类比较肥沃外,其余都较贫瘠。

16.1.1.4 有利条件

苍溪是我国红肉猕猴桃最佳适生区。苍溪地处秦巴山区,是我国红肉猕猴桃原产地和最佳适生区。境内海拔为700~1 000 m,土壤为棕紫泥土和黄红泥土。年降水量1 046.7 mm,平均气温16.6℃,全年日照时数1 490.9小时,无霜期288天。境内河流纵横,溪涧密布,完全适合红肉猕猴桃生长。自然地理条件也适宜大面积种植,果品品质好。

苍溪猕猴桃产业发展已打下良好基础。2010年苍溪县全猕猴桃种植面积已达到14万亩,形成100 km苍溪红肉猕猴桃产业带。苍溪拥有1家猕猴桃协会和50家专业合作社,已引进培育规模以上龙头企业6家、业主大户100多个。与新西兰皇家科学院园艺与食品研究所已开展猕猴桃资源保护、品种选育、产业化栽培技术推广等3项国际合作研究项目。

苍溪作为红肉猕猴桃原产地知名度较高。国家质检总局确定苍溪为红肉猕猴桃原产地。苍溪完成了出口基地认证和欧盟认证,打开了通往国际市场的通道,年出口猕猴桃达到总产量的10%以上,产品远销日本、韩国、泰国和欧盟,成为全国主要的猕猴桃生产出口基地之一。同时苍溪县加强品牌建设,注册了"苍溪红心猕猴桃"地理标志商标,统一进行品牌打造,并通过一系列不间断、高密度的节会活动,全面提升红心猕猴桃的知名度和市场占有率。

苍溪猕猴桃上市具有非常好的时间差优势。苍溪县猕猴桃上市季节为9月(红阳)或10月(海沃德)至翌年5月,而占世界猕猴桃出口市场份额1/4以上的新西兰猕猴桃上市季节是每年的5—9月。因此,苍溪猕猴桃产业化发展与世界主产国有时间差优势。

16.1.1.5 主要问题

(1)基地标准化程度不高。苍溪猕猴桃经过多年发展在种植规模、经营主体、基地建设、良繁体系、品牌包装、行业标准等方面取得了较大成绩。但苍溪猕猴桃产业整体标准化水平依然不高。突出表现在标准化基地建设比重较低,以农户分散种植为主,其在园地建设、田间管理、基础设施等方面的缺少有效指导和资金投入,使得基地标准化的比例不高,导致产品品质、产量参差不齐。

(2)产业配套设施不尽完善。苍溪县农业基础设施虽然得到一定程度的改善,但脆弱的基础设施仍是制约苍溪猕猴桃产业快速发展的"瓶颈"。一是县、乡、村道路路网的技术等级低,农村通村公路不畅,产业机耕道路不完善;二是农村水利设施老化,工程年久失修,病险水库多,灌溉渠系淤塞、渗漏严重;三是由于专项经费较少,农村信息服务设施、农产品质量安全检测设备配套不足;四是猕猴桃现代化仓储保鲜设施建设滞后,随着苍溪猕猴桃规模扩大,仓储保鲜能力不足,将严重影响猕猴桃品质和价格;五是缺少猕猴桃商品化处理设备,现有产品销售仍以鲜销批发为主,经分选、分级后产生的附加值,流失到下一级市场,也不便于"农超对接""基地直供"等形式的开展。因此产业配套设施落后的状况从根本上制约了苍溪猕猴桃基地建设和产业发展。

（3）生产品种结构单一。近年来，苍溪县狠抓"红阳"猕猴桃的发展，其规模不断扩大。对生产品种多样性有忽视。多样性不意味着各种品种都要发展，而是指以红肉猕猴桃为主，还可根据市场消费需求、结构、对象，配套发展部分绿肉、黄肉猕猴桃等不同档次的品种。目前，红肉猕猴桃的产地收购价格较高，企业加工成本过大，也可选育出适应性强、产量高、营养指标高、果形好的加工专用型品种。现在省内的都江堰、彭州、绵竹、什邡、元坝、旺苍，省外陕西周至、江西宜丰、福建建宁也有发展红肉猕猴桃。猕猴桃品种结构同质化现象越来越明显，为了保证苍溪猕猴桃产业的持续健康发展，也要求苍溪实现生产品种的多样化。

（4）技术普及程度不高。苍溪县农业技术普及度不高，技术推广难，主要表现在：一是农民掌握现有生产管理技术存在难度。由于青壮劳动力外出务工，参与猕猴桃生产的农户老龄化严重，加上知识水平的原因，掌握技术存在难度；二是专业技术人员缺乏及分布不均衡。苍溪县共有39个乡（镇），部分边远乡（镇）条件差，往往技术人员要承担多个乡（镇）的技术指导，少数乡（镇）还没有猕猴桃专业技术人员；三是技术人员自身的技术更新缓慢，获取途径单一，不能快速、准确地掌握猕猴桃新品种、新技术、新方法等知识。

（5）下游产业链条薄弱。苍溪县猕猴桃加工、物流龙头企业少，且规模小、科技含量低、辐射带动能力不强，普遍存在"产量大加工量小，品牌好宣传不足"的现象，尚未形成大市场带动大龙头、大龙头带动大基地、大基地连接大群体的生产经营格局。农产品加工深度低，产品单一，多以初级产品半成品出售，产业链条短，猕猴桃包装、配套投入品等关联产业发展不足。

16.1.1.6　发展机遇

四川省政府将加大对猕猴桃产业扶持力度，《四川省优势特色效益农业发展规划》将红肉猕猴桃作为优势特色效益农业的重要产业。以出口创汇为目标，建立良种繁育基地和猕猴桃分选、包装、贮运基地，配套建设小型采后商品化处理生产线，提高猕猴桃品质、商品性、安全性，创建品牌。并进一步优化布局，将苍溪县作为红肉猕猴桃产业的核心区重点扶持。苍溪作为猕猴桃最佳适宜区中的重中之重，将在项目资金、技术、基础设施、科技研发、扶持政策等方面享受更广泛的倾斜。

苍溪将猕猴桃作为农业的主导产业。《苍溪县"十二五"农业（种植业）发展规划》将红肉猕猴桃作为"富农增收"的重点，形成以猕猴桃为重点，苍溪梨为补充的特色水果发展格局；通过基地规模化建设，配套果蔬气调保鲜库，着力培植以猕猴桃、苍溪梨为主的绿色食品加工业，利用工业园区聚集作用积极发展果品加工业项目。由此可知苍溪猕猴桃产业的发展政府将投入更大的支撑力度，苍溪猕猴桃发展机遇凸显。

16.1.1.7　面临挑战

猕猴桃出口面临技术贸易壁垒。近年来，我国农产品出口额增长较快，已经成为世界上第五大农产品出口国。但在此过程中也遇到了各种各样的困难，国际上非关税贸易壁垒特别是绿色贸易壁垒的强化，对我国农产品出口构成巨大的挑战。在环境意识等方面有着日益严格的标准和要求，绿色保护的措施和惩罚力度也更加繁多和苛刻，我国农产品出口屡遭国外绿色贸易壁垒。苍溪红肉猕猴桃作为出口创汇产品，其农产品质量安全标准偏低，执行力度不严，农业投入品监管疏漏，农业知识产权的保护不够，极易在国际技术性贸易壁垒的压制下处于弱势地位。

猕猴桃适宜区品种结构同质化，一是全省除遂宁、凉山、内江、甘孜4个市州外，其他17个市州都在发展猕猴桃，各地仍积极扩大产业规模。二是红肉猕猴桃因其口感好、营养高，各地都将其作为主导品种推广，红肉猕猴桃产地收购价较高，不宜深加工，如果储藏、加工、出口能力跟不上，整个市场供需失衡，苍溪猕猴桃将面对严峻的市场同质化压力。三是各地红肉猕猴桃品种80%均为"红阳"，品种单一。"红阳"猕猴桃固有的品种弱点（果型小）将制约该产业的持续发展。因此，亟待突破品种瓶颈制约，引进和培育新品种，解决品种同质化问题。

16.1.2 发展思路

16.1.2.1 总体思路

以促进农民持续增收作为核心，以基地建设为抓手，以龙头企业引进和培育为重点，以科技创新和成果转化为支撑，延伸产业链条，加大产后商品化处理和精深加工力度，强化苍溪猕猴桃核心竞争力，促进苍溪猕猴桃产业持续、快速、健康发展。将苍溪县打造为中国红肉猕猴桃第一县：建成全国最大的红肉猕猴桃基地、完整的猕猴桃产业链条、红色文化与生态猕猴桃协调发展。

16.1.2.2 基本原则

（1）统筹规划、分步实施。按照产业协调发展的要求，针对苍溪猕猴桃产业的发展目标、发展思路、空间布局、建设重点、支撑项目等进行统筹规划，按照不同空间布局和产业特色进行分类指导，提出建设重点和建设项目，增强规划的指导性和可操作性，以点带面，逐步推进。

（2）因地制宜、突出重点。苍溪县各乡（镇）自然条件、经济水平各不相同，要根据各地区位特点和资源禀赋，做好猕猴桃产业的差异化发展。突出产业重点，抓好一批有广泛影响的重点区域和重点工程，力争在短时期内有所突破，并将成功经验推广普及，形成辐射带动效应。

（3）科学合理、操作性强。苍溪猕猴桃产业发展需要具有合理性、前瞻性，同时还应具有实用性和可操作性。因此，要求规划突出猕猴桃产业主线，用现代农业理念统领整个猕猴桃产业发展的全过程；明确不同时间、空间的建设目标、内容、重点和步骤，使前瞻性和可操作性有机结合。

16.1.3 产业布局

16.1.3.1 苍溪县猕猴桃种植适宜区研究

猕猴桃属于年生蔓生藤本果树，其生长受温度、水分、光照、海拔、地形、土壤等因素的影响，且不同品种对生态条件有着不同的要求。详见表16-1。

表 16-1 猕猴桃生态适宜条件

序号	影响因子	猕猴桃	红肉猕猴桃
1	温度	年平均气温 10~20℃，≥0℃积温在 5 200℃以上	年平均气温 15~18℃，≥10℃积温 4 000~6 000 h
2	水分	年降水量为 1 000~1 500 mm，空气相对湿度为 60%~80%	年降水量为 1 000~1 500 mm，空气相对湿度以 60%~80%
3	日照	年日照 1 100 h 以上	年日照 1 100 h 以上
4	海拔	400~1 200 m	500~750 m
5	坡向	东南、东向缓坡地为宜	东南、东向缓坡地为宜
6	坡度	0°~15°	0°~15°
7	土壤	pH 值 5.5~7，砂壤土	pH 值 5.5~7，砂壤土

16.1.3.2 猕猴桃生态适宜区评价指标

选择海拔高度、坡度、坡向、水源保证、气候综合评价指数、土壤综合评价指数共 6 个因素作为猕猴桃种植适宜区分布的主要指标。具体指标参数及其权重见表 16-2。

表 16-2 苍溪县猕猴桃生态适宜区评价指标

相关因子	权重	指标划分	分值	相关因子	权重	指标划分	分值
海拔高度	20	≤500 m	2	坡向	15	0°~90°	6
		500~750 m	10			90°~180°	10
		750~1 000 m	8			180°~270°	8
		1 000~1 200 m	6			270°~360°	4
		≥1 200 m	0			200 m	10
坡度	20	0°~2°	4			500 m	8
		2°~6°	10	水系	10	1 000 m	6
		6°~15°	8			2 000 m	4
		15°~25°	6			≥2 000	2
		≥25°	2				
土壤综合评价指数	15	—	—	气候综合评价指数	20	—	—

注：（1）气候综合评价指数因子包括气温、日照、雨量、≥0℃积温、≥10℃积温；（2）土壤综合评价指数因子包括 pH 值、有机质、孔隙度等。

16.1.3.3 苍溪猕猴桃种植适宜区分析

根据猕猴桃适宜分析控制性指标，利用 ArcGIS 地理信息系统平台，建立苍溪县猕猴桃生态适宜区评价模型，结合苍溪土地利用类型，得出苍溪县域内猕猴桃种植适宜区域，其空间分布具有如下特点：多分布在嘉陵江、东河、插江水系两侧的坡地和平坝地区。在苍溪县中部、东南部乡（镇），如东溪、歧坪、文昌、石门、唤马、漓江、岳东、浙水、石灶等乡（镇）集中度较高；南部、北部乡（镇）分布较少，且分布零星、散乱。适宜区受地形条件影响，南坡分布较多、北坡分布较少，且坡度相对平缓。苍溪猕猴桃适宜区面积约为 58.59 万亩，其中分布在耕地、园地等类型的面积约为 29.95 万亩；分布在灌木林地、疏林地的面积约为 28.64 万亩。

16.1.3.4 苍溪猕猴桃产业布局

到 2015 年，苍溪猕猴桃种植面积稳定在 50 万亩。其中猕猴桃标准化种植基地 20 万亩，猕猴桃生态庭院种植基地 10 万亩，猕猴桃品种保护和利用基地 20 万亩。猕猴桃标准化种植基地布局。猕猴桃标准化种植基地按照标准化、现代化标准建设，主要满足鲜销和出口的市场对优质果的需求，集中布局在现代农业园区、标准化示范园中。猕猴桃生态庭院基地布局。考虑苍溪猕猴桃种植习惯，充分利用"庭坝院落、四边地、三荒地"建设猕猴桃生态庭院基地 10 万亩，主要满足以加工为主、鲜销为辅的市场需求。猕猴桃品种保护和利用基地布局。加快对苍溪野生猕猴桃品种资源的保护和开发利用，以现有林地为基础，利用零星疏林地、退耕还林地等种植 20 万亩，形成品种保护和加工果生产发展格局。

16.1.4 基地建设

16.1.4.1 现代农业示范园区

为深入实施猕猴桃产业富民战略，充分发挥产业园区聚集产业发展功能和示范效应，以现代农业示范园区为载体，进一步提升猕猴桃产业水平，扩大招商引资规模，有效承接产业转移，加快猕猴桃"产加销"步伐。积极发展标准化、现代化、设施化现代农业示范园区，以现有园区为基础，围绕猕猴桃产业发展 12 个现代农业示范园区，即印谊、天新、三九、三井、白桥、柳池、东高、龙山、白石、月白、文岳、大坪现代农业示范园区。

16.1.4.2 标准化种植示范园

加快发展猕猴桃标准化基地建设，鼓励和扶持示范园开展绿色、有机、GAP 基地认证，积极申请"出口基地备案"。建立《苍溪（红肉）猕猴桃生产基地建设标准》《示范园标准化生产技术规程》，推广应用先进的栽培管理技术。在种苗栽植、整形修剪、配方施肥、水土壤管理、病虫防治、产量调控、果实采收、果品分级包装等各个环节，严格执行技术操作规程，为苍溪猕猴桃基地建设提供有效示范。

16.1.4.3 猕猴桃循环经济示范园

积极推广"果（猕猴桃）—草—畜（禽）—沼"循环农业模式，在养殖基础较好的乡（镇）发展种养循环经济示范园。以"果—菌"循环农业模式为主，运用修剪后废弃的猕猴桃枝条作为食用菌袋料，发展珍稀食用菌。

16.1.4.4 猕猴桃良种繁育基地建设

苍溪作为四川省打造 100 万亩猕猴桃产业带上的重要增长极，因此定位为国家级猕猴桃良繁基地，面向全国提供优质脱毒苗、容器苗和扦插苗，建成全国一流的猕猴桃良种繁育基地。规划在陵江镇中国（苍溪）红肉猕猴桃植物园建设 1 500 亩猕猴桃良繁基地。包括品种基因库、组培区、苗木繁育区和种苗整理区。良繁基地拟选用"红阳""红华""红美"及其他猕猴桃新品种进行种苗繁育。

16.1.4.5 基础设施配套建设

（1）机耕道路建设。苍溪县猕猴桃产业配套机耕道路建设分为"乡村道路、村组道路、田间道路"三级。以田间道路建设为重点，结合苍溪元龙省级新农村示范片建设项目资金抓好"乡村道路、村组道路"建设。依据《四川省乡村机耕道通用技术条件》，按照"因地制宜、节约用地、方便生产、减少投入"的原则，结合土地整理项目开展猕猴桃基地产业道路建设。建设时应做到平面顺适、纵坡均衡、横面合理。平纵面线形均应与地形、地物及周围环境相协调。结合苍溪县猕猴桃基地道路现状，以新建为主，改造为辅，建设猕猴桃基地的产业道路。

（2）水利设施建设。抓好猕猴桃基地水利设施标准化建设，合理布局和修建灌排渠系、动力提灌和小微型水利设施，形成蓄、灌、排水网络。积极整合水利项目资金，以小微型水源工程和灌溉渠系建设为突破口，开展猕猴桃基地水利标准化配套建设。

（3）土壤质量建设。猕猴桃基地土壤质量建设要坚持"合理利用、用养结合、综合治理"的原则，土壤质量应符合《绿色食品产地环境质量标准》（NY/T391—2000）标准，把工程措施、农艺措施与生物措施结合起来。逐步改善和提高苍溪猕猴桃基地土壤质量。

16.1.5 加工建设

依托苍溪工业集中区建设，充分发挥苍溪县及周边地区优质猕猴桃产业优势，积极推进苍溪猕猴桃产业升级。建成融"猕猴桃初级加工、猕猴桃精深加工以及猕猴桃配套产品"三大产品于一体的"全国一流、西部领先"的苍溪猕猴桃加工产业园区。

16.1.5.1 猕猴桃精深加工

规划占地面积600亩，引进培育和壮大猕猴桃龙头企业。鼓励龙头企业积极新西兰、意大利等国外先进猕猴桃加工技术。鼓励龙头企业加大自主技术研发力度，重点开发猕猴桃果汁、果脯、果干、猕猴桃提取物等加工产品，提高猕猴桃附加值。

16.1.5.2 猕猴桃配套产品加工

规划占地面积400亩，引入国内知名包装材料、肥料生产企业、猕猴桃专用农机进驻园区。按照苍溪红肉猕猴桃品牌定位开展包装材料的研发和生产；结合苍溪土壤条件及猕猴桃需肥特性，开发生产适宜于不同品种猕猴桃生产的系列专用肥料，从猕猴桃上游产业入手，保障产品品质。

16.1.5.3 龙头企业建设

加大对猕猴桃企业的引进、培育和扶持，形成规模大、带动力强、市场开拓能力强的猕猴桃龙头企业集群。鼓励企业与农户之间建立相对稳定的产销合同和服务契约关系，推进农业规模经营。创新利益机制，实现优势互补，相互依存，共同发展。

16.1.6 市场建设

16.1.6.1 猕猴桃市场体系建设

按照"建立大市场，发展大贸易，搞活大流通"的发展战略，逐步形成"中国苍溪猕猴桃集散中心、园区配套市场、产地集散点"的市场体系，加快配套保鲜库和商品化处理中心，逐步构建猕猴桃区域营销网络建设及品牌营销网络建设，建立结构完整、功能互补、流动顺畅的市场体系。

16.1.6.2 中国苍溪猕猴桃集散中心

规划建设中国苍溪猕猴桃集散中心，规划占地1 000亩，位于苍溪猕猴桃加工产业园区。中心是苍溪县猕猴桃市场体系的总枢纽，是开拓国际国内市场和打造"苍溪红心猕猴桃"品牌的关键。按照高标准、高起点、高效益的原则，建设融猕猴桃大型交易、仓储、运输、配送、信息服务平台、电子商务交易平台、检验检测于一体的中国苍溪猕猴桃集散中心，形成规模、功能和效益"国际一流、国内领先"的猕猴桃集散中心。

16.1.6.3 市场配套建设

按照"统筹规划、因地制宜、分类组织"的原则，规划建设产地集散点与园区配套市场。每2 000亩种植面积规划布置1个产地集散点，每个现代农业园区建设配套市场，结合苍溪各产区产量规模，加快苍溪县猕猴桃仓储保鲜及商品化处理能力建设。规划建设保鲜库、冷库、气调库，配套建设商品化处理中心。

16.1.6.4 苍溪猕猴桃区域品牌营销建设

品牌营销网络建设。推广苍溪猕猴桃品牌，采用连锁专营经营、特许加盟经营、超市专柜等多种形式，建设品牌专营店。

明确品牌建设主体。按照"政府放权、协会组织、企业主体、农户参与"的模式，明确责任义务，强化由"政府、协会、企业、农户"等主体参与的苍溪猕猴桃区域品牌对外营销。苍溪县政府建立"苍溪猕猴桃区域品牌管理与营销委员会"，制定有关管理区域品牌的法规，依法建设和提升区域品牌。加强"苍溪猕猴桃"区域品牌的管理，防止品牌滥用。猕猴桃协会制定品牌的管理办法，监督企业品牌使用行为，树立统一的区域品牌形象；通过举办或组织各种会展，组织企业联合开展市场营销、公关等活动。加大产品的开发力度，保证产品的品质和市场声誉，以良好的质量、服务、信誉，来维护区域品牌的形象。鼓励企业优化经营行为，加快自主创新、诚信交易、提升企业整体形象，提高产品内涵和市场覆盖率。引导农户从长远利益出发，支持企业发展，自觉按合同要求安排生产，按质量及时交售猕猴桃产品。

16.1.7 生态旅游

16.1.7.1 猕猴桃生态旅游

结合苍溪县乡村旅游发展，充分挖掘苍溪红阳猕猴桃资源特色，统筹现有"景区、城镇、园区（基地）"等基本要素，主动将猕猴桃产业融入乡村旅游发展中，实现一三产业互动，将苍溪县猕猴桃生态旅游发展的主题定位为：中国猕猴桃主题生态观光城，每年接待游客50万人次。根据苍溪境内旅游要素、特色农业产业、现代猕猴桃园区旅游景观资源分布以及道路交通网络，结合苍溪猕猴桃旅游发展规划，将猕猴桃生态旅游的总体布局确定为"一园、两环"格局。

16.1.7.2 中国（苍溪）红肉猕猴桃植物园

中国（苍溪）红肉猕猴桃植物园达到融科研、培训、良繁、文化展示、生态观光旅游为一体的国家4A级旅游景区标准。

16.1.8 支撑体系

16.1.8.1 建设中国红肉猕猴桃工程技术中心

加强与新西兰皇家园艺与食品研究所、意大利巴西里卡塔大学、中国科学院、四川省自然资源科学研究院、四川省农科院等科研单位的合作，建设中国红肉猕猴桃工程技术中心（苍溪县猕猴桃专家大院）。中心选址于中国（苍溪）红肉猕猴桃植物园，规划占地50亩。中心紧密结合苍溪猕猴桃良种繁育基地建设，以苍溪红肉猕猴桃品种研发、良种繁育、推广和技术培训服务为核心，立足四川，服务全国，辐射全球，致力于建设成为"全球红肉猕猴桃技术引领区"。承办"国际猕猴桃产业高峰论坛"，并力争使中心成为论坛永久会址。

16.1.8.2 打造苍溪县猕猴桃产学研联盟

围绕制约苍溪猕猴桃产业优化升级的关键技术瓶颈，建立"以中国红肉猕猴桃工程技术中心为核心、以国内外猕猴桃科研知名单位和权威专家为支撑，以龙头企业、科技示范户、专家大院为基础"的苍溪猕猴桃发展"产学研"联盟。集聚和整合技术创新要素，促进产业技术创新链的形成，提升苍溪猕猴桃的核心竞争力。充分利用苍溪猕猴桃的良好基础，加强院（校）县合作，使苍溪县成为猕猴桃技术研究、转化的核心基地。创新产学研合作的组织模式和运行机制，引导龙头企业和种植基地参与猕猴桃科研、培训和技术转化，实现苍溪猕猴桃科研、培训、生产的有机衔接，形成长期、稳定、制度化的产学研利益共同体。

16.1.8.3 保护苍溪猕猴桃种质资源

建立苍溪县野生猕猴桃资源保护区，对苍溪野生猕猴桃种质资源进行常态化保护和管理。在全县境内开展新一轮猕猴桃品种资源普查，建立猕猴桃种质资源保护档案和品种基因库。结合猕猴桃良繁基地建设，强化苍溪猕猴桃种植资源保护和开发。

16.1.8.4 选育和试繁优良新品种

充分利用苍溪县丰富的野生猕猴桃种质资源，加大优良新品种选育和试繁力度，实现苍溪猕猴桃的品种升级，为苍溪优质猕猴桃产业发展奠定品种基础。

16.1.8.5 建设技术推广体系

明确基层猕猴桃技术推广公益性职能，理顺县乡猕猴桃技术推广管理体制，健全猕猴桃技术推广机构、专业合作社、科研单位、龙头企业和种植示范户等广泛参与的多元化猕猴桃技术推广体系。建设苍溪县猕猴桃专家大院和猕猴桃专家咨询库，合理设置猕猴桃技术推广机构，科学核定人员编制，充实镇（乡）猕猴桃专业技术人员，强化财政保障。

16.1.8.6 创新技术培训方式

创新猕猴桃技术培训方式，一是由县猕猴桃产业推进办公室每年组织1~2次集中的针对猕猴桃专业技术人员和猕猴桃科技示范户的技术培训，在示范基地组织2~3次现场示范教学；二是由县乡政府通过广播、电视、网络开办猕猴桃种植、贮藏技术讲座；三是制作猕猴桃种植、贮藏技术讲座光盘，发放到基层猕猴桃技术员、猕猴桃专业合作社和农户手中；四是组织猕猴桃产业核心人员到国内外考察学习，掌握猕猴桃产业发展动态和经验；五是依托乡村科技书屋，建立猕猴桃专业知识库，提高猕猴桃技术的转化率和入户率；六是围绕苍溪猕猴桃科研和技术推广机构，发展"专家+农民专业合作社+农户""专家+农户""专家+基层技术员+农户"等农业技术推广模式，构建猕猴桃科技成果转化应用的快速通道。

16.1.8.7 加强农业信息服务

以"三电合一"的农业信息服务模式，建立以县级信息网络平台为主体，以乡镇农业技术推广服务站、农业企业、专业合作组织信息服务站为服务窗口的猕猴桃信息服务体系。建立1个县级苍溪猕猴桃信息服务中心，在全县39个乡镇建立猕猴桃信息服务站，在条件具备的企业、村设立信息窗口。开通苍溪猕猴桃信息网，丰富信息内容，随时发布猕猴桃市场供求信息，及时发布病虫害防治、气象灾害等信息，为苍溪猕猴桃种植提供技术信息服务。

16.1.8.8 标准制度建设

参照国家绿色、有机标准，制定和完善《苍溪（红肉）猕猴桃生产基地建设标准》《示范园标准化生产技术规程》《苍溪猕猴桃产品市场准入管理办法》《苍溪猕猴桃种植投入品市场准入管理办法》《苍溪猕猴桃质量标准》。规范苍溪猕猴桃基地建设、农业投入品和农产品质量安全，使苍溪猕猴桃产业发展有章可循、有法可依。

16.1.8.9 质量认证建设

大力发展绿色、有机优质（红肉）猕猴桃，积极鼓励龙头企业、专业合作社参与农业部绿色食品认证、国家有机食品认证和出口基地备案，有条件的企业、专业合作社可积极参与欧盟认证（ECOCERT）、日本JAS认证等国外体系的认证。

16.1.8.10 病害防控体系建设

成立猕猴桃重大病害防控指挥部，把重大病虫害和植物疫情的防控上升为政府行为。加大县级植保基础设施建设的投入，逐步实现县级农业有害生物预警与控制区域站建设项目全覆盖。农业部门要落实防控技术措施，合理选用农业、物理和生物的综合防治技术，提高防治率。

16.1.8.11 检测体系建设

建设县级猕猴桃质量检测中心、39个镇（乡）猕猴桃质量安全检测室，配备必要的猕猴桃质量安全检测仪器，对猕猴桃进行检测。凡不符合产品质量安全标准的不得采收，未经检测或检测不合格的产品一律不准销售，销售的产品要有产地准出证明。

16.1.8.12 质量监督体系

严格执行苍溪（红肉）猕猴桃产品质量检验，对苍溪（红肉）猕猴桃产业链上各环节进行质量监督，建立有效的苍溪（红肉）猕猴桃质量监督体系。建立健全苍溪（红肉）猕猴桃质量追溯体系，实现猕猴桃质量安全全程质量监控，保障苍溪猕猴桃质量安全。加强对生产经营企业、专业合作社和种植户的监督检查，实行定期检查与临时抽检相结合、现场检查与非现场检查相结合，保证苍溪（红肉）猕猴桃质量标准和生产技术规程的落实。

16.2　野生猕猴桃原生境保护区发展

16.2.1　项目选址

　　选址原则：保护区所在地具有被保护物种生存繁衍适宜的生态环境和气候类型。被保护的农业野生植物濒危状况严重。保护区远离居民区、工矿建设用地、污染源、潜在淹没地、滑坡塌方地质区等。基础条件须满足项目建设需要。建设地点要求交通便利，通信畅通；其工程地质、水文地质及基础设施、水资源、能源等要完全满足项目建设及生产经营需要。要求选择的区域森林植被良好，森林覆盖率高，气候适宜，农户稀少；为野生猕猴桃的天然集中分布区域。

　　项目选址：位于苍溪县唤马镇黑山村、龙口村、云龙村、彭城村、大林村辖区内。野生猕猴桃原生境保护区4 868亩，其中核心区1 680亩，缓冲区3 163亩，试验区和抢救园20亩，看护区5亩。土地属于苍溪县唤马镇黑山村、龙口村、云龙村、彭城村、大林村等村集体所有。

　　保护区概况：项目建设地址距县城47 km，属亚热带湿润季风气候，热量丰富，雨量充沛，日照充足。日平均气温为16.9℃，平均无霜期293天，≥10℃积温5 345.3℃，年均降水量为1 030.7 mm。土壤有潮土、黄壤、紫色土、水稻土4大类，6个亚类。林业用地145.5万亩，全县活立木总蓄积432.7万 m^3，森林覆盖率45.8%。是长江上游重要的水土保持区，是广元市重要的林、牧、土特产品主产区和生态屏障。项目区有丰富的动植物资源，极具保护价值和科学研究价值，是天然的动植物基因库。项目区基础设施条件好。交通便捷，村社道路硬化率及入户路硬化率均达100%。水源充足，电力保障，电信光纤环路传输网遍布项目区，实现了传输光纤化、办公自动化、交换程控化全面辐射的通信网络。项目区内无拆迁工程，外部条件较好，能充分保障项目建设需要。项目区所在唤马镇黑山村、龙口村、云龙村、彭城村、大林村海拔578～1 300 m，项目涉及村辖30个村民小组，辖区面积22.5 km^2。该区域种植业以水稻、玉米、小麦、油菜等粮油作物和核桃、板栗、猕猴桃等林果业为主，养殖业以养殖生猪、牛、羊以及鸡鸭为主，经济来源主要靠外出务工。项目所涉及村地理辽阔，森林茂密，野生资源丰富，自然生长有蕨类植物以及滕树、掌叶木、银杏、银杉、红豆杉、香檀树、水杉树、野茶树、松树、柏树、野山茶、野核桃树、野生猕猴桃（多个品种）、马尾树、水青树、紫荆木、兰草、天麻、黄精、黄连等国家一、二类珍稀保护植物。以及野猪、猴子、麝、羚羊、刺猬、山鸡、锦鸡等国家一、二类珍稀保护动物。

16.2.2　建设意义

　　（1）加强野生猕猴桃原生境保护的需要。农业野生植物也称为作物野生近缘植物，是指所有与农业生产和人类生活密切相关的野生植物。由于绝大多数农业野生植物生长在未经人工驯化的生态环境中,在长期的自然选择中形成了独特的习性,具有栽培作物没有的优良基因,如优质、抗逆、抗病虫等,这些优良基因可通过常规育种或基因工程转育到栽培品种中,从而提高栽培品种的产量和品质。野生猕猴桃是苍溪县重要的农业野生植物资源,对于保护苍溪县生物多样性有着至关重要的作用。通过本项目的实施,建立野生猕猴桃原生境保护区也是为深入贯彻实施我国《农业野生植物保护办法》《植物新品种保护条例》的相关要求,保护好农业野生植物品种资源,维护生物多样性,给子孙后代储备基因资源。

(2)野生猕猴桃生长环境近年来逐渐受到破坏。由于苍溪县有专门从事猕猴桃深加工开发的龙头企业,利用野生猕猴桃进行深加工开发,老百姓都是将野生猕猴桃采摘下来卖给猕猴桃深加工企业,在采摘过程中为了采摘方便,一些村民将枝蔓用刀砍伐,枝蔓破坏严重,没有得到有效保护,政府部门对此也未作过广泛宣传。随着《农业野生植物保护办法》《植物新品种保护条例》的出台,近几年政府部门对苍溪野生植物特别是野生猕猴桃保护工作进行宣传,农民保护意识有所加强。但野生猕猴桃资源保护没有跟上农业野生资源保护的步伐,迫切需要建设野生猕猴桃原生境保护区。根据《农业部办公厅关于做好2019年现代种业提升工程等建设项目申报储备工作的通知》(农计办便函〔2018〕51号)有关要求,为了充分保护苍溪县野生猕猴桃资源,分析红阳猕猴桃原产于苍溪的地理环境条件及其良种选育潜力,特申请苍溪县野生猕猴桃原生境保护区建设项目。

(3)是切实搞好苍溪县野生猕猴桃保护工作的需要。苍溪县从1979年开始进行猕猴桃资源普查和人工栽培,为全国17个最早进行猕猴桃人工栽培的地区之一,也是四川省两个最早栽培猕猴桃的地区之一。根据上级有关文件精神和要求,苍溪县组织了强有力的技术力量,结合以前普查的有关资源,再次对全县野生猕猴桃资源进行了认真的调查,更加清楚地摸清了在苍溪县的野生猕猴桃资源种类、种群数量及分布状况。由于苍溪县特殊的地理环境和生态环境,野生猕猴桃种类较多,种群数量较大,分布较广。其中唤马镇黑山村、龙口村、云龙村、彭城村、大林村的山区,猕猴桃野生资源较为丰富,猕猴桃有64个种在世界各地分布,苍溪县有8个种分布,如中华猕猴桃、美味猕猴桃、葛枣猕猴桃、狗枣猕猴桃、城口猕猴桃、云南猕猴桃、黑蕊猕猴桃、阔叶猕猴桃。

(4)是促进猕猴桃产业可持续发展的需要。中国是猕猴桃原产地,具有丰富的种质资源和许多不同类型的栽培品种,近年来猕猴桃发展速度惊人。我国猕猴桃栽培区域较广,其中分布较大的有陕西、四川、河南、湖北、湖南、贵州、浙江、江西、重庆等省市。主要分布在陕西、四川和河南等地,三省约占全国总产量的86.7%。猕猴桃产业已经逐步成为我国部分地区农民增收的支柱产业,也是目前我国最具发展潜力的园艺作物。但目前我国猕猴桃产业发展存在品种单一、种苗繁育体系不健全、栽培管理技术不配套等问题、导致我国猕猴桃产业规模小、品质差、效益低,严重制约我国猕猴桃产业健康发展。根据预测,未来我国猕猴桃鲜果市场消费随着城镇居民消费水平不断提升,营养佳、口感好、食用方便的中高端猕猴桃需求必将大大增加,而形象差、口感欠佳的猕猴桃鲜果消费将逐渐萎缩。而选育优良品种必须依靠农业野生植物的多样性，农业野生植物多样性越丰富，改良栽培品种的潜力就越大。因此，保护猕猴桃野生资源是猕猴桃产业可持续发展的中心策略。猕猴桃是苍溪主导产业，优势突出、潜力较大，但品种结构不尽合理，资源优势和产品优势没有得到充分发挥，主要原因就是品种老化、优良品种不能及时推广应用。因此，本项目的实施，是增加产品种类，提高猕猴桃产量和品质，增强市场竞争力的需要，可有效提高品种资源的利用率，实现猕猴桃区域优势向经济优势转变。

（5）是助推产业扶贫增加农民收入的需要。苍溪县位于秦巴山区，是国家级贫困县，是我国脱贫攻坚的主战场之一，脱贫攻坚任务繁重。《苍溪县产业扶贫专项方案》指出坚持把培育发展猕猴桃、雪梨等优势特色产业作为产业扶贫的根本出路，努力做到户户有增收项目，人人有脱贫门路。苍溪县委、县政府已把红心猕猴桃作为苍溪的领军产业来抓。产业覆盖面大，受益人口多，产业的持续健康发展和效益提升对于当地农户，特别是对于贫困农户的意义重大。本项目的实施将促进猕猴桃品种更新换代、健全种苗繁育体系，使猕猴桃产业维持长期的高产、优质、高效，对于当地农民产业脱贫和持续增收将起到关键性作用。

（6）是促进当地经济及其生态建设的需要。该项目建设选址为野生猕猴桃最适宜生长的环境，项目建成后对猕猴桃种群有利保护。同时，项目的实施不仅对保护野生猕猴桃的自然生长环境起到积极作用，同时改善了生态环境，实现山、水、林综合保护，有效阻止保护区被人类活动破坏，增大了植被覆盖率，提高了当地的空气质量，保护了当地生态环境，减少了水土流失发生的几率。

16.2.3 建设目标

在四川省苍溪县境内建设野生猕猴桃原生境保护区，使当地野生中华猕猴桃自然生长繁衍地不再遭受环境污染和人为破坏，野生中华猕猴桃种群结构和数量下降趋势得到有效遏制，使濒临消失的野生中华猕猴桃资源及其生存环境得到有效保护和监管，促进猕猴桃资源与生态环境同步发展，这样既有利于生物技术的研究、开发利用，又能为珍稀物种的基因库奠定稳固的资源基础，防止野生中华猕猴桃种质资源的丢失。项目建成后，能保护野生猕猴桃资源中的8个物种，中华猕猴桃、美味猕猴桃、葛枣猕猴桃、狗枣猕猴桃、城口猕猴桃、云南猕猴桃、黑蕊猕猴桃、阔叶猕猴桃。建立野生猕猴桃原生境保护区，推出具有地方特色植物资源新品种，努力将苍溪县建成中国红心猕猴桃产业第一县。

16.2.4 建设内容

16.2.4.1 技术路线

根据原生境保护区建设的要求，设立缓冲区、核心区、试验区和抢救园、看护区，建立电子档案，构建种质资源基因库。

（1）缓冲区的建立。根据野生猕猴桃进行科学研究观测活动的要求，建立野生猕猴桃原生境保护区缓冲区，设立标志牌、警示牌，界定保护范围。

（2）核心区的建立。根据保存完好的天然状态的生态系统以及野生猕猴桃的集中分布地，新建围栏，禁止任何单位和个人进入，建立野生猕猴桃原生境保护区核心区，设立警示牌，界定保护范围。

（3）试验区和抢救园的建立。试验区和抢救园设于缓冲区之外，根据从事科学试验、教学实习、收集、保存国内外野生猕猴桃资源和栽培品种，开展品种选育、新技术实验、示范等科研工作。

（4）看护区。看护区设于缓冲区之外，有看护房、工作间、标本室和厨卫设施，是储存标本、资料，从事教学、科研的场所。

（5）种质资源电子档案室的建立。选购设施设备，建立种质资源电子档案，建立种质资源基因库。

16.2.4.2　土建工程

土建工程包括瞭望塔、看护房、工作间、标本室、厨卫设施、粪污处理池、防旱蓄水池、水管及配件、日光温室、隔离网室、电线和电杆。

16.2.4.3　田间工程

田间工程包括核心区围栏、缓冲区围栏、试验区和抢救园围栏、巡视道路、连接路、栅栏门、标志碑和警示牌。

16.2.4.4　设备购置

仪器设备购置包括GPS仪、标本夹、便携式触屏计算机、计算机、显微镜、电子秤、冰箱、冰柜、烘干箱、标本架、消毒柜、实验台、实验柜、离心机、网络服务设备、自动气象站、土壤温湿度监测仪、便携式酸度计、水质监测仪、空气质量检测仪、标本存放柜、标本展示柜、视频采集器、监视显示器等。

16.3　广元市元坝区猕猴桃产业发展规划实践

16.3.1　发展基础

16.3.1.1　区位条件

广元市元坝区位于四川盆地北缘山区，秦岭—大巴山南麓，东经105°33′9″~106°07′20″，北纬31°53′41″~32°23′27″；地处川、陕、甘三省结合部，东连旺苍县，西接剑阁县，南邻苍溪县，北靠利州区，东西长58.8 km，南北宽53.2 km。元坝区是广元市东、西、南3个方向进出口通道的必经之地，绵广、广巴、广南高速公路和兰渝、成普铁路穿越区境，国道212线、环线公路和嘉陵江纵贯南北；距广元飞机场仅28 km，境内还有建设中的广元港，是四川五大港口之一；机场、公路、铁路和水运于一体的交通格局，使元坝成为扼水陆要冲、控南北咽喉的交通枢纽。元坝区地处川陕交界处，紧靠广元市中心，随着广巴高速、广南高速通车以及兰渝铁路、兰渝高速的全线贯通，元坝将全面融入以成都、重庆、西安、兰州为中心的四大西部城市腹心地带，使元坝成为川北地区的中心区,控制南北咽喉的一个重要节点。规划范围涉及元坝区元坝镇、卫子镇、太公镇、昭化镇、紫云乡、晋贤乡、石井铺乡等21个乡镇部分村,规划面积20万亩,全部为猕猴桃种植适宜区。

16.3.1.2 资源禀赋

(1) 地形地貌。元坝区地处四川盆地北部边缘,地质构造体属龙门山北东向华夏式构造体系,米仓山、龙门山和盆北低山三大地貌交汇地带;地势北高南低,由东向西倾斜,延缓下降,江河溪沟纵横,山体切割强烈,地表起伏不平;地貌复杂多样,可分为中山、低山、河谷、台地4种地形,其中以中低山为主,主要分布于米仓山走廊以南,为典型的侵蚀台阶状中低山体;海拔在393~1 431 m。

(2) 气候条件。元坝区属亚热带湿润季风气候区,垂直气候差异显著,全年四季分明,光照充足,雨量充沛,热量丰富;年平均气温15.1℃,年平均日照数1 389.1 h,年平均降水972.6~1 142.8 mm,平均相对湿度63%,全年无霜期平均263天;全年降水量集中在5—10月中旬,占全年总降水量的93%左右。

(3) 水文条件。元坝区内溪沟密布,河流均属嘉陵江水系。过境河流主要有嘉陵江、白龙江、清水河、长滩河等。区境内嘉陵江水系流域面积900 km^2,其入境口流量为220 m^3/秒,出境口流量为495 m^3/秒,过境流量为52.98亿 m^3。白龙江以东南流向至昭化镇两河口处汇入嘉陵江,境内流长10 km。长滩河流域面积达121.8 km^2。

(4) 土壤条件。根据土壤普查资料,全区共有水稻土、紫色土、黄壤土、黄棕壤土、冲积土等五大类,7个亚类,22个土属,45个土种,68个变种,其中以紫色土和山地黄壤分布较普遍,土壤质地较好,无污染,适宜高品质猕猴桃生长。

(5) 土地资源。元坝区国土面积215.25万亩,耕地71.57万亩,主要集中河流沿岸相对平缓坡地区域,占总面积的28.26%。其中水田45.04万亩,旱地26.48万亩;林地128.10万亩,其中有林地125.30万亩,灌木林地0.92万亩。

16.3.1.3 优势分析

(1) 元坝区委、区政府高度重视猕猴桃产业的发展,并依靠科技和体制创新,在全区实施了以猕猴桃基地建设和精深加工为主要内容的猕猴桃产业化项目。形成了以国道212线为轴线,从元坝至清水的百里猕猴桃长廊。

(2) 元坝猕猴桃产业发展基础良好。已建成3万余亩猕猴桃生产基地,主要分布在元坝镇、柳桥乡、紫云乡、柏林沟镇、卫子镇等乡镇,引进了紫升公司、中新公司等从事猕猴桃生产、加工、销售的龙头企业,通过承包租赁土地,已在元坝区昭化镇的石盘村和天雄村、元坝镇大坝村、柳桥乡柳桥村、文村乡双龙村、清水乡普贤村等建立了高标准的优质猕猴桃科技示范园。同时,紫升公司在紫云乡新建的2 000 t保鲜库已完成厂房建设,中新公司也正在元坝工业发展集中区规划新建5 000 t保鲜库。元坝作为国家标准化猕猴桃生产示范区,产业发展现已初具规模,为元坝标准化、产业化发展猕猴桃奠定了坚实基础。

(3) 品牌建设成果显著。2007年1月,"紫云红心猕猴桃"获得农业部(2018年3月更名为农业农村部)无公害农产品认证;2009年6月,"紫云猕猴桃"在国家工商总局注册成功,获得我国猕猴桃行业中首个地理标志证明商标;2009年10月,在中国·

西部农产品博览会获得了"消费者喜爱农产品"奖;2011年3月,"紫云猕猴桃"被中国绿色食品发展中心授予 A 级猕猴桃绿色食品认证标识,在2011年第九届中国国际农产品交易会上获"第九届中国国际农产品交易会金奖";2010年向国家工商总局申报了猕猴桃驰名商标,并在2011年7月授牌;"紫云猕猴桃"品牌的成功创建,大大提升了元坝猕猴桃产品的知名度,增强了猕猴桃产业在国际国内市场上的竞争力,给元坝区猕猴桃产业发展带来了前所未有的机遇。

(4)环境条件优势。元坝区属中亚热带湿润季风气候,周年垂直气候差异显著,全年四季分明,光照充足,雨量充沛,热量丰富,年均日照时数 1 389 小时,年降水量 1 080 mm,相对湿度 68%,山地气候有利于农业生产,适宜猕猴桃生长。元坝区周边无重工业,境内空气清新,水质良好,生态绿地比重大,无任何工业、金属污染,为大力发展无公害、绿色、有机猕猴桃提供了有利条件。

16.3.1.4 存在的问题

(1)产业服务体系不尽完善。元坝区猕猴桃产业处于初级发展阶段,猕猴桃产业链建设投入不足,从猕猴桃生产到加工、销售的产业链还不完善。目前,全区的冷储仓链体系不健全,精深加工企业缺位,产业化发展道路还很漫长,还未建立起区、(镇)乡、村三级技术服务网络和猕猴桃产业农资配送体系,关键季节猕猴桃生产所需农资紧缺。

(2)技术服务不到位。目前,元坝区在猕猴桃种植方面的技术服务人员少,服务工作跟不上,导致农民的栽培和管理与阶段性生产要求相脱节。猕猴桃研究所虽已成立,但专业科研人员缺乏,导致在新品种选育和品种改良上与苍溪、成都等地区相比,仍然滞后。猕猴桃技术服务网络尚未成体系,全区专业技术人员有限,懂技术、懂管理的技术型人才缺乏。

(3)病虫害防控体系不健全。猕猴桃溃疡病、根腐病、黑斑病、根结线虫等病虫害属于猕猴桃检疫性病虫害,在元坝区已有一定面积发生,群众难以做到有效防治,如不加强统防统治将影响猕猴桃产业持续健康发展。

16.3.1.5 市场环境

(1)国内外市场需求量巨大。近年来,人们对农产品的质量和均衡供应提出了更高的要求,在保障粮食安全生产基础上,优质特色水果的市场缺口较大,其发展前景看好。近年来,国内的需求也在不断加大,猕猴桃国内外市场前景广阔。

(2)市场价格较高。世界猕猴桃鲜果进出口平均价近几年来逐步回升,全球猕猴桃鲜果进出口平均价年均上涨 10% 左右。新西兰猕猴桃平均出口单价最高,其次是意大利。国内优质红阳猕猴桃每千克平均直销价 20 元左右。

(3)猕猴桃出口面临技术贸易壁垒。近年来,我国农产品出口额增长较快,已经成为世界上第五大农产品出口国。但在此过程中也遇到了各种各样的困难,国际上非关税贸易壁垒特别是绿色贸易壁垒的强化,对我国农产品出口构成巨大的挑战。在环境意识等方面有着日益严格的标准和要求,绿色保护的措施和惩罚力度也更加繁多和苛刻,在这样一种情况下,我国农产品出口屡遭国外绿色贸易壁垒。元坝红肉猕猴桃作为出口创汇产品,其农产品质量安全标准偏低,执行力度不严,农业投入品监管疏漏,极易在国际技术性贸易壁垒的压制下处于弱势地位。

（4）猕猴桃适宜区品种结构同质化。近年来，由于种植猕猴桃的收益较高，四川猕猴桃适宜区均在大力发展猕猴桃产业。红肉猕猴桃因其口感好，营养高，各地都将其作为主导品种推广，未来几年红肉猕猴桃品种的栽种面积将大幅增加。因此，随着猕猴桃的大面积挂果和上市，元坝猕猴桃将面对严峻的市场同质化压力。

16.3.2 目标思路

坚持以科学发展观为指导，按照四川省委、省政府提出的打造龙门山脉—秦巴山脉百万亩猕猴桃产业增长极的要求，遵循元坝区委、区政府打造特色基地农业和产业富民的发展思路。以市场为导向，以农民增收为重心，以园区和示范片为载体，以引进和培育龙头企业为重点，以合作社为依托，以"三链合一（产业链、生态链、循环链）、种养结合、适度规模、低碳循环"为原则，建立猕猴桃标准化、规模化、产业化、品牌化的现代"四化"产业基地，延伸产业链条，实现一、二、三产业互动，将猕猴桃产业建成为元坝区农业经济重要支撑和新的经济增长极。

16.3.3 规模布局

（1）技术目标。猕猴桃种植标准化率达到70%以上，绿色食品率达到100%，猕猴桃商品化处理率达到100%以上，良种普及率达到95%以上。

（2）品种选择。元坝区猕猴桃发展品种主要选择以"红阳"为代表的红肉猕猴桃，发展以"金艳"为代表的黄肉猕猴桃为辅。

（3）空间形态。①一轴：以贯穿元坝区的国道212线为轴线，以元坝、柳桥、紫云、卫子、石井、柏林沟、太公、清水等乡镇为重点建立百里猕猴桃长廊，成为元坝猕猴桃产业发展的中心轴线。②多点：以园区和示范片为载体，建设多个猕猴桃产业示范园区，放射式布局，多点开花，辐射全区。

16.3.4 建设重点

16.3.4.1 基地建设

加快猕猴桃标准化示范园建设，围绕打造中国绿色猕猴桃生产示范基地的目标，以生产绿色、有机猕猴桃为标准，高标准建设示范园，使其成为元坝区猕猴桃产业发展的核心和重点建设区域，为全区猕猴桃基地建设、品种推广、生产管理、公共服务、品牌建设等提供有效示范并打下坚实基础，加快元坝猕猴桃产业发展进程。

在达到绿色标准的基础上，以元坝镇、紫云乡以及卫子镇为重点，建设万亩有机猕猴桃生产基地。

16.3.4.2 猕猴桃循环产业示范园建设

生猪产业是元坝区重点优势产业之一。以"猪—沼—果"循环农业模式为主，采取"就地结合、就地利用、异地结合、综合利用、分散处理、集中利用、区域配套、循环共生"等方式，大力发展"生猪-猕猴桃"循环种养业。将猪粪发酵，产生的沼气为当地农户所用或销售，沼液通过自动喷滴灌施于猕猴桃基地，沼渣也可作为有机肥施用于基地。实现种养优势互补和良性生态循环，促进"三链"融合互动。以每个生猪养殖场或其他畜禽养殖场覆盖5 000亩猕猴桃产业园为标准，实现"三链合一、种养结合、适度规模、低碳循环"的目标。

16.3.4.3 猕猴桃良繁中心建设

中心定位于服务本地、辐射周边地区的猕猴桃良繁中心。面向元坝本地并辐射为周边地区提供优质猕猴桃脱毒苗、容器苗和扦插苗等，保障种苗供应，提高种苗质量，断绝外源性病害。并且承担为元坝区猕猴桃产业发展提供技术和科研支持的任务，确保实现产业和科技的良性互促发展。良繁中心重点选用"红阳""金艳"等红肉、黄肉猕猴桃品种进行种苗繁育。猕猴桃良繁中心位于元坝镇杏树村、大坝村，重点依托四川省自然资源科学研究院和猕猴桃龙头企业进行建设。分为4个功能区：猕猴桃品种资源圃、组培区、苗木繁育区和种苗整理区。

16.3.4.4 田间道路

围绕G212和规划建设的广元城市二环线，结合元坝区猕猴桃基地现状和发展规划，遵循"因地制宜、节约用地、方便生产、减少投入"的原则，结合土地整理、新农村建设等项目开展猕猴桃基地产业道路建设。建设标准参照《四川省乡村机耕道通用技术条件》。本项目产业道路建设以新建为主，改造为辅，主要为田间道，形成生产便利、路网合理的产业道路体系。

16.3.4.5 水利设施

以小型水源工程和灌溉渠系建设为突破口，推广猕猴桃节水灌溉设施，开展猕猴桃基地水利标准化配套建设。实现蓄水池及灌溉配套设施覆盖无保灌区。同时，达到区域排水通畅、地下水监控体系成熟的目标。

16.3.4.6 土壤质量

按照耕地质量四川省标准农田三级要求，加强猕猴桃基地土壤质量提升。土壤质量应符合《绿色食品产地环境质量标准》（NY/T391—2000）标准。

16.3.4.7 商品化处理

建立"1+9"商品化处理体系，即一个猕猴桃商品化处理中心，9个分中心，猕猴桃商品化年处理能力达到30万t。以猕猴桃龙头企业为主导，引进猕猴桃鲜果的清洗、杀菌、分级、包装等国外先进商品化处理生产线，提高产品质量，增强市场竞争力，与国际接轨。建设9个商品化处理分中心，位于九大园区内。建设主体以专合社、企业、园区业主为主，主要对猕猴桃鲜果进行挑选、修整、分级、清洗、预冷、愈伤、药物处理、吹干、打蜡抛光、催熟、精细包装等商品化处理，并严格控制产品质量。

16.3.4.8 物流体系

建立以镇—区为基础，面向国际国内市场的现代物流服务体系。物流体系建设以"小市场，快流通；大市场，大流通"为原则，从枝头到市场必须采用冷链运输，形成高效、安全、覆盖面广的猕猴桃物流服务体系。政府统一指导，统一规划，统一管理，建设物流体系；鼓励现有的物流服务企业开展专业的猕猴桃物流服务，并培养企业做大做强；鼓励农户、专业合作社、园区业主、企业现有物流设施的建设，同时政府加强物流基础设施的建设，完善物流配套设施和政策。规划主要涉及猕猴桃集散地和仓储物流基础设施建设。建立镇—区两级猕猴桃集散地，规划各乡镇建立猕猴桃集散点，元坝镇建立猕猴桃集散中心，主要功能为采摘季节猕猴桃集中质量检测，猕猴桃装卸，方便车辆运输、搜集市场信息等。

区猕猴桃集散中心：建设地点位于元坝镇，是元坝猕猴桃市场体系的总枢纽。占地面积800亩，按照"高标准、高效益、现代化"的原则建设，由猕猴桃交易中心、猕猴桃仓储中心，猕猴桃市场信息服务平台，猕猴桃质量检测中心构成。集散中心集商品化处理、大型交易、仓储、运输、配送、信息服务、电子商务交易、质量检验检测等功能为一体，由政府统一管理。

16.3.4.9 仓储物流建设

政府统一规划，建设大中型仓储保鲜库，鼓励园区业主、专业合作社、企业建设小型仓储保鲜库。根据元坝区产量规模，建设仓储库21栋，总库容10万t。其中在元坝镇猕猴桃集散中心内建立大型气调库1栋，库容1.5万t；在紫云乡、昭化镇、石井铺乡、柏林沟镇、清水乡、卫子镇、太公镇、白果乡等主产片区，建设气调保鲜库8栋，总库容4.5万t；其他规划乡镇建设冷藏保鲜库12栋，总库容4万t。

16.3.4.10 猕猴桃加工产业区建设

充分利用元坝工业发展集中区，着力引进一批带动力大、支撑力强、具有前瞻性的重大项目，通过项目引导中小企业围绕龙头产品展开分工链上的相对集中布局。激励现有企业新上项目入园建设，鼓励中小企业进园区，形成相对集中的加工布局。引进新西兰、意大利等国外先进猕猴桃加工技术，依托中国农业大学食品学院、四川大学轻纺与食品学院、四川省食品发酵工业研究设计院等省内外知名科研单位，加大自主技术研发力度，重点开发猕猴桃天然饮品、发酵产品、咀嚼产品、猕猴桃提取物、健康保健产品等加工产品，提高猕猴桃附加值。通过对农产品加工企业的引进、培植和扶持，形成一支规模大、市场开拓能力强的农产品加工龙头企业集群。鼓励企业与农户之间建立相对稳定的产销合同和服务契约关系，推进农业规模经营。创新利益机制，实现优势互补，相互依存，共同发展。在推进猕猴桃种植基地建设的同时，尽快抓好猕猴桃的产业高端建设，推进猕猴桃加工业的发展。猕猴桃除鲜食外，还可加工成果汁、果酱、果酒、果醋、果干、果脯等。以猕猴桃籽为原料，经超临界萃取精制生产猕猴桃籽油等精深加工产品。根据市场发展现状情况，元坝区猕猴桃加工产品将以天然饮品为主，并配合生产或研发其他系列产品。

16.3.4.11 市场建设

（1）以"紫云"品牌为核心，品质为基础，市场消费主体定位于中上层社会人群，将元坝猕猴桃打造成为中国红肉和黄肉猕猴桃高端产品。同时携手区域内苍溪、剑阁、旺苍、巴中等猕猴桃产地，共同打造四川秦巴地区猕猴桃增长极。区域市场以北方政治圈层，沿海经济带为核心，立足于全国100个经济发达城市，并积极开拓经济发达国家市场。

（2）猕猴桃市场营销网络建设。政府宏观指导，扶持政府平台企业、猕猴桃专合社和企业建立自己的营销渠道；鼓励园区业主、农村经纪人、物流配送企业等开发各种猕猴桃营销渠道。整合各参与主体销售渠道，统一规划，根据地区差异，在不同城市和国家指导采用专营性分销、选择性分销、密集型分销、品牌专营店或连锁店直销、B2B电子商务等营销模式，同时不断加强营销网点建设，逐步建立起覆盖全国，辐射全球的猕猴桃市场营销网络。

（3）猕猴桃市场信息服务平台建设。建立元坝猕猴桃市场信息服务平台，平台以元坝农村信息服务网站为载体，作为大力宣传元坝精品猕猴桃的重要窗口。信息平台将不断发布元坝猕猴桃市场供需信息，实现市场供需的有效对接。积极与省内猕猴桃相关网站合作，逐步整合全省的猕猴桃市场信息，推动全省猕猴桃电子商务交易，最终发展成为四川最大的猕猴桃网上交易平台和权威市场信息发布平台。

（4）品牌构造。以"紫云"为公共品牌，"三品一标"为基础，产品质量为核心，打造绿色精品猕猴桃。猕猴桃品牌将猕猴桃"维生 C 之冠""水果之王"红阳猕猴桃"世界三大珍品种"以及"紫云"猕猴桃高品质、绿色食品等特点，与健康、品位、精彩等生活元素相融合，赋予其文化内涵。元坝猕猴桃品牌内涵：果品——绿色、高品质；生活——健康、品位；世界——精彩、和谐。

（5）品牌营销策划。成立品牌领导小组，积极发挥政府的先导作用，政府、企业、农民三位一体全面推进品牌建设。政府转变观念，增强品牌意识，将猕猴桃品牌建设当作农村经济工作的重中之重。针对农民品牌意识淡薄问题，帮助广大农民改变观念，树立农业创品牌是农民增收的重要手段的理念，逐步提高农民的品牌意识，让农民真正体会到农产品品牌效应带来的效益，积极投身到元坝猕猴桃的品牌创建中去。加强对企业的引导和管理，通过制定一系列的优惠政策和措施，鼓励对元坝猕猴桃品牌的创建。积极参加"农博会""农交会""西博会"等国内外大型农产品交易博览会，争取获得国内外各项奖项，提高产品美誉度，同时积极利用口碑营销、广告营销、电子杂志营销、新闻营销、网络营销、知识营销、视频营销、数据库营销等现代化营销手段，在全国范围内建立品牌专业店，不断提升元坝猕猴桃知名度。根据品牌定位，充分利用各种有效的内外部传播途径植入品牌文化，形成消费者对品牌在精神上的高度认同，创造品牌信仰，最终形成强烈的品牌忠诚。在元坝猕猴桃品牌建设领导小组的统一指导下，各级政府及相关部门在规范"紫云"品牌区域划定、原产地命名、品牌标注、标准化生产的同时，制定各项政策和措施，对"紫云"品牌和品牌使用的企业以及农民专业合作社进行依法保护。积极发挥政府的协调和市场监管作用，探索和构建政府、龙头企业、农民专业合作社、中介组织和农民"五位一体"的猕猴桃区域品牌使用、开发、管理等运行机制，强化政府的引导和推动力，加大对猕猴桃品牌的保护力度，防止假冒伪劣产品冲击市场。组织成立品牌危机公关团队，制定多套品牌危机公关的应急预案，及时消除负面消息对区域品牌和企业品牌造成的损害。

16.3.4.12 生态旅游

依托三国文化、红色文化、休闲文化、生态文化和民俗文化等文化旅游资源，结合猕猴桃产业发展，充分发挥元坝区旅游品牌优势，重点突出景观设计，建设文化旅游产业园，发展特色旅游，将元坝区打造成广元市近郊特色农业观光与乡村休闲体验旅游地。根据元坝的旅游资源特征、产业现状和区位交通条件，结合旅游景点开发与猕猴桃产业的发展需求，挖掘猕猴桃旅游多功能性，形成错位发展，增强猕猴桃生态旅游的吸引力，同时合理完善各项旅游设施和服务体系，全面实现产业的多元化发展。从实际出发，采取以点带线、以线带面、以面带区的旅游开发策略，即：通过对元坝境内资源等级较高、知名度较高和基础开发条件较好的区域，如紫云湖、猕猴桃生态种植园区等进行首期重点开发，形成全区的核心吸引点；再对这些区域之间的资源和设施进一步开发建设，使之形成相互联系的旅游线或景观游览带，进而通过这些线路带动周边片区的旅游发展，最终实现全区旅游的整体开发。加强区域间的协作，不仅可以避免自身资源、产品和客源市场开发上的不足，而且可以避免与周边旅游区发生恶性竞争，从而促进周边区域旅游健康持续的发展，也为自身创造一个较好的旅游发展区域环境。

根据元坝境内旅游资源的特色、价值、功能和分布状况，结合元坝区的旅游发展规划，以国道212线为轴心，将元坝的猕猴桃生态旅游规划布局为"一线、五园"，即：百里猕猴桃景观轴线、广元后花园休闲文化旅游产业园、昭化—大朝三国文化旅游产业园、太公红军山红色文化旅游产业园、蜀道南路民俗生态文化旅游产业园、嘉陵江流域生态文化旅游产业园。

（1）百里猕猴桃景观轴线。沿国道212线，从元坝镇至清水乡，打造百里猕猴桃景观轴线。依托平乐旅游景区、紫云湖、卫子镇沈家阁农业园区、石井新场农业园区、柏林古镇马蹄滩水库、清水农业园区等项目，通过完善旅游功能，提升景观质量，打造以猕猴桃观光、采摘体验、休闲度假为主体，以健身娱乐、休闲购物为辅助的产业与旅游相结合的综合旅游通道。

（2）广元后花园休闲文化旅游产业园。依托自然和人文、宗教文化资源，结合元坝区平乐现代农业示范园猕猴桃基地，打造生态旅游，同时，完善栖凤峡森林公园、平乐旅游景区建设，配套建设基础设施和公共服务设施，逐步将该区域建成广元市近郊假日经济乐园和过境休闲目的地。

（3）以长光万亩猕猴桃示范园和紫云万亩猕猴桃示范园为基础，建设猕猴桃观光园。在紫云猕猴桃观光园内，重点打造幽谷平湖——紫云湖，建设水上游乐园、滨湖景观带，配套建设乡野游钓场、湖畔农院、滨水度假山庄、铁索吊桥等，形成集旅游、垂钓、避暑为一体的理想旅游地，将紫云猕猴桃观光园打造成为"城郊型乡村生态旅游休闲区"。

（4）昭化—大朝三国文化旅游产业园。以蜀道三国文化为依托，结合生态村、大朝驿、昭大古驿道及沿线牛头山、天雄关、云台山、高庙铺等资源，在天成万亩猕猴桃示范园建猕猴桃观光园，重点开展猕猴桃休闲观光、鲜果采摘等农事旅游体验项目。完善昭化古城景区，建旅游商品购物中心，开发各类猕猴桃旅游产品，打好"古城牌"，通过景区旅游推介猕猴桃产品，以此提高元坝猕猴桃知名度。

（5）太公红军山红色文化旅游产业园。依托太公红军山遗址群，建成川陕红色旅游经典景区，省级爱国主义教育基地和国防教育基地、国家AAA级旅游景区，打造猕猴桃景观廊道，发展绿色生态观光旅游。重点完善太公红军山遗址群的修复，以及红军树、高峰水库和太公岭等旅游景点的建设，开发红色旅游纪念产品，宣传红色旅游文化。配套旅游公路、游客中心、旅游厕所、停车场等基础设施的建设。

（6）蜀道南路民俗生态文化旅游产业园。依托蜀道南路民俗生态文化，结合猕猴桃产业发展，重点开发建设射箭将军岭、梅岭古街，配套完善旅游公路、游客中心、停车场、旅游厕所等基础设施和公共服务设施，将射箭、梅树打造成民俗民间文化展示体验、休闲度假、探幽访古旅游胜地。

（7）嘉陵江流域生态文化旅游产业园。整合现有的旅游开发项目，重点挖掘嘉陵江文化、民俗文化、生态文化，以明觉、朝阳、红岩、白果的猕猴桃标准化示范种植园为节点，建成嘉陵江水域元坝段休闲度假长廊。以元坝境内嘉陵江流域覆盖乡镇的旅游资源为依托，开发猕猴桃科技创新展示、山地休闲观光、果林采摘、滨水露营、农家生活及餐饮体验等项目，配套完成旅游公路等基础设施和公共服务设施的建设，打造以猕猴桃产业为支撑的生态旅游区。

（8）猕猴桃旅游文化打造。大力开发猕猴桃乡村民俗，结合元坝本地民风民俗，打造元坝猕猴桃生态文化。以旅游业带动猕猴桃产业发展，在昭化古城、红军山、平乐寺等景区增设猕猴桃产业旅游点，在旅游沿线增设鲜果旅游促销窗口，开展旅游宣传促销。坚持以会为媒，以节为媒，以赛为媒，以展为媒，把昭化古城"三国文化节"办成国际性盛会，大力推介元坝猕猴桃产品。

16.3.4.13 产业支撑体系建设

（1）农业科技服务体系建设。以"创新转化一条线，专家农民面对面"为宗旨，建立元坝猕猴桃专家大院，搭建猕猴桃科研与生产结合的有效平台，以科技为载体助推猕猴桃发展。依托大专院校、科研单位的人才和科技优势，建立具有特色的"元坝绿色猕猴桃"科技专家大院，使之成为发挥科技优势，推动产业发展的重要支撑。利用专家大院平台，加强地方种植能人、猕猴桃科技人员等的培训，积极培养一批知识丰富，技术过硬的本地"土专家"队伍。专家大院职能包括：专家队伍轮流到岗，开通相关专家热线，接待农民来电来访，免费提供科技与信息服务，疑难分析诊断和24小时应约上门服务。同时面向广大农民提供规范化的猕猴桃种植栽培、肥水控制、整形修剪、科学技术培训；面向农业生产基层干部提供绿色、有机农产品政策宣传、产品认定等培训；面向猕猴桃生产企业提供产品出口咨询培训。专家大院建设地点位于紫云乡，建设内容包括专家办公室、专家休息室、专家培训室、能实行技物配套服务的专家工作服务室等。配备较完善和先进的现代化信息设备，实现现代化信息服务。

（2）农业技术推广体系建设。以专家大院和技术联盟为依托，完善区—镇—村三级农技推广站建设，加强技术推广人才的培养和引进，创新技术推广模式，建立高水平、高效率的猕猴桃技术推广体系。加强发展由广元市猕猴桃研究所、四川苍溪猕猴桃研究所、元坝区猕猴桃研究所和苍溪区职业高级中学等共同发起的广元市猕猴桃技术联盟（以下简称技术联盟）。积极完善联盟章程，规范权利义务，健全运行机制，加强人才引进，不断吸纳猕猴桃专合社，企业等组织参与，逐步壮大技术联盟。凝聚技术联盟力量，积极开展猕猴桃资源收集和新品种选育、猕猴桃标准化生产技术的研究与示范推广、猕猴桃病虫害生物防治、猕猴桃安全生产和产品质量可追溯技术研究、猕猴桃残次果深加工技术研究、猕猴桃产业化发展生态适应区研究等方面的联合攻关，同时推动猕猴桃科技成果转化，拓展国际合作和交流，为元坝及广元市猕猴桃产业的发展提供强大的技术力量支撑。建立区—镇（乡）—村三级技术推广站，推广猕猴桃种植新技术、生猪养殖新技术和循环农业生产技术。加强区农业技术推广队伍建设，充实乡镇农业技术人员。积极把种植能人，专业合作社、园区业主等吸纳到农技推广中，壮大农技推广力量。各个农技推广站要配备现代化的设备，使农技推广现代化。各农技站要加大对农民培训，开展多层次、多形式的技术培训和指导服务，增强在产品标准到位率，质量管理，投入品管理、生产档案制度、基地产品检测和准出制度、质量追溯制度等各方面的培训，积极发挥技术确保猕猴桃高品质生产的作用。充分发挥专家大院、技术联盟、农民专业合作社、园区业主和龙头企业在农业技术推广中的积极作用，创新农业技术推广方式，加快猕猴桃新技术的推广和循环农业生产技术的全面实施。同时，加快农科教相结合，将农业教学、科研与技术推广有机结合在一起，优化推广资源，推进推广体制一体化。

（3）质量安全体系建设。加强现有国家地方绿色、有机猕猴桃生产标准的实施力度，积极制定"紫云"绿色、有机猕猴桃生产技术标准，申请相关专利，抢占猕猴桃生产的制高点。大力发展绿色、有机优质精品猕猴桃，推进猕猴桃生产标准化、高品质化。政策鼓励社会资金成立猕猴桃质量认证代理机构，积极帮助龙头企业、专业合作社参与农业农村部绿色食品认证、国家有机食品认证，出口企业、专业合作社积极参与欧盟有机认证等国外体系的认证。

16.3.4.14 新型专业合作社建设

根据元坝区猕猴桃产业、生猪产业发展状况和专业合作社发展现状，在示范区和辐射区建立乡镇级专业合作社。探索相关合作社再联合，鼓励有实力的合作社跨区域建立联合社。大力推进合作社优秀示范社创建。积极指导专业合作社建立健全内部规章制度，强化内部监督机构，提高成员民主管理水平，促进农民专业合作组织规范化建设。引导、鼓励和支持农民专业合作社按照"有标采标、无标制标"的原则，率先实行标准化生产，建立健全生产记录制度，统一质量安全标准和生产技术规程，统一农业投入品采购供应，统一产品和基地认证认定。对农民专业合作社成员广泛开展农产品标准化生产和相关技术规程的培训，加强生产信息监管，使成员的标准化生产水平明显提高。合理安排专业合作社中各类人才比例，在合作社内部聚合一定的管理、技术、营销和种植（养殖）人才，提高合作社的组织效率和竞争能力。引导农民专业合作社推行股份合作的新型利益联结模式，龙头企业以资金入股，农户以土地承包经营权、农机具所有权以及资金入股，使龙头企业、专业合作社、农户三者形成利益紧密连接共同体。建立起一套完善的合作社利益分配制度，探索"保底分红""按股分红""利润返还""收益分成""一地二主""大园区+小业主""一体化经营"等利益联结模式，充分调动农民的积极性，使合作社真正成为农民的利益共同体。强化龙头企业社会责任，将保护农民利益放在首位。探索将财政性投入形成的资产转化为农民生产经营资本的实现方式，通过对外出租、入股等形式，让农民持续受益。

16.3.4.15 信息服务体系建设

以元坝猕猴桃市场服务平台为中心，在20个乡镇建立猕猴桃经济信息服务站。信息服务站由地方政府管理，充分利用现有基础和条件，调动电信运营商、软件提供商、设备制造商、信息服务提供商等企业按照市场化原则，积极参与农业信息化各环节建设，发挥信息技术、产品、网络和服务的综合优势，构建以猕猴桃为主的涉农综合信息服务体系。各乡镇构建猕猴桃信息网，与元坝猕猴桃市场服务网相链接，随时发布猕猴桃市场供求信息，及时发布病虫害防治、气象灾害等信息。由成立的技术专家大院开通专家热线服务，为猕猴桃种植提供技术信息服务。

16.3.5 保障措施

16.3.5.1 加强组织保障

成立"元坝猕猴桃产业建设领导小组"，以区委书记、区长为组长、分管领导为副组长，农业局、科技局、财政局、发改局等相关部门作为成员单位，下设猕猴桃产业推进办公室，负责产业发展的具体工作，并组织、协调各方面工作。同时领导小组下设专家顾问团，依托专家大院和技术联盟的相关专家，科学决策。镇政府结合村委为项目实施主体，负责搞好规划实施和各项政策措施的贯彻落实。为了确保规划实施的连续性、稳定性。领导小组要做到领导变，规划不变；环境变，目标不变，并明确各个部门成员单位在推进项目发展工作中的职能职责，使各部门各司其职，各负其责，全力配合。为保障猕猴桃推进办工作顺利开展，要为推进办定编、定人、定经费。在规划各乡镇要成立相应的组织机构，由乡镇书记牵头并负责实施。加强各参与主体考核力度，从工作任务、效益与管理3个方面对其实施全面考核，使其充分发挥职能。

16.3.5.2 确保资金投入

加大招商引资力度，"利用以商招商、小商招大商，内商招外商，一商招群商"的策略，围绕猕猴桃整个产业链，推出适商性强的项目作为招商载体。积极利用委托招商的市场化招商方式，与发达地区交流合作，承接产业转移的产业集聚招商方式，在发达地区驻点招商的方式，网上招商等招商方式，拓展招商渠道。通过精心包装元坝"紫云猕猴桃"，推销元坝"紫云猕猴桃"，狠抓招商项目的服务，营造良好的营商环境，以大招商促大发展，努力引进各类资本共同做大做强"元坝猕猴桃"产业。通过积极的政策鼓励和发挥政府投入资金的乘数效应，加强经营主体的引进，灵活经营模式，引导农民自有资金、农村集体资金、社会工商资本、投向猕猴桃产业化经营，鼓励社会资金以多种方式投资猕猴桃产业。构建以政府财政投入导向、金融平台支撑、社会资本和农民投资为主体的多元化猕猴桃产业投入体系。在争取中央、省、市财政增大基础设施建设投入力度的基础上，争取上级政府更多的财政投入，有效整合财政支农资金，加大对猕猴桃产业龙头企业、农业科技推广的补贴度。政府充分发挥各类社会资本的积极作用，鼓励龙头企业进入该领域，发展产业化经营。充分发挥农民的主动性、创造性和积极性，建立多元投入机制，培育产业引进业主投入，利益联结引导农户投入，最大限度发挥政府投入资金的乘数效应。建立元坝猕猴桃产业发展基金，发挥好财政资金在猕猴桃产业发展中的导向作用。发展政策性猕猴桃农业保险，降低猕猴桃种植自然风险，充分调动广大农户种植猕猴桃的积极性。政府对猕猴桃农业保险参保农户实行保费补贴，对猕猴桃保险经营企业进行风险补偿。加大对猕猴桃种植农户、猕猴桃专业合作社的金融支持力度，鼓励金融机构采取委托贷款、担保贷款、参股、政府贴息等方式，引导社会资金投入猕猴桃产业的发展。适当调高猕猴桃种植农户小额信用贷款额度，扩大猕猴桃种植农户抵押品范围。深化农村产权制度改革，加快城乡生产要素自由流动，采用市场化办法，引导工商资本、社会资金投入。紧紧抓住国家扩大内需、基础设施（特别是农田水利设施）建设、农业科技发展等一系列发展机遇，合理整合中央、省、市现代农业产业基地建设专项资金、土地整理、金土地建设、农业综合开发项目、农田水利项目、农村公路建设项目等配套资金，实施基础设施优先发展战略，构建元坝猕猴桃生产基地建设的配套基础设施体系，大力发展元坝猕猴桃物流、贮藏保鲜、商品化处理加工区建设和元坝猕猴桃精深加工基地建设。

16.3.5.3 实行政策扶持

制定元坝区猕猴桃产业促进政策，加快土地流转、财政扶持、金融信贷、农业保险等配套政策的制定和出台。产业政策要在猕猴桃产业的研发、种植、加工、物流、销售等整个产业链上制定，实行全产业链政策保护。在税收、金融、土地等方面制定元坝区猕猴桃产业招商引资优惠政策，改善投资营商环境，通过政策积极引进农业龙头企业，并发挥其骨干带动作用，引进园区业主壮大经营主体。招商引资政策要有利于加快推动产业发展，积极引进猕猴桃研发、种植、储藏、加工、销售、信息服务等经营主体，形成包括猕猴桃生产、加工、流通、研发、服务等为一体的产业体系，完善猕猴桃产业链，推动猕猴桃产业发展。

16.3.5.4 促进机制创新

积极发展和探索以"大园区+小业主""小基地+种植户"为主的园区经营模式；以"龙头企业+基地+农户""龙头企业+专业合作社+农户""龙头企业+种植大户"为主的订单农业模式；以"连锁超市+基地+农户"为主的农超对接模式。同时加强培育种植大户、猕猴桃专合社，积极引进园区业主、企业、科研单位，不断壮大经营主体，推动元坝猕猴桃的产业化发展。根据国家相关政策，在家庭联产承包责任制的基础上，按照依法、自愿、有偿的原则，通过市场引导农村土地经营权合理有序流转，提高农业产业化、规模化经营水平。健全农村土地经营权流转市场，创新土地经营机制，引导农户以转让、出租、互换、股份合作等方式流转土地承包经营权，鼓励工商企业、科研机构、机关事业单位、能人大户等带项目、带技术、带资金下乡租赁土地和承包土地，以"合作社+农户""龙头企业+合作社+农户"等方式，带动农户发展产业化经营，促进土地适度规模经营。建立多层次、多渠道、多元化农业投资体系。积极发挥地方政策性投资机构对龙头企业的支持作用，金融机构对企业、园区业主的支持作用，政府政策资金对专合社、农户的支持作用。按照"谁投资，谁经营，谁受益"的原则，鼓励不同经济成分和各类投资主体，以独资、合资、股份制、股份合作制等形式参与元坝区猕猴桃产业建设，并给予多方面优惠扶持。建立猕猴桃产业发展信贷担保基金，财政支持猕猴桃产业信贷担保。大力推进银保合作，以"农业保险+优惠信贷"模式逐步推进政策性猕猴桃保险，完善投融资担保机制，增强猕猴桃产业主体的融资能力，降低融资风险。整合元坝农业、工商、质监、卫生、环保等部门的监管力量，以产品产地准出、市场准入、质量追溯三项制度为支撑，以政府为主导，统筹企业、合作社、市场等，加强猕猴桃从枝头到市场的全程监控，建设猕猴桃产品质量安全检测体系的同时，逐步完善元坝猕猴桃产业监督管理机制。加强灾害监测防控体系建设，防范自然风险。加强猕猴桃新品种、新技术推广，大力开展技术培训，降低猕猴桃产业的技术风险。加强猕猴桃产品的开发，延伸猕猴桃产业链，注重市场物流设施建设和市场信息服务，强化管理，保障质量，提升品牌，降低猕猴桃产业的市场风险。积极成立猕猴桃协会，关注国际贸易形势，熟悉国际贸易法律法规，积极应对国际贸易壁垒，防范国际贸易保护。创新风险转嫁机制，积极开发其他金融避险工具，全面推进政策性猕猴桃农业保险，实现有效的风险转移。

（执笔：林正雨、刘远利、罗锦诚、杨洋等）

参考文献

白秀广，李纪生，霍学喜，2015. 气候变化与中国苹果主产区空间变迁 [J]. 经济地理，35（6）：130-137.

曹瑞斓，梁文静，胡冰川，2019. 农业国际合作与合作国际化：美国经验及其启示 [J]. 世界农业（8）：79-84，128.

曹霜，何玉成，2015. 基于小波分解的 SVM-ARIMA 农产品价格预测模型 [J]. 统计与决策（13）：92-95.

陈沧桑，李跃建，蒋馨，等，2014. 以国际合作为重要抓手 促进农业科技事业发展 [J]. 农业科技管理，33（4）：36-40.

陈超，庞艳梅，张玉芳，2010. 近50年来四川盆地气候变化特征研究 [J]. 西南大学学报：自然科学版，32（9）：115-120.

陈磊，田双清，2016. 基于 SWOT 分析苍溪县猕猴桃产业发展现状及对策 [J]. 农村经济与科技，27（1）：10-12，14.

程瑞芳，2007. 我国农产品价格形成机制及波动效应分析 [J]. 中国流通经济（3）：22-24.

池泽新，2003. 农户行为的影响因素、基本特点与制度启示 [J]. 农业现代化研究（5）：368-371.

崔奇峰，蒋和平，周宁，2012. 中国糖料作物生产的地区比较优势分析——基于1995—2009年糖料作物生产数据 [J]. 农村经济（1）．

邓聚龙，1983. 灰色系统综述 [J]. 世界科学（7）：1-5.

邓振镛，张强，徐金芳，等，2008. 西北地区农林牧业生产及农业结构调整对全球气候变暖响应的研究进展 [J]. 冰川冻土，30（5）：835-842.

丁健，2006. 四川省猕猴桃种质资源研究 [J]. 雅安：四川农业大学．

董玉琛，郑殿升，2006. 中国作物及其野生近缘植物·果树卷 [M]. 北京：农业出版社．

范英杰，刘丛强，2017. 欧盟科技国际合作战略分析及启示 [J]. 中国科学基金，31（4）：364-370.

方绍正，徐祖明，2006. 猕猴桃病害的发生规律及其综合防治措施 [J]. 安徽农业科学（22）：6060-6062.

高蔺云，黄晓荣，奚圆圆，等，2017. 基于云模型的四川盆地气候变化时空分布特征分析 [J]. 华北水利水电大学学报：自然科学版，38（1）：1-7.

郭晓鸣，任永昌，廖祖君，2009. 中新模式：现代农业发展的重要探索——基于四川蒲江县猕猴桃产业发展的实证分析 [J]. 中国农村经济 (11).

郭耀辉, 赵颖文, 王森培, 2019. 中国食用菌国际贸易竞争力分析 [J]. 食药用菌, 27 (5): 293-298.

韩世明, 周赛霞, 宋满珍, 等, 2011. 猕猴桃产业的市场现状及发展对策 [J]. 黑龙江农业科学 (2): 101-106.

郝志新, 郑景云, 陶向新, 2001. 气候增暖背景下的冬小麦种植北界研究——以辽宁省为例 [J]. 地理科学进展, 20 (3): 254-261.

何鹏, 涂美艳, 高文波, 等, 2018. 四川省猕猴桃生态气候适宜性分析及精细区划研究 [J]. 中国农学通报, 34 (36): 124-132.

胡毅, 朱克云, 李跃春, 等, 2004. 成都平原中西部近 40 年气候特征及其变化研究 [J]. 成都信息工程学院学报, 19 (2): 223-231.

黄宏文, 2013. 猕猴桃属分类资源驯化栽培 [M]. 北京: 科学出版社, 4-6.

黄宏文, 2013. 中国猕猴桃种质资源 [M]. 北京: 中国林业出版社, 18.

黄季焜, 杨军, 仇焕广, 等, 2009. 本轮粮食价格的大起大落: 主要原因及未来走势 [J]. 管理世界 (1): 72-78.

黄琳琳, 2013. 新西兰猕猴桃产业发展与营销模式 [J]. 中国果业信息, 30 (2): 32-34.

霍尚一, 2011. 猕猴桃产业发展的奇迹——新西兰猕猴桃的案例启示 [J]. 科技广场 (5): 131-135.

霍尚一, 2011. 猕猴桃产业发展的奇迹——新西兰猕猴桃的案例启示 [J]. 生态经济 (5): 131-135.

贾宝疆, 2014. 中国主要农产品销售价格预测 [J]. 统计与决策 (20): 100-102.

姜长云, 杜志雄, 2017. 关于推进农业供给侧结构性改革的思考 [J]. 南京农业大学学报: 社会科学版, 17 (1): 1-10, 144.

姜转宏, 2007. 猕猴桃产业演化发展探析 [J]. 西北农林科技大学学报: 社会科学版 (2): 109-112.

康成文, 2014. 显示性比较优势指数研究述评 [J]. 商业研究 (5): 32-39.

蓝庆新, 王述英, 2003. 论中国产业国际竞争力的现状与提高对策 [J]. 经济评论 (1): 119-123.

李格琴, 2008. 西方国际合作理论研究述评 [J]. 山东社会科学 (7): 134-139.

李国祥, 2010. 对猕猴桃的栽培技术及其价值的探讨 [J]. 科技促进发展 (2): 70.

李明章, 王林, 2000. 西部大开发中的四川猕猴桃资源优势 [J]. 资源开发与市场 (6).

李晓红, 2010. 陕西猕猴桃产业发展现状与对策 [J]. 西北园艺: 8-10.

李秀娟, 王莹洁, 万恩梅, 等, 2016. 新西兰猕猴桃种植管理经验对汉中猕猴桃产业发展的启示 [J]. 陕西农业科学, 62 (12): 92-93.

林明, 杨林楠, 彭琳, 等, 2013. 基于 BFGS-NARX 神经网络的农产品价格预测方法 [J]. 统计与决策 (16): 18-20.

林正雨，李晓，何鹏，等，2013. 四川省猕猴桃产业竞争力评价研究［J］. 农业技术经济（9）：115-121.

刘春香，宋玉华，2004. 农产品比较优势与竞争力研究［J］. 中国农业大学学报：社会科学版（4）：8-12.

刘峰，王儒敬，李传席，2009. ARIMA 模型在农产品价格预测中的应用［J］. 计算机工程与应用，45（25）：238-239+248.

刘杰，2017. 基于供应链视角的苍溪猕猴桃质量竞争力评价研究［D］. 雅安：四川农业大学.

刘沛博，2019. 加快陕西猕猴桃产业发展的路径分析——基于市场调查的数据［J］. 新西部（8）：23-24.

刘强，李晓，2014. 四川省猕猴桃产业发展 SWOT 分析及对策［J］. 贵州农业科学，42（4）：224-228.

刘强，刘宗敏，2015. 四川猕猴桃产业科技创新现状及对策［J］. 四川农业科技（12）：48-51.

刘晓琼，李同昇，孟欢欢，等，2013. 基于地理标志证明商标的周至县猕猴桃产业发展模式探究［J］. 西北大学学报：自然科学版，43（6）：973-978.

刘志娟，杨晓光，王文峰，等，2011. 全球气候变暖对中国种植制度可能影响Ⅳ. 未来气候变暖对东北三省春玉米种植北界的可能影响［J］. 中国农业科学，43（11）：2280-2291.

吕立才，庄丽娟，2011. 中国农业国际合作的成就、问题及对策［J］. 科技管理研究，31（9）：37-40.

罗强，2010. 四川猕猴桃属（猕猴桃科）一新变种——凉山猕猴桃［J］. 西昌学院学报（2）.

秦大河，罗勇，陈振林，等，2007. 气候变化科学的最新进展：IPCC 第四次评估综合报告解析［J］. 气候变化研究进展，3（6）：311-314.

任伟宏，2011. 农产品市场价格预测方法探析［J］. 中国农学通报，27（26）：209-212.

特约评论员，2015. "一带一路"带我国农业"走出去"［J］. 江苏农村经济（10）.

涂美艳，江国良，陈栋，等，2012. 四川省猕猴桃产业发展现状及对策［J］. 湖北农业科学，51（10）：1945-1949.

王仁才，熊兴耀，庞立，2015. 湖南猕猴桃产业发展的问题及建议［J］. 湖南农业科学（5）：124-127.

王绍武，罗勇，赵宗慈，等，2013. IPCC 第5次评估报告问世［J］. 气候变化研究进展，9（6）：436-439.

王舒鸿，2008. 灰色预测模型在鸡蛋价格预测中的应用［J］. 中国禽业导刊（15）：48-50.

王晓蜀，蒋旭平，2007. 农产品比较优势测定方法国内研究综述［J］. 农村经济与科技，（3）：54-55.

王孝松，谢申祥，2012. 国际农产品价格如何影响了中国农产品价格？［J］. 经济研究，47（3）：141-153.

王燕，刘晗，赵连明，等，2018. 乡村振兴战略下西部地区农业科技协同创新模式选择与实现路径［J］. 管理世界，34（6）：12-23.

王永春，王秀东，2018. 改革开放40年中国粮食安全国际合作发展及展望［J］. 农业经济问题（11）：70-77.

王永志，2019. 四川：不忘初心 打造猕猴桃产业"王国"［J］. 中国农村科技（2）：66-69.

王泽鑫，杨蕾，马子豪，等，2017. 新型农业经营主体金融服务体系创新的政策探讨［J］. 知音励志（2）.

温国泉，韦幂，陈格，等，2019. "一带一路"背景下中越农业科技合作探析［J］. 南方农业学报，50（1）：208-214.

吴孔明，2018. 我国农业科技国际合作40年 成果显著［J］. 中国农村科技（12）：10-13.

吴晓婷，杨锦秀，2016. 四川苍溪猕猴桃产业竞争力评价及其影响因素［J］. 贵州农业科学，44（1）：177-181.

吴永红，李辰，2013. 基于SWOT比较的中国猕猴桃产业发展现状分析及对策建议［J］. 农村经济（2）：60-63.

谢识予，2001. 经济博弈论［M］. 上海：复旦大学出版社：233-272.

熊巍，祁春节，高瑜，等，2015. 基于组合模型的农产品市场价格短期预测研究——以红富士苹果、香蕉、橙为例［J］. 农业技术经济（6）：57-65.

徐海俊，武戈，戴越，2016. "一带一路"建设与农业国际合作：开放共享中的农业转型——中国国外农业经济研究会2015年学术研讨会综述［J］. 中国农村经济（4）：91-95.

徐明凡，刘合光，2014. 关于我国鸡蛋价格的预测及分析［J］. 统计与决策（6）：104-107.

徐炜，2019. "一带一路"背景下中国猕猴桃出口贸易潜力研究［D］. 杨凌：西北农林科技大学.

徐雅卿，魏轶华，李旭刚，2017. 农产品价格预测模型的构建［J］. 统计与决策（12）：75-77.

许朗，徐翔，吴沛良. 一种改进的综合比较优势指数——江苏省种植业综合比较优势与结构调整方向的实证分析//依靠科技进步促进农业产业发展——"科技进步与农业产业发展论坛"文集；2003-04-01.

许杞刚，刘明军，李海，2014. 基于改进KNN算法的农产品价格预测模型［J］. 济南大学学报：自然科学版，28（2）：114-117.

许世卫，李哲敏，李干琼，等，2011. 农产品市场价格短期预测研究进展［J］. 中国农业科学，44（17）：3666-3675.

严玉平, 鄢帮有, 陈葵, 等, 2013. 新西兰猕猴桃产业化发展案例研究 [J]. 江西农业学报, 25 (7): 40-43.

杨启智, 聂静, 2012. 农业特色优势产业竞争力研究——以都江堰市猕猴桃产业为例. 农村经济 (6).

杨晓光, 刘志娟, 陈阜, 2010. 全球气候变暖对中国种植制度可能影响Ⅰ. 气候变暖对中国种植制度北界和粮食产量可能影响的分析 [J]. 中国农业科学, 43 (2): 329-336.

杨易, 于敏, 姜明伦, 2013. 从农业国际合作视角看我国农业科技创新 [J]. 科技进步与对策, 30 (9): 75-79.

杨易, 张倩, 王先忠, 等, 2012. 中国农业国际合作机制的发展现状、问题及政策建议 [J]. 世界农业 (8): 41-44, 61.

叶永昌, 周广胜, 殷晓洁, 2016. 1961—2010年内蒙古草原植被分布和生产力变化——基于MaxEnt模型和综合模型的模拟分析 [J]. 生态学报, 36 (15): 4718-4728.

易余胤, 刘汉民, 2005. 经济研究中的演化博弈理论 [J]. 商业经济与管理 (8): 8-13.

俞建飞, 徐钰娇, 王永春, 等, 2018. "一带一路"视角下中国农业科技国际合作的战略定位与发展对策——基于中巴机制的比较 [J]. 科技管理研究, 38 (7): 57-62.

云雅如, 方修琦, 王媛, 等, 2005. 黑龙江省过去20年粮食作物种植格局变化及其气候背景 [J]. 自然资源学报, 20 (5): 697-705.

翟金良, 2015. 我国猕猴桃产业存在的问题及发展对策 [J]. 科技促进发展 (4): 521-529.

张计育, 莫正海, 黄胜男, 等, 2014. 21世纪以来世界猕猴桃产业发展以及中国猕猴桃贸易与国际竞争力分析 [J]. 中国农学通报, 30 (23): 48-55.

张林森, 武春林, 王西玲, 等, 2000. 陕西秦美猕猴桃园营养状况分析及施肥对策 [J]. 西北园艺 (综合) (5): 9-10.

张曼健, 2008. 湘西猕猴桃产业集群竞争力评价指标体系的构建 [J]. 经济研究导刊 (19): 200-201.

张萌, 高明杰, 罗其友, 2020. 中国马铃薯价格波动定量分析 [J]. 中国农业资源与区划, 41 (1): 113-121.

张明林, 2016. 新西兰猕猴桃产业管理经验及其对我国区域特色产业发展的启示 [J]. 科技广场 (5): 144-146.

张有平, 严平生, 孙春兰, 等, 2009. 陕西猕猴桃品种结构调整势在必行 [J]. 西北园艺: 4.

赵俊侠, 田小曼, 2014. 新西兰猕猴桃管理经验对我国果业发展的启示 [J]. 北方园艺 (11): 167-169.

赵其波, 胡跃高, 2015. 中国农业国际合作发展战略 [J]. 世界农业 (6).

赵文虎，孙卫国，程炳岩，2008. 近50年川渝地区的气温变化及其原因分析 [J]. 高原山地气象研究，28（3）：59-67.

赵宗慈，王绍武，罗勇，2007. IPCC成立以来对温度升高的评估与预估 [J]. 气候变化研究进展，3（3）：183-184.

郑薇，王灿强，李维德，2018. 基于季节指数调整与HGWO-SVR算法的农产品价格预测模型 [J]. 统计与决策，34（19）：33-37.

郑晓琴，陈彦，李明章，等，2009. 猕猴桃加工技术发展现状及四川猕猴桃产业近况. 资源开发与市场（6）.

朱利群，卞新民，郭军洋，2005. 区域作物、种植业比较优势评价模型研究 [J]. 中国农业资源与区划，26（5）：9-13.

Friedman D, 1991. Evolutionary Games in Economics [J]. Econometrica, 59 (3): 637-666.

HANLEY J A, MCNEIL B J, 1982. The meaning and use of the area under a Receiver Operating Characteristic (ROC) curve [J]. Radiology, 143 (1): 29-36.

HOFFMAN J D, NARUMALANI S, MISHRA D R, et al, 2015. Predicting potential occurrenceand spread of invasive plant species along the North Platte River, Nebraska [J]. Invasive Plant Science and Management, 1 (4): 359-367.

IPCC, 2007. Climate change 2007: the physical science basis [M]. Cambridge: Cambridge University Press, 1-996.

IPCC, 2007. Contribution of working group II to the fourth assessment report of the intergovernmental panel on climate change [M]. Cambridge, uk: Cambridge University Pres.

LI Z G, TAN J Y, TANG P Q, et al, 2016. Spatial distribution of maize in response to climate change in northeast China during 1980-2010 [J]. Journal of Geographical Sciences, 26 (1): 3-14.

LIU Z H, YANG P, TANG H J, et al, 2015. Shifts in the extent and location of rice cropping areas match the climate change pattern in China during 1980-2010 [J]. Regional Environmental Change, 15 (5): 919-929.

Moore H L, 1917. Forecasting the Yield and the Price ofCotton [M]. New York: The Macmillan Company.

SOBEK-SWANT S, KLUZA D A, CUDDINGTON K, et al, 2012. Potential distribution of emerald ash borer: What can we learn from ecological niche models using Maxent and GARP? [J]. Forest Ecology and Management, (281): 23-31.

YANG X Q, KUSHWAHA S P S, SARAN S, et al, 2013. Maxent modeling for predicting the potential distribution of medicinal plant, Justicia adhatoda L. in Lesser Himalayanfoothills [J]. Ecological Engineering, 51 (1): 83-87.